JN124466

L'Ésprit de Kwansei Gakuin
chercher et trouver au Canada, aux États-Unis et en Lettonie

関西学院のエスプリを追って

カナダ、アメリカ、ラトビアへ

池田裕子
Yuko Ikeda

関西学院大学出版会

関西学院のエスプリを追って

カナダ、アメリカ、ラトビアへ

L'Ésprit de Kwansei Gakuin :

chercher et trouver au Canada, aux États-Unis et en Lettonie

池田裕子
Yuko Ikeda

関西学院大学出版会

新築の時計台
関西学院上ケ原キャンパスのシンボル、時計台は図書館として建てられました。写真に記された “The Library” の文字は、T. H. ヘーデン（Thomas Henry Haden）神学部長のものと思われます。
関西学院が創立の地、原田の森（現・神戸市灘区）を離れ、上ケ原（現・西宮市）に移転したのは 1929（昭和 4）年でした。4 年後、時計台にようやく時計が取り付けられました。時計の設置を報じる『関西学院新聞』第 68 号（1933 年 3 月 20 日）に掲載された写真を見ると、正面だけでなく側面にも時計があります。ということは、この写真に見える正面の針は本物ではない可能性が高いでしょう。
2009（平成 21）年、時計台は国の登録有形文化財（建造物）に認定されました。

序文

関西学院の歴史を正式な年史とは異なる視点で描きたいと思います。

関西学院は日本の私立学校です。しかし、その歴史を知るには、日本に残る古い資料に目を通すだけでは不十分です。アメリカとカナダの教会や大学が所蔵する古い資料を調査する必要があります。その理由は、学校の設立・経営母体（戦前）にあります。

関西学院は、1889（明治 22）年に神戸市東郊、原田の森（現在の神戸市灘区）で誕生しました。創立者は、アメリカの南メソヂスト監督教会（キリスト教プロテスタントの一教派）の宣教師 W. R. ランバスでした。21 年後の 1910（明治 43）年、カナダのメソヂスト教会が経営に参画しました。以来、日本人、アメリカ人、カナダ人が協力して関西学院を発展させてきました。したがって、関西学院に関する古い資料は、基本的に太平洋を跨いだ日本と北米にあります。学校の創立や発展に貢献したアメリカ人宣教師、カナダ人宣教師のことを知るには、北米での現地調査が欠かせません。私は、学院史編纂室（旧・学院史資料室）で働いた 25 年の間（1998–2023）に、宣教師の足跡を求め、太平洋を 6 往復しました。そして、現地訪問により得た情報を『関西学院史紀要』、『学院史編纂室便り』、『KG TODAY 関西学院広報』、『母校通信』、『ベーツ宣教師の挑戦と応戦』、『総合研究カナダ』等に発表してきました。

わずか 6 度の訪問で、すべての滞在日数を合わせても数十日ほどにしかならないにもかかわらず、私がアメリカとカナダで学んだことは厖大です。現地を訪問し、関係者と知り合ったことで、資料庫に眠る古い資料が息を吹き返し、私に語り始めました。色褪せた写真に目が留まり、疑問を抱いたことから、目の前に新しい世界が広がりました。過去が突然現在に蘇り、未来に向かって走り出したり、未来のことを考えていたら、その中に過去の出来事がひょっこり顔を覗かせ、煌めいたり……。そんな経験を何度もしました。時間は、過去から現

在、そして未来へと一方向に流れるものではないようです。私は、過去、現在、未来の区別なく、日本とアメリカとカナダ、そしてなぜかラトビアを行ったり来たりしました。

私と関西学院の関係は、1976（昭和51）年の大学入学から始まりました。学生時代の恩師は商学部の中村巳喜人先生（1917–2013）でした。太平洋6往復を経て、第3代院長を務めたアメリカ人宣教師J. C. C. ニュートン先生（1848–1931）と第4代院長を務めたカナダ人宣教師C. J. L. ベーツ先生（1877–1963）も、私の大切な恩師になりました。本のタイトルに「エスプリ」(ésprit, 仏和辞典には「精神、知性、基本理念、気風、才気、霊」等の訳語が並ぶ）というフランス語を使ったのは、ベーツ先生の影響です。先生が残された写真の裏や日記に、英語ではなくフランス語が記されていることがありました。その手書き文字から、カナダのフランス語圏にある小さな村で生まれ育ったベーツ先生の特別な思いが伝わってきました。

関西学院を通して世界を見ることは、世界を通して関西学院の姿を浮き彫りにすることでもあります。そのため、学校の正式な年史から零れ落ちた話を拾い集めました。「神は細部に宿る」と言います。この25年間に出会った人々や資料を振り返り、3人の恩師から学んだことを今一度考えてみたいと思います。

目次

図版目次

＊本文のキャプション中に、所蔵者、提供者、撮影者等の明記のない図版は、関西学院大学学院史編纂室所蔵

関西学院の時計台（上ケ原キャンパス）は、次の頁の図版で見ることができます。
2 頁、37 頁、41 頁、51 頁、94 頁、128 頁、158 頁、173 頁、207 頁、216 頁、257 頁、265 頁、285 頁、320 頁、326 頁、354 頁、356 頁

第1章

カナダ人宣教師 C. J. L. ベーツ

Cornelius John Lighthall Bates
May 26, 1877-December 23, 1963

***** 遺　品 *****

食器
モントリオールにお住まいのチャールズ・デメストラルさん（Dr. Charles de Mestral）のお宅で拝見した、祖父母ベーツ家で使われていた食器。（2012年8月24日、池田裕子撮影）

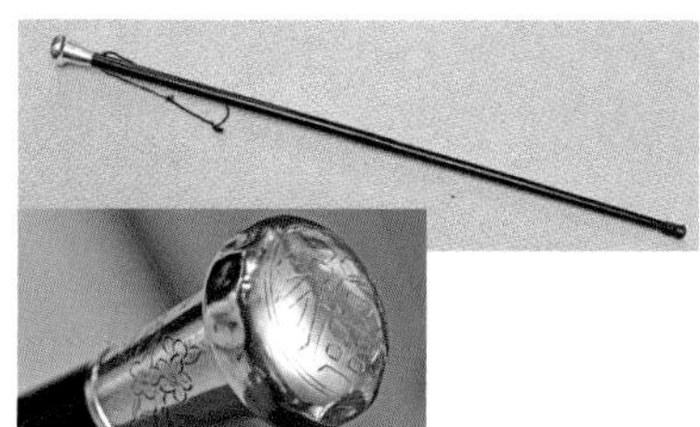

杖
モントリオールにお住まいのアルマン・デメストラルさん（Dr. Armand de Mestral）からご寄贈いただいた、祖父C. J. L. ベーツ愛用の杖。その長さから考えると、ベーツの身長は186cmだったと推測されます。
（2022年10月31日、安永順一氏撮影）

学院探訪 1

ベーツ先生の原点

関西学院は、1889年にアメリカの南メソヂスト監督教会によって創立された小さな学校でした。発展のきっかけは、1910年のカナダ・メソヂスト教会の経営参画です。しかし、これは同時に、南メソヂスト派、カナダ・メソヂスト派という対立関係を常に抱え込むことでもありました。この勢力争いや確執をバランスよく治めることに能力を発揮したのが、第4代院長を務めたカナダ人宣教師 C. J. L. ベーツでした。ベーツの見事な調整能力は、少年時代を過ごした故郷ロリニャル（L'Orignal）で培われたようです。

ロリニャルは、カナダの首都オタワとモントリオールのちょうど真ん中に位置する人口千人程の小さな村で、住民の3/4はフランス語を話しました。当時、この地域はフランス語人口が増加しつつあったのです。村には、大きなカトリック教会と3つの小さなプロテスタント教会がありました。少年時代のベーツは、日曜の朝は長老派、午後は聖公会、夕方はメソヂスト教会に通っていました。この3つの異なる教会での祈り、礼拝、賛美の経験が、自分のライフワークの原点だったと晩年のベーツは振り返っています。

村人たちは、自分の文化と言葉と教会こそが一番だと信じていました。と同時に、寛容な精神と善意と互いを敬う気持ちにより、様々な問題を友好的に解決する術を身につけていました。ですから、ベーツたちが小さなメソヂスト教会を建てた時、カトリックの神父からさえも援助を受けることができたのです。教会の女性が献金を求めに行くと、ベルベ神父（Father Berube）は優しく笑いながらこう言って4ドルを差し出しました。「プロテスタントの教会を建てるのに差し上げられるものは何もないけれど、敷地内の古い建物を取り壊せば何かお渡しできるでしょう」。

幼少期のベーツ、1879 年頃
「祖父の面影があるでしょう?」と、
1999 年にモントリオールでチャールズ・デメストラルさんが
お見せくださったベーツ先生の原点とも言える写真
(チャールズ・デメストラル氏所蔵)

ベーツ母子、1886 年頃
ベーツは 3 人兄弟の長男でした。
左：弟ロバート、右：ベーツ
(アルマン・デメストラル氏所蔵)

ベーツ家の故郷ロリニャルの位置を示した地図

学院探訪 2 それぞれの義和団事件

関西学院第４代院長（1920-40）を務めたC. J. L. ベーツが宣教師としての献身を決意したのは、1902年にトロントで開催された学生ボランティア大会に参加したことがきっかけでした。当時、モントリオールで牧師をしながらウェスレアン神学校に通っていた24歳のベーツは、金銭的にも時間的にもトロントまで行く余裕はありませんでした。1月に神学校を訪れたF. C. スティーブンソン博士（Dr. Frederick Clark Stephenson）は、そんなベーツに10ドルを差し出し、大会への参加を勧めたのです。

大会は翌月、トロントのマッセイ・ホール（Massey Hall）で開催されました。会場で、J. R. モット博士（Dr. John Raleigh Mott）が中国からの電報を読み上げました。「北中国は呼んでいる。あきを埋めよ」。それは、1900年に起こった義和団事件により、250人の宣教師と数千人の中国人信徒が殺されたことを指していました。この時、300人の若い男女が立ち上がりました。その中に若き日のベーツの姿もあったのです。

義和団事件には関西学院を創立したW. R. ランバスの妹ノラ（Nora）一家も巻き込まれました。すべての宣教師が任地を離れ、上海に移るよう命じられた時、李鴻章に対する信頼の証しとして、ノラの夫W. H. パーク（William Hector Park）だけは頼まれ、しばらく蘇州に留まりました。ある種の人質でした。夫を支え、妻も娘と共に残りました。実際、博習医院（蘇州病院）には患者が溢れかえっていたのです。中国の役人が毎日家族の無事を確かめに来ました。

そんなある日、輿に乗って往診に出かけたパークが襲われました。「外国人を殺せ！」。集まった群衆から叫び声が上がりました。危機一髪のまさにその時、輿の中を覗いた誰かが制しました。「外国人じゃない。パーク先生だよ」。

トロントのマッセイ・ホール
1894年6月14日開館のマッセイ・ホールでは、今もジャズの演奏会等が行われています。
（2012年9月1日、Gary Blakeley 撮影）

マッセイ・ホールでの大会には、ウィリアム・メレル・ヴォーリズ（William Merrell Vories, 関西学院の上ケ原キャンパス設計者）も参加していました。中国伝道を志願したベーツはなぜか日本に回され、1902年8月、挙式後すぐに宣教師として日本に旅立ちました。一方のヴォーリズは、1905年に英語教師として来日しました。二人は日本で出会うことになります（「学院探訪 16」参照）。

2019年5月26日刊行
1,900円+税

2020年4月20日刊行
2,800円+税

関西学院大学出版会から刊行されたこの２冊に、ベーツのことが紹介されています。

学院探訪 3

夏休み前の午餐会

関西学院が 1912 年に開設した高等学部（文科・商科）の船出は困難を極めました。両科併せて 100 名の新入生を募集したのに、集まった志願者はたったの 50 名。結局、口頭試問のみを実施し、39 名（文科 3 名・商科 36 名）の入学を許可しました。専用の校舎もなく、教授陣も図書も不十分な中、初代高等学部長 C. J. L. ベーツは “Be patient.” と学生に諭し、“Be ambitious.” “You must have a vision.” と学生を励ましました。そして「私は天から示されたことに背かず」（使徒言行録 26 章 19 節）、「幻がなければ民は堕落する」（箴言 29 章 18 節）などの言葉を引用し、リーダーシップを発揮しました。

しかし、最初の夏休みを迎える頃には学生たちの不平不満は高まり、こんな状況ではとても勉強できないと、試験の延期を迫りました。進路変更を真剣に考える者も出てきました。そんな中、午餐会の招待状がベーツから全教職員、全学生に届けられたのです。

午餐会は 7 月 6 日正午に神学館の一室で行われました。それは、非常に打ち解けた和気藹々とした集まりであったと伝えられています。学院史編纂室には、当日の英文献立表（スープ、スズキのホワイトソース、仔牛のパイ、チキンのフリカッセ、カレーライス、アイスクリーム、果物、コーヒー）が残されています。

転校を考えていたある学生は、これを機に心を変え、ベーツに手紙を送りました。「この温かみこそ他の如何なる学校に於ても到底味ふ事の出来ぬものである事を感じ遂に学院に留まる事に決定致しました」。この一件は「グッドディナー物語」として、後世まで語り継がれました。

関西学院高等学部教員、1912 年
C. J. L. ベーツ（前列右から２人目）は、W. K. マシュース（ベーツの左後方）と共に高等学部開設計画を練ったと書いています。

『関西学院高等学部要覧』1913-1914 年

関西学院エンブレム
現在のエンブレム【上】は、高等学部のエンブレム【左】をもとにデザインされたと考えられます。

学院探訪 4

学生会のはじまり

宗教部、学芸部、運動部、音楽社交会の４部からなる学生会が関西学院に誕生したのは、高等学部開設から間もない1912年６月29日のことでした。その陰には、学生に責任を持たせ、自治実践の場を作りたいというC. J. L. ベーツ高等学部長の強い思いがありました。そんなのは成功しない、日本の学校には馴染まないとの反対意見に対し、責任感を自覚させる最善の方法は、学生を信頼し、責任を与えることだとベーツは主張し、譲りませんでした。

原田の森時代（創立から1929年３月まで）の学生会の取り組みを『関西学院学生会抄史』（1937年）から抜き出してみると、学生会館建設、淀川大洪水慰問活動、学生会基金制度の確立、関東大震災救済活動、高野山大学との交換講演会、文化講演旅行、模擬帝国議会開催、移民法反対運動等、実に活発多彩です。赴任間もない東京帝国大学出身の松澤兼人教授（戦後、衆参両院議員）は、関東大震災の余震おさまらぬ東京に乗り込む、恐ろしく活動的な学生の姿を目の当たりにし「官立の学校ではかうはいかないだらう」と驚きの声を上げました。

学生会役員になるための選挙運動も凄まじかったようです。「政権発表演説会や立合演説、さてはポスター貼りからビラまきに至るまで、国会議員選挙を一寸小さくした丈で、戸別訪問は勿論、ひよつとすれば、コーヒー一杯で買収なども行はれてゐたかも知れない。……こんな風であるから、関西学院の学生は学校を出てその日からでも一人前の人間として、縦横無尽な働きが出来るのである」。他校に例のない、完全なる自治機関と言われた関西学院学生会が果たした役割の大きさを松澤はこう紹介しています。

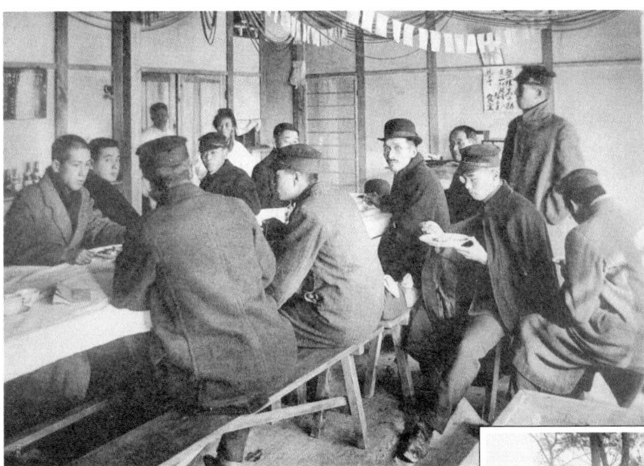

原田の森の学生会館（内部）
学生会館の開館式は1917年10月15日に執り行われました。「一白銅一椀の洋茶……」との記録から、コーヒーが一杯5銭で提供されていたことがわかります。
（『高等学部商科卒業アルバム』1918年）

学生会館（外観）

高等学部商科の庭球部員とベーツ高等学部長、1914年
KCCはKwansei Gakuin Commercial Collegeの略

原田の森に「あさが来た」

高視聴率を記録したNHK連続テレビ小説「あさが来た」(2015年度下半期放送)は、幕末から大正にかけて活躍した女性起業家、広岡浅子の生涯を描いたものでした。1911年12月25日に大阪教会で同志社出身の宮川經輝（つねてる）牧師から受洗した浅子は、原田の森時代の関西学院を訪れています。

1912年に開設された高等学部商科の学生は、商業教育の実際化を計り、学生相互の親睦を深めるため、商科会を創設しました(1922年より商学会と改称)。その第一回例会は翌年2月23日に行われ、神戸青年会初代理事長、村松吉太郎が講演しました。商科会による講演会はその後も続き、1915年11月には、広岡浅子が招かれ、「所感」というタイトルで話をしました。講演内容に関する記録は見当たりませんが、写真が残されています。最前列中央に女性が3人並ぶ記念写真(浅子の左に吉岡美国院長夫人初音、右にC. J. L. ベーツ高等学部長夫人ハティ)は、男子校だった関西学院には珍しいものです。

商科会初期の活動には、このほかにも特筆すべきものがあります。1913年夏休み、学生は教員宅を回って出資を募り、実習機関として消費組合を創設しました。学生が洋服を着て店員となり、文房具等の販売を始めたのです。当時キャンパス周辺は熊内（くもち）大根の名所として知られ、のちに繁華街となる上筒井通りはモロコシとナスの畑でした。この消費組合は繁盛し、やがて専従者を雇うまでになりました。

1915年2月、商科会の会報『商光』が刊行されました。創刊号巻頭を飾ったのは、ベーツ高等学部長による講演論説OUR COLLEGE MOTTO, “Mastery for Service”でした。高等学部のモットーとしてベーツが提唱したこの言葉は、今や関西学院全体のモットーになっています。

こうした活動を牽引したのは、商科一期生(入学時36名、4年後の卒業時12名)の面々でした。

高等学部商科に広岡浅子を迎えて、1915 年 11 月 5 日
浅子は、大同生命保険株式会社の創業に参画しました。
さらに、日本女子大学校発起人となり、学校創設に尽力しました。

高等学部商科一期生 12 名
(『高等学部商科卒業アルバム』1916 年)

学院探訪 6

首相の紹介状

1889年の創立以来、教員組織、カリキュラム、校舎・設備等の整備を続けてきた関西学院普通学部は、1915年に改称し、中学部となりました。中学校令に準拠する教育機関として認められたのです。その陰には、卒業生永井柳太郎の働きがありました。

文部省に提出した名称変更申請に対する回答が得られず、関係者が気を揉んでいた時のことです。C. J. L. ベーツ高等学部長の上京を促す電報が東京の永井から届きました。ベーツを待っていたのは首相の大隈重信でした。永井は、関西学院卒業後進学した早稲田大学で大隈の知遇を得ていたのです。早稲田大学近くの大隈御殿を訪ねたベーツは、雄弁な大隈の話を一方的に聞かされるばかりで、口を挟むことができませんでした。息継ぎのわずかな隙をついて話を遮った永井が来訪の目的を告げました。ベーツはやっとの思いで文部大臣への取り次ぎを依頼することができたのです。大隈は承諾し、紹介状を書くよう息子に命じました。書類ができると、大隈は自身で封印しました。その日の内に文部省を訪れたベーツは、文部大臣に紹介状を提出しました。関西学院が普通学部（普通科）から中学部への名称変更を認められたのはその数日後のことでした。

大隈が紹介状を書いたのは異例のことだったのかも知れません。と言うのは、ベーツがこう書いているからです。「大隈公は、書類に自分の名を記したり、あとに残るものを書いたりは決してしないと聞かされていました。火鉢のそばに座ると、火箸で灰に書き、すぐに消してしまうので、写しをとることもできないのです。彼は平等論者のように語るけれど、その暮らしぶりは貴族的だと言われていました。しかし、早稲田大学創立により、彼が日本の近代幕開け期の自由教育に大きな役割を果たしたことは疑う余地がありません」。

関西学院に大隈重信を迎えて、1913年11月26日
西川玉之助普通学部長、J. C. C. ニュートン神学部長、吉岡美国院長、大隈重信、C. J. L. ベーツ高等学部長

普通学部教員、1907年頃
日本人が10人いますが、「その内5人はアメリカの大学、1人は東京帝国大学の卒業生である」(*The Kwansei Gakuin*, [1907?])。

お気の毒トリオがゆく

関西学院第4代院長選出は難航しました。J. C. C. ニュートン第3代院長が高齢を理由に辞任を願い出た時、次期院長として理事会で名前が挙がったのは、R. C. アームストロング（Robert Cornell Armstrong）、C. J. L. ベーツ、松本益吉の3名でした。しかし、様々な意見が出てまとまらず、一旦白紙に戻されました。2カ月後、理事会で再審議された時、ベーツ、D. R. マッケンジー（Daniel Rial McKenzie）、松本が候補に挙がりました。投票の結果、ベーツが7票を獲得し、院長に選出されました。当初から一貫してベーツを推していたのはニュートンでした。71歳と42歳の二人は親子ほど年が離れていました。

1920年4月29日、院長選出の知らせをベーツはカナダのオタワで受けました。当時、関西学院から東京の中央会堂（現・本郷中央教会）に移っていたベーツは、弟（「学院探訪1」参照）急死の知らせを受け、帰国していました。アメリカのイェール大学からも招聘を受けていたベーツは、即座に関西学院の方に“Accept”と返電したかったのですが、そうできない事情がありました。日本に帰る旅費がなかったのです。

「私は日本に750ドルの借金があります。これは先の委員会の援助により450ドルに減らすことができそうです。しかし、日本に戻るには800ドル以上必要です。伝道局の援助は期待できないでしょうか？　……私にはこんな要求をする権利などありませんし、こんなことをお願いするなんて身の縮む思いです」。これは、ベーツが伝道局のエンディコット（James Endicott）宛てに出した4月30日付書簡の一部です。院長就任式が10月15日に関西学院で無事執り行われたことから推測すると、ベーツは金策に成功したようですね。

お気の毒トリオ（ニュートン、吉岡、ベーツ）、1922 年
写真の 3 人（左：J. C. C. ニュートン第 3 代院長、中央：吉岡美国第 2 代院長）を“Okinodoku”（お気の毒）と C. J. L. ベーツ第 4 代院長（右端）は書いています。

ベーツ院長就任記念ディナー、1920 年 10 月 15 日
記念ディナーには、創立者 W. R. ランバスも出席しました。

バラックからブリックへ

第一次世界大戦後の好景気を受け、1912 年創立の高等学部商科への入学者が急増した時期がありました。3 棟のバラック校舎で急場をしのいだ C. J. L. ベーツ院長の口癖は「関西学院はバラックスクールから 1 日も早くブリックスクールにならねばならない」でした。

バラック校舎は、雨が降り続くと教壇近くの天井から雨漏りしました。傘をさして授業を進める東(あずま)晋太郎に「先生、雨がやかましくて、聴こえません！」と声が上がりました。冬になると、学生はオーバーやマントにくるまり、凍えた指先に白い息を吹きかけながらノートをとりました。休み時間には先を争って外に飛び出し、焚き火で身体を暖めました。

このような校舎に下駄履きで通学を始めた青木倫太郎は、2 年時は小さな教室に押し込められ、3 年時は完成した文科の校舎の地下室を間借りし、最終学年（1923 年）になってようやく商科の新館ができたと書いています。それでも学生がついて来たのは、教師と学生の接触が深かったからで、先の東は「整頓がない、しかし融和がある」と評しました。「かうした惨めな仮校舎で私たちは勉強した。College〔高等学部〕だか Cottage〔小屋〕だか、けじめのつかない所で勉強した。しかしかうした環境の苛酷さがあつたればこそ、一層、内に燃えさかる情熱を私たちは学院から与えられたのだ」。ある卒業生はこう記しています。

「百冊の図書よりも一人の人格ある名教授が唯今の学院には必要……。建築がバラックからブリックになるように、学院学生のブレーンがブリーク〔暗い〕からブリリアント〔輝かしい〕にならしむるために細心ご留意あらんことを……」。『商学会雑誌』（1922 年 12 月）の言葉は今も胸に響きます。

バラック校舎
(『高等商業学部卒業アルバム』1921年)

学生時代の青木倫太郎
(『高等商業学部卒業アルバム』1924年)

高等商業学部校舎、1923年竣工

学院探訪 9

生と光と力の中心

原田の森の院長室からは、学生の通学風景がよく見えました。関西学院の学生・生徒に交じって、北隣にあるカナディアン・アカデミーに通う外国人少年少女の姿もありました。1922年6月のある日、その様子を眺めながら、C. J. L. ベーツ院長はこう考えました。「関西学院には世界各地の実に様々な人や文化が集まってくる。国家の枠を超えた中心だ。目と心と頭を開いていれば、ここで暮らすこと、ここで教えること、ここで学ぶことは、特別な恩恵である」。

キャンパスの中央に古い神社がありました。その周りに、レンガ造りの新しい校舎が次々に建てられました。神学館（1912)、中学部(1913、1919)、中央講堂（1922)、文学部（1922)、高等商業学部(1923)。ベーツはその見事な新旧対比に目を留めました。そして、進歩の中で先人の成し遂げた偉業を忘れてはならないと考えました。

窓から遠くに目をやると、神戸の街と製鉄所と港が見えました。海は世界に通じていました。暗くなると追いはぎが出ると恐れられた学校の周囲は、創立時とはすっかり様相を変えていました。交通網が充実し、神戸中心部へのアクセスが便利になり、大阪方面への移動もスムーズになりました（1919年、神戸市電布引線が熊内（くもち）一丁目から上筒井まで延長。1920年、阪神急行電鉄神戸線開通)。近くに駅ができたことにより、正門前の大根畑は姿を消し、商店街になりました。

「新旧、現実と理想、善悪、生死、関西学院はそれらすべての中心にいる。……私たちの手で関西学院を生、光、そして力の中心にしようではないか。そうしようと思えば、私たちにはそれができるのだ」。院長就任2年目のベーツは、学生にこう呼びかけました。

原田の森の院長室で執務するベーツ院長、1922 年
院長室は中央講堂に設けられました。

小金丸勝次「原田乃森関学時代…思ひ出の地図」
自修寮下に中央講堂、その左に文学部（左）と神学館（右）。中央講堂左下にブランチ・メモリアル・チャペル、その下に本館（左）と高等商業学部（右）。自修寮右に中学部。

神戸の幌馬車

原田の森（現・神戸市灘区）に創立された関西学院が上ケ原に移転したのは1929年のことです。移転を中学部在学中に経験した小寺武四郎名誉教授は、初めて見た上ケ原の印象をこう書いています。「私の１年生の終わりの頃である。多分、西宮北口から引率されて歩いたのであろう。門戸から狭い山道を登り、不安な気持ちで坂を登り切ると、突然、はれやかに広い田園が目の前に展開した。驚きであった。北の方はるかに松林でかぎられたこの田園から桃源郷といった感じを受けたのを今も記憶している」。

C. J. L. ベーツ第４代院長は、アトランタで暮らす前院長J. C. C. ニュートンに移転の様子を手紙で知らせました。「旧校地から新校地までの長く苦しい移住は３月いっぱい続きました。それは神戸の幌馬車と呼ばれました〔1923年公開の名作サイレント映画『幌馬車』に引っ掛けたのでしょう。宣教師の授業を当時の学生は「オールトーキー」と呼んでいました〕。実際は、ほとんどトラックで運んだのですけれど。２月25日から３月末までかかりましたが、31日の夜には、クラッグの飼い猫ベニー以外のすべての荷物を運び終えました」。猫は籠に入れて運んでも、逃げ出して原田の森に戻ってしまったようです。飼い主のW. J. M. クラッグ（William Jay Mills Cragg）は、キャンパスの芝生や木々の手入れに情熱をもって当たり、植栽等の計画を立てる上でも才能を発揮したカナダ人宣教師です。

移転は図書館から始まり、中学部、高等商業学部、文学部、神学部、総務部、構内住宅の順に進みました。中学部の移転計画書には「車10台（１日３往復）、馬車40台（１日１回）、仲仕50人、荷造通箱200個」を前提とした３月４日から18日までの運搬順序が記されています。

上ケ原への移住
大学開設をめざし、関西学院は創立の地である原田の森を320万円で売却し、上ケ原の土地を55万円で取得しました。

看板「関西学院建築地」

上ケ原の正門、1930年頃
1929年の学生数は、1,847人、卒業生累計は3,940人でした。

W. J. M. クラッグ

上ケ原の時計台と高等商業学部（現・経済学部）、1930年頃

『高等商業学部卒業アルバム』1930年、1931年より

学院探訪 11

関西学院大学のミッション

1932年、大学の設立認可を受けたC. J. L. ベーツ第4代院長（初代学長を兼任）は「関西学院大学のミッション」を発表しました。その要旨を紹介しましょう。

まず、関西学院は二つの意味でミッション・スクールであると指摘しました。一つは伝道局（ミッション）が創立した学校という意味、もう一つは使命（ミッション）を持った学校であるということです。ですから、関西学院大学は単なる学びの場ではなく、最も深い意味で“education”の源でなければならないと考えました。

ここで、“education”を「教育」と訳さなかったのは、ベーツがこの言葉をラテン語の語源から説明しているからです。ラテン語の“e(x)”は「～から」、“duco”は「導く」という意味です。したがって、学生が生まれながらに持っている才能を引き出すことが“education”なのです。これは、日本語の「教育」とは語源上の意味が異なります。では、それは何のためでしょうか。単に効率を追い求めるのではなく、学生が自分の考えを持ち、自身の言葉で語ることができるようにするためです。学生の持つ素質の中から進取の精神と自信と自制心を育てるためです。

その上で、具体的にこう述べました。「我々のミッションは人をつくることです。純粋な心の人、芯の強い人、鋭い洞察力を持つ人、真理と義務に忠実な人、嘘偽りのない誠意と揺るぎない信念を持った人、寛大な人です」。この中でベーツが最も強調したのは「寛大さ」（magnanimity）でした。これこそ、魂の最も崇高な姿だと考えたのです。

“Launch out into the deep.”（「沖に漕ぎ出そう」、ルカ伝5章4節）。関西学院が発展に向け新たな一歩を踏み出した時、ミッションを示したベーツは全構成員に呼びかけました。

上ケ原の院長室で執務するベーツ第４代院長・初代学長
（『関西学院大学商経学部第１回卒業記念アルバム』1937 年）

"Mastery for Service"
Oct. 14. 1939
C. J. L. Bates.

Mastery for Service
written by C. J. L. Bates
in Toronto, Canada Nov. 16. 1948

ベーツ院長のハンドライティング "Mastery for Service"

創立五十周年記念式典

1939年10月14日、関西学院は創立五十周年記念式典を挙行しました。その招待状は、6月30日付でC. J. L. ベーツ第4代院長から海外の諸大学に送られました。この時の発信記録は見当たりませんが、出欠の回答は残されているだけで70校近くにのぼります。北米のみならず、イングランド、スコットランド、アイルランド、レバノン、アフリカ、インド、オーストラリア、ニュージーランドの大学からも返信が寄せられ、内20校は「出席」と回答しています。その中には、南メソジスト大学、トロント／ヴィクトリア大学、マウント・アリソン大学等、現在も協定校としてお馴染みの学校が含まれています。

船旅の時代のことですから、出席といっても関西学院のために代表者がはるばる来日するわけではありません。招待状を受け取った各大学は、日本在住の卒業生に連絡し、母校の代表として関西学院の記念式典に出席するよう要請していたのです。ダニエル・ノルマン（Daniel Norman）はトロントのヴィクトリア大学、S. M. ヒルバーン（Samuel Milton Hilburn）は南メソジスト大学、W. K. マシュース（William Kennon Matthews）はヴァンダビルト大学の名代を務めました。実は、その頃のベーツは、院長は日本人であるべきとの考えを持つ人が学内にいることを知り、辞任を考え始めていました。こうした困難な状況の中、世界中の大学に創立五十周年を共に祝ってほしいと願ったのです。

関西学院の使命とその歴史を簡単に紹介したベーツの招待状に対し、メイン州のボウディン大学（Bowdoin College）のシルス学長（President Kenneth Sills）はこう返信しました。「今日のような緊張感と不確実性に満ちた時代、高等教育機関の国際親善に果たす役割は実に大きなものがあります」。

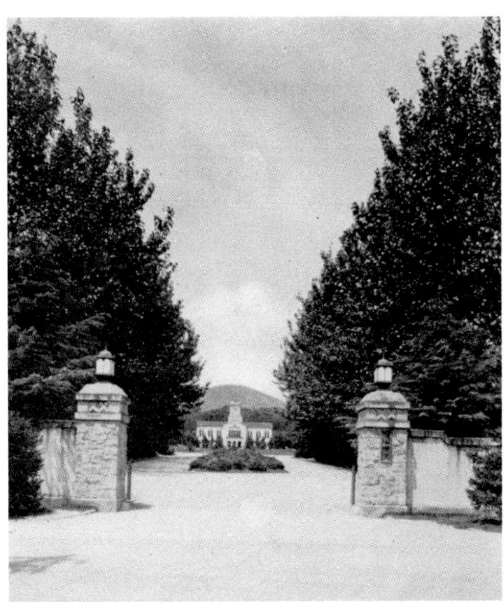

正門とポプラ、1939 年
And thoughts go winging upward when the eye
Meets stately poplars against the sky.
Fiftieth Anniversary Kwansei Gakuin, 1939

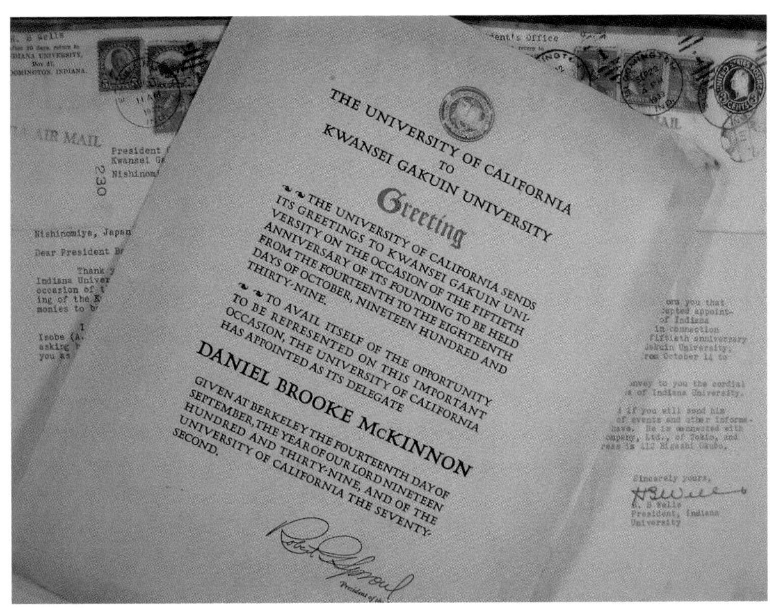

カリフォルニア大学から寄せられた祝辞
ロバート・スプラウル（Robert Gordon Sproul）学長の署名があります。

学院探訪 13

誕生日に書いた辞表

5月26日はC. J. L. ベーツ第4代院長の誕生日です。ベーツが生まれたのはカナダのオンタリオ州にあるロリニャルという小さな村でした（「学院探訪1」参照）。

1940年5月26日、63歳になったベーツは辞表を書きました。それが関西学院で迎える最後の誕生日となりました。前日の日記にはこう記されています。「神よ、学校の霊的生活を傷つけることなく、この細心の注意を要する状況をくぐり抜けて行くことができるようお導きください。しかるべき時にしかるべき行いを仕損じることのないよう、日々、刻々となすべきことをお示しください」。ベーツが辞任を決意するに至った出来事の発端は、前年3月の卒業式でした。院長の言葉をめぐって騒動が起こり、日本人が院長を務めるべきと考える日本人理事の存在が明らかになったのです。日記には数カ月にわたりベーツの苦悩が綴られています。

6月17日、辞意を受けた理事会は常務理事懇談会を秘密裏に開き、当時の国内情勢、国際情勢の下では辞任を承認するのが賢明との結論に至りました。その決定をアメリカ人宣教師W. K. マシュース（William Kennon Matthews）から聞かされたベーツは、「20年間、この職で働けたのは大変名誉なことだった。きっぱり辞める時が来たのだ。1942年まで続けたいと思っていたが、今が辞める時だ。罪をかぶる人間が必要なら、ヒトラーのせいにすることができる」と書きました（理事会承認は7月4日）。

12月30日、別れの日がやってきました。宣教師館にベーツ夫妻を迎えに来た車は、そのまま神戸港には向かわず、正門から構内に入り、中央芝生を一周しました。車が各建物の前を徐行する度に教職員と学生が飛び出して来て、別れを惜しんだと伝えられています。

主を亡くした院長室

“Matsushima Islands”（水彩）
マントルピース上に飾られている水彩画は、ベーツ院長の作品です。ベーツ一家は、宮城県宮城郡七ヶ浜町花渕浜高山に夏のコテージを持っていました。

ベーツ日記

学院探訪 14

恩師と教え子

「私の卒業証書は特別ですよ。ベーツ先生のお名前があるのだから。ほら、ここに」。間もなく満100歳の誕生日を迎えられる齋藤昭さんは、そう言って高等商業学校の卒業証書（1940年）を誇らしげに取り出されました。その思いは齋藤さんだけではありません。80歳になったC. J. L. ベーツ第4代院長が1957年にこう書いています。「7,000人以上の青年、関西学院卒業生の卒業証書に私の名があります。彼らは時折手紙をくれます。こうして、東洋で師弟間に存在する麗しい敬愛の情が続いているのです」。

1940年7月4日、ベーツの院長辞任が理事会で承認されると、それを知った学生は騒ぎ始めました。学生会代表が院長室に押しかけ、これから各理事の家を回って抗議すると、ベーツに伝えました。さらに、全学生は集会を開き、院長への忠誠を誓いました。当時、高等商業学校3年に在学していた安枝修三さんは、「もっと頑張ってほしい。我々学生のためにも」と、英語でベーツに手紙を書いたそうです。それに対し、思いがけず返事が届きました。そのベーツ直筆の返信を、宝物のようにお持ちになって、私に見せてくださいました。

「世界の何よりも、私は学生の愛情をありがたく思います。自分の息子同様に愛し、大切に思っています……」。手紙をくれた教え子への感謝の気持ちに溢れた返信は、祈りの言葉で締めくくられていました。「50年間、関西学院をお導きくださった神に祈りましょう。これからも、今までと同じように、愛する学院を導くのにふさわしい人を主のみ名によってお遣わしくださいますように。神が関西学院の真の頭（Head）であり、自分は主の僕（Servant）であることを私はいつも忘れないようにしてきました。そのことを忘れぬように。そうすれば、すべてうまくいくはずです」。

ベーツ院長の名前の入った卒業証書と齋藤昭さん（旧姓・橋野）、2016年11月4日
高等商業学校卒業後、進学された商経学部1年生の時、ベーツ院長の送別会が学生会主催により、中央講堂で開催されました（1940年12月12日）。最後の挨拶で恩師が強調した“Purity”“Confidence”“Love”を齋藤さんは今も大切にしておられます。（ベーツ館にて撮影）

We shall carry precious memories of our life in Kwansei Gakuin in our hearts forever. I have loved you all very much. You have been my own dear boys. I think you have felt this, because your attitude to me has been always lovely. I wish I could visit you in your homes and meet your wives and children, and talk with you about the problems of life great and small. That is now impossible. But in our hearts we can be together in the Spirit. We have a great task. It is to spread abroad the spirit of unselfishness throughout the world, which is the only hope for our selfish sinful world.

May God bless you in all your life,

Sincerely and forever,

Your friend,

C. J. L. Bates.

卒業生宛て帰国挨拶状（部分）、1940年12月15日付

学院探訪
15

三十年来の旧友

1908年夏、軽井沢にいたカナダ・メソヂスト教会宣教師C. J. L. ベーツは、アメリカの南メソヂスト監督教会宣教師W. K. マシュース（William Kennon Matthews）の訪問を受けました。マシュースが働く関西学院の経営にカナダのメソヂスト教会が加わる可能性についての話し合いに呼ばれたのです。ベーツが関西学院の話を聞いたのはその時が初めてでした。しかし、当時のカナダ側は中学校再興を考えており、青山学院神学部と協力体制にありました。

ベーツとほぼ同時期の1902年に来日した6歳年長のマシュースは、山口で2年働いた後、関西学院に赴任し、1908年春から図書館長を務めていました。関西学院にデューイ十進分類法を導入した図書館長として知られています。当時の日本でこの分類法を採用していたのは、山口市の公立図書館だけだったと、後年マシュースは書いています。

結局、カナダのメソヂスト教会は関西学院の経営に参画することになりました。1910年9月、ベーツ夫妻が2人の子どもを連れ、原田の森に赴任して来た時、休暇帰国中のマシュースに代わってT. H. ヘーデン（Thomas Henry Haden）夫妻が一家を温かく迎え入れました（「学院探訪39」参照）。

時は流れ、第4代院長を務めたベーツが関西学院を辞め、帰国する日がやって来ました。1940年12月のことです。前年3月に行われた卒業式でのスピーチに端を発した院長辞任にまつわる一連の騒動は、ベーツの心を深く傷つけました（「学院探訪13」参照）。神戸港出航を翌日に控えた最後の夜、妻との食事を終えたベーツをマシュース夫妻が訪ねました。ベーツにとってマシュースは「三十年来の大切な旧友」でした。2人は、32年前の夏の日を想い、暖炉の前でしみじみ語り合ったことでしょう。

関西学院赴任前のベーツ一家、1908年頃
妻ハティ、長男レヴァー、長女ルル。子ども2人は日本で生まれました。
（アルマン・デメストラル氏〈ルルの長男〉所蔵）

運動会、1924年10月17日
C. J. L. ベーツ
H. F. ウッズウォース
W. K. マシュース
開校当時27名だった学生が1,889名に、わずか3名だった第1回卒業生が今年は289名になったと、前日行われた創立35周年記念式典でベーツは語りました。

「人間宣言」とヴォーリズ

関西学院第４代院長C. J. L. ベーツとそのキャンパス設計者W. M. ヴォーリズ（William Merrell Vories）の親交についてはよく知られています（「学院探訪 2」参照）。関西学院におけるヴォーリズの初仕事は原田の森の神学館建設（1912年）でした。1940年12月末、半身不随の妻を連れ離日したベーツに対し、日本人と結婚していたヴォーリズは日本に帰化する道を選び、一柳米来留（ひとつやなぎめれる）と名乗りました。そんなヴォーリズが戦後、ダグラス・マッカーサー（Douglas MacArthur）と近衛文麿の間を取り持ったことは、上坂冬子の「天皇を守ったアメリカ人」（『中央公論』1986年５月号）等で紹介されています。ここではヴォーリズがカナダのベーツに書き送った手紙（1947年３月24日付）から生の声を紹介しましょう。

「私は〔近衛文麿〕公とマッカーサー元帥との最初の会見を手配するための私的な使者でした。さらに驚くべき仕事は、天皇もその先祖も自分たちのことを『神』とは考えていないという天皇の宣言を提案することでした。外国人に理解されうるある種の宣言の英文原稿を作ることまで〔近衛〕公に頼まれたのです。公も私も天皇の心情を理解していました」。近衛の求めに応じたことをヴォーリズは日記にも記しています。日記によると、「『天皇の一言』を含む詔勅、または宣言文の草案」をヴォーリズが思いついたのは1945年９月12日早朝だったようです。

昭和天皇のいわゆる「人間宣言」（1946年１月１日）へのヴォーリズの関わりは、手紙が書かれた1947年時点では公にされていません。それをベーツに告げていることから両者の信頼関係の強さがうかがわれます。このヴォーリズ書簡は、1999年にモントリオールを訪問した際、ベーツ院長ご令孫アルマン・デメストラルさん（Dr. Armand de Mestral）のお宅で興味深く拝見した資料のひとつでした。

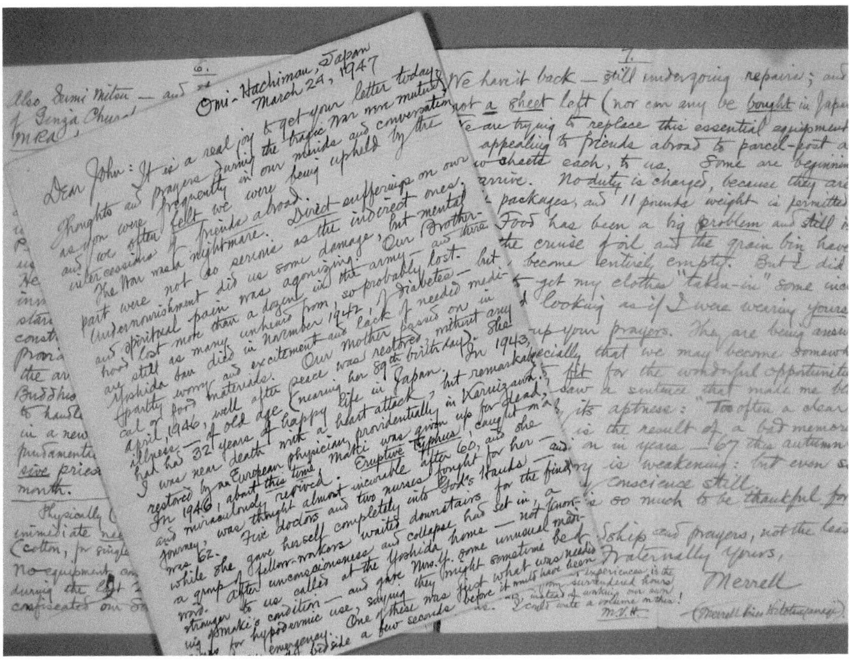

6.

Omi-Hachiman, Japan
March 24, 1947

Dear John: It is a real joy to get your letter today.
Thoughts and prayers during the tragic war were mutual
as you were frequently in our minds and conversation
and we often felt we were being upheld by the
intercessions of friends abroad.
The War was a nightmare. Direct sufferings on our
part were not so serious as the indirect ones.
Undernourishment did us some damage, but mental
and spiritual pain was agonizing. Our Brother-
hood lost more than a dozen in the army — and three
are still as many unheard from, so probably lost.
Yoshida San died in November 1942, of diabetes —
(partly worry and excitement and lack of needed medi-
cal or food materials. Our mother passed on in
April, 1946, well after peace was restored, without any
illness — of old age (nearing her 89th birthday). She
had had 32 years of happy life in Japan.

Fraternally yours,
Merrell

「人間宣言」への関わりを示すヴォーリズ書簡、1947 年 3 月 24 日付
“Dear John” で始まり、“Merrell” の署名で終わる書簡は、7 頁（タテ 205mm ×ヨコ 165mm）にわたり、ブルーブラックのインクで綴られています。所蔵者の許可を得て、建築学部の谷口真紀准教授が翻刻と翻訳に取り組んでおられます。
（アルマン・デメストラル氏所蔵）

原田の森の神学館（創立 35 周年記念絵葉書）

ヴォーリズの生家（カンザス州レブンワース）
（2013 年 10 月 9 日、池田裕子撮影）

テレビ出演

1959年秋、関西学院の創立七十周年記念式典に招かれたC. J. L. ベーツ第4代院長は19年ぶりに日本の土を踏みました。かつて船で何度も往復した太平洋を初めて飛行機で飛んだのです。羽田に降り立ったベーツは、空襲による破壊から急速に復興した日本の姿に目を見張りました。東京に向かう車中では、日本の活発な産業活動の息吹を感じ、「交通問題」という新しい日本語を覚えました。2日後、夜行列車で大阪に移動しました。懐かしい関西学院に到着した時、2,000人もの学生・生徒が正門に列をなし、歓声を上げて迎えました。ベーツは学院本部2階に上がり、10年間執務した、懐かしい院長室（「学院探訪13」、第7章「奉安庫が残る旧院長室」参照）でひと休みしました。

この時の3週間におよぶ日本滞在の想い出をベーツは“My Trip to Japan”という原稿にまとめています。加藤秀次郎第8代院長による日本語訳「再び日本を訪れて」が、『母校通信』第23号（1960年5月）に掲載されました。しかし、その中に描かれていない出来事もあります。そのひとつが大阪でのテレビ出演でした。

当時、ベーツの教え子である原清（1930年高等商業学部卒業）が朝日放送の常務取締役を務めていました。11月2日、ベーツは朝日放送第二スタジオから放送された「ポーラ婦人ニュース」に出演しました。これは、1958年5月5日から1968年9月28日まで放送された帯番組（共同制作）で、当日の朝刊番組欄を確認すると、午後1時にベーツの名があります。信仰と生活について、稲田英子（ひで）アナウンサーに身を乗り出して語る82歳のベーツの写真が学院史編纂室に残されています。

テレビ出演中のベーツ、1959年11月2日
「ポーラ婦人ニュース」は、朝日放送第二スタジオから放送されました。

創立七十周年記念郵便スタンプと正門、1959年
創立七十周年記念祭の時、西宮郵便局からキャンパスに車が来て、官製はがきか、それと同額以上の切手が貼られた紙を差し出すと、記念スタンプを押してくれました。

★関西学院上ケ原キャンパス正門前の関西学院前郵便局（旧・上甲東園郵便局）では、関西学院の正門と時計台がデザインされた風景印を押してもらえます（2013年10月1日、郵便局の名称変更に伴い、風景印のデザインが変更されました）。

学院探訪 18

昭和天皇のご引見

1959年秋、創立七十周年記念式典出席のため、次男とともにカナダから19年ぶりに来日したC. J. L. ベーツ元院長は、関西学院での一連の行事を終えた後、東京に向かいました。東京では、プロテスタント宣教百年記念式典に出席し、昭和天皇のご引見を受けました。ご引見の様子は、11月4日の『昭和天皇実録』にこう記されています。「関西学院名誉院長コーネリアス・ジョン・ライトホール・ベーツを、謁見の間において御引見になる。なお、同名誉院長は、カナダ国に生まれ、明治四十四年の来日〔初来日は明治三十五年、一年の休暇取得後、再来日し、関西学院に着任したのは明治四十三年〕以来長年にわたり日本の私学振興に尽力し、またカナダ国における在留邦人の世話を行った。この度は関西学院創立七十周年記念式典に出席のため来日した」。

ご引見には、日本到着時、羽田空港で迎えてくれたW. F. ブル（William Frederick Bull）駐日カナダ大使が同行しました。その時の服装が平服であったことは、ベーツにとって大きな驚きでした。天皇は大変親しみ深い態度で2人を迎え入れ、まず大使と握手してからベーツの手を握り、椅子を勧めたそうです。そして「わが国の青年の教育に長年ご尽力くださったと聞いています。お働きに感謝します」と声をかけました。「私の知る限り、陛下はもっとも誠実で謙虚な方でした。偉そうな素振りやもったいぶった様子は微塵もありませんでした」と、ベーツは記しています。

戦前の日本で20年も私立学校の院長を務めたベーツには、大喪の礼（大正天皇）参列や御真影下付（第7章「奉安庫が残る旧院長室」参照）の経験がありました。当時の日記からは、すべての中心に天皇を置く日本人と神を中心に考える自分たちとの共通点をベーツが探ろうとしていた様子がうかがえます。

ベーツ第 4 代院長歓迎茶話会、1959 年 10 月 28 日
天野利三郎同窓会理事長、今田恵理事長、C. J. L. ベーツ第 4 代院長、小宮孝第 9 代院長、河辺満甕宗教総主事

創立七十周年記念式典、1959 年 10 月 30 日
1959 年 1 月、関西学院大学からベーツに名誉博士学位（第 1 号）が授与され、日本訪問中の 10 月 30 日に中央講堂で行われた七十周年記念式典で、学位記が贈呈されました。また、11 月 3 日には、兵庫県から国際文化賞が贈られました。

最後の祈り

病のため半身不随となった妻ハティの車椅子を押しながらキャンパスを歩くC. J. L. ベーツ第４代院長の姿は、戦前の関西学院を彩る一つの風景でした。２人の姿を目にした教職員や学生は、心に温かいものを感じていたようです。晩年、ベーツはカナダのトロントで年金生活を送りました。そして、妻の世話ができるだけの健康と強さを自分に与えてほしいと祈りました。それが自分の存在理由だと考えていたのです。

祈りは届けられました。1962年１月20日、ハティは自宅で夫に見守られながら息を引き取りました。最愛の妻を亡くしてから、ベーツは腎臓炎の手術を受け、入退院を繰り返しました。最後の入院は、亡くなる２週間前のことでした。その時、親子２代にわたる教え子である則末牧男牧師にベーツはこう言ったそうです。「則末さん、今度は私はもうこの家に帰ってこれ〈ママ〉ないと思う。お葬式の時ヨハネ伝17章を読んでください」。

1963年12月23日、ベーツは86歳で天に召されました。ロイヤル・ヨーク・ロード合同教会で執り行われた葬儀で、則末はヨハネ伝17章４節の言葉を強調しました。「わたしは、行うようにとあなたが与えてくださった業を成し遂げて、地上であなたの栄光を現しました」。

その22年前の夏、故郷に帰り、墓参りをしたベーツは、日記にこう記しています。「いつの日か私はここに眠りたい。母の隣で、ハティも一緒に。墓石には、名前の他に『日本への宣教師 1902 − 1940』と刻んでもらおう」。2012年夏、現地を訪れた私は、その願いも叶えられていたことを知りました。

ロイヤル・ヨーク・ロード合同教会
この教会でベーツの葬儀の司式を担当したのは、バーナード・エナルズ（Bernard Ennals）牧師でした。そのご子息ピーターさんは、マウント・アリソン大学教授となり、1986 年と 1991 年に客員教授として関西学院大学で教えました。
（2012 年 9 月 1 日、Gary Blakeley 撮影）

カナダに帰国後のベーツ夫妻

ベーツが眠る墓地
（2012 年 8 月 30 日、池田裕子撮影）

CORNELIUS JOHN
LIGHTHALL
BATES
1877 ———— 1963
MISSIONARY IN JAPAN
1902 —— 1940

ベーツの墓石
（2012 年 8 月 30 日、池田裕子撮影）

学院探訪 20

父と娘

妻が病に倒れて以来、C. J. L. ベーツ第4代院長は、4人の子どもの中で唯一の娘であるルル（Lulu, 写真：「胸像の謎を追いかけて」、「資料1」）を心の拠りどころとすることが多くなったようです。そんなベーツが、カナダで暮らす娘に好きな男性ができたのを知ったのは、1937年3月19日のことでした。恋の相手はエマニュエル・カレッジで学ぶ33歳のフランス系スイス人クロード・デメストラル（Claude de Mestral）。娘の気持ちを手紙で知ったベーツは、翌日の日記に複雑な胸中を記しています。「もし、クロード・デメストラルという吟遊詩人（きっとそんな格好をしているに違いない）のような名前の男がルルの愛を勝ち得たなら、彼はこの世で最高の宝を手に入れたことになる。彼はそれに値する立派な男でなければならない」。

その月の終わりには、娘の恋人から結婚の許しを求める手紙が届きました。それは大変立派な内容で、彼が申し分のない男性であることをベーツも認めざるを得ませんでした。

6月18日、トロントからの電報により、2人が29日に挙式することをベーツは知りました。娘の花嫁姿を見ることも叶わず、父親としての感情を日記に吐露するしかありませんでした。「31年半前、赤ん坊だったルルを病院〔から〕抱いて帰って以来、こんなにも深く愛し、慈しんできた大切な娘が私たちのもとを去り、たった半年前に知り合ったばかりの男とともに行ってしまう。しかも、その男の姓を名乗り、その男の家を守り、その男の家庭を築き、その男の子どもを抱くのだ」。

4年後、ルルは男の子を出産しました。ベーツにとって3人目の孫でした。アルマンと名付けられたこの孫が2001年に関西学院大学から名誉学位を授与された時、長身の孫には祖父愛用のガウンがよく似合いました。

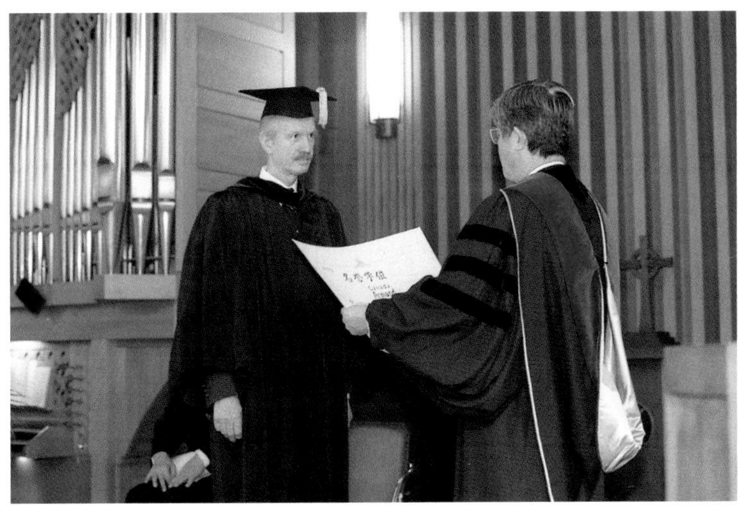

アルマン・デメストラルさんへの名誉学位授与式、2001 年 12 月 20 日
ランバス記念礼拝堂（上ケ原）で今田寛学長から名誉学位記が授与されました。今田学長の父恵（「学院探訪 18」参照）は、デメストラルさんの祖父 C. J. L. ベーツの教え子でした。

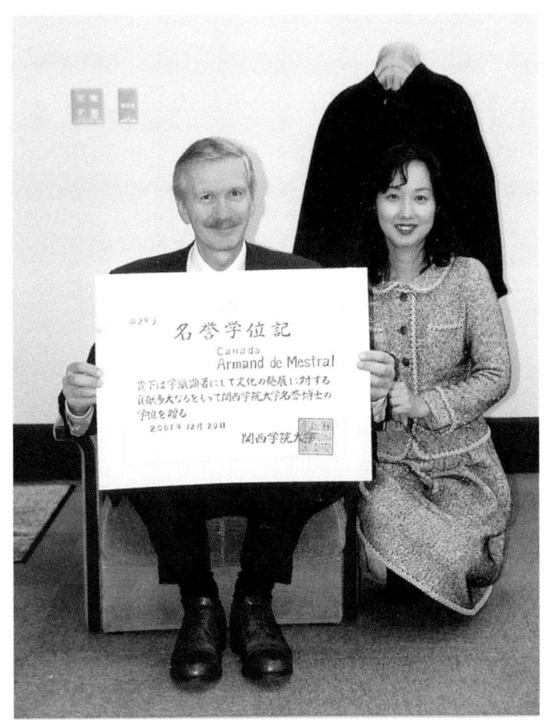

名誉学位記を手にするアルマン・デメストラルさん、2001 年 12 月 20 日
「祖父は第 1 号、私は第 29 号」と喜ばれました。授与式で着用されたアカデミックガウンは、お祖父様の遺品です。
（池田裕子所蔵）

学院探訪 21 “Mastery for Service”のルーツ

関西学院のスクールモットー“Mastery for Service”がカナダのマギル大学マクドナルド・カレッジと同じであることを知ったのは、1999年秋に同大学アーカイブズを訪問した時でした。カレッジ（農学部、家政学部、教育学部）のモットーは、1906年の開設時に出資者ウィリアム・マクドナルド卿（Sir William Macdonald）が提案したと言われています。一方、マギル大学出身のC. J. L. ベーツが関西学院で新たに創設された高等学部（商科・文科）のためにこのモットーを提案したのは1912年のこととされています。両校のモットーの一致は偶然でしょうか？　それとも、この言葉はベーツがカナダから持ち込んだものなのでしょうか？

カナダ側の状況を明らかにする書簡が*Macdonald College Annual*（1934年）に掲載されています。それによると、“Mastery for Service”の生みの親はトーマス・D・ジョーンズ（Thomas D. Jones）で、この言葉をマクドナルドに伝えたのはカレッジ長のJ. W. ロバートソン（James Wilson Robertson）でした。ジョーンズがカレッジ近くのメソヂスト教会で行った一連の説教“Service” “Equipment for Service” “Efficiency for Service”に関心を持ったロバートソンが、マクドナルドと検討中だったカレッジのモットーのことでジョーンズに相談したのです。この他に考えられるテーマはないかとの質問に対し、ジョーンズが答えたのが“Mastery for Service”でした。

「ベーツ先生はマクドナルド・カレッジのモットーをマネされたのです」。ベーツの片腕とも言えるH. F. ウッズウォース（Harold Frederick Woodsworth）の次男ディヴィッドさん（David, 第6章「原田の森 ～カナダ人宣教師の子どもの記憶～」参照）からお聞きしたこの言葉が事実なら、これらの人物とベーツの関係、あるいはカナダに休暇帰国中のベーツの足取りを追うことにより、両校のモットーの関係を示唆する新たな発見があるかも知れません。

マクドナルド・カレッジ創立百周年記念切手
紋章の下に "Mastery for Service" の文字が見えます。

マクドナルド・カレッジ紋章

マギル大学最古の校舎
マギル大学でベーツ院長が学んだ校舎は、関西学院で言うと、上ケ原の時計台に当たるシンボリックな建物です。
(2012年8月29日、池田裕子撮影)

学院探訪 22

失われゆく母校の記憶

久しぶりに母校を訪れた卒業生から失われた校舎への郷愁の思いをお聞きし、心打たれることがあります。高等部（旧制中学部）校舎や商学部（旧制高等商業学校）チャペル（講堂）を惜しむ声は特に大きいようです。創立125周年を機に建て替えられた中央講堂は、創立七十周年の折、19年ぶりにカナダから来日したC. J. L. ベーツ第4代院長が“Mastery for Service”について力強く語った場所でした。そのベーツ自身も、今はもう見られぬ風景をスケッチ（水彩）に留めています。

このスケッチは、ベーツ一家の住む宣教師館（現・ゲストハウス）で描かれたものと思われます。建物の南面には広い芝生の庭が今もあり、生垣で囲われていますが、その庭から南西方向を眺めた景色です。現在、関西学院会館がある辺りには、日本人教師住宅が6軒建っていました。外国人住宅（宣教師館）は10軒あって、東西に一列に並んでいましたが（2023年現在残るのは、東端のベーツ館から6軒）、日本人住宅はその南側に東の端から3軒ずつ2列に並んで建っていました。この辺りは、キャンパスの一角に佇む小さな集落といった趣きだったかも知れません。外国人住宅北側を東西に走る小道を「ベーツ坂」と呼ぶ人もいました。

1991年10月、大阪芸術大学建築学科建築歴史研究室がこれらの建物の実測調査を行いました。その調査結果と照合すると、描かれた建物は、左から日本人住宅A（北立面図）、E（北立面図）、B（東立面図）と見事に一致します。ベーツのスケッチは実に写実的でした。

紅葉した木が描かれていますから秋の風景です。スケッチブックの表紙に記された「1936」の文字から、1936年秋以降日本を去る1940年までの間に描かれたものと推測されます。

ベーツ院長のスケッチブック
ベーツ院長の曾孫に当たるスコット・ベーツさん（Scott Bates）が2009年に来日された際、曾祖父様が描いた絵（スケッチブック2冊を含む）をお持ちくださいました。「学院探訪13」、「学院探訪20」、「学院探訪58」で紹介した日記も、スコットさんからご寄贈いただいたものです。

スコット・ベーツさんを迎えて、2009年6月2日
ゲストハウス（旧ベーツ館）庭に植えられているベーツ来日100年記念樹の前で記念撮影。永田雄次郎学院史編纂室長・文学部教授、池田裕子、山内一郎第13代院長、スコット・ベーツさん、ルース・グルーベル第15代院長、宮田満雄第12代院長、ダニエル・デルミン高等部教諭（宣教師）、舟木讓院長補佐・経済学部宗教主事（のちの第17代院長）

胸像の謎を追いかけて

1　署名入りの胸像写真

署名入りベーツ院長胸像写真

1998（平成10）年のある日、ベーツ先生の見慣れぬ胸像の写真が目に留まった。それは、創立70周年の資料の中にあったもので、“C. J. L. Bates”と署名が入っていた。関西学院が創立70周年を迎えたのは1959（昭和34）年で、ベーツ先生は招かれ、19年ぶりにカナダから来日している。その時、写真にサインされたのだろう。

ベーツ院長胸像（時計台）

ベーツ先生は、スクールモットー“Mastery for Service”の提唱者として知られるカナダ人宣教師である。その胸像として真っ先に思い浮かぶのは、現在、大学博物館2階に常設展示されているものである。大学博物館は、創立125周年を記念し、2014（平成26）年に西宮上ケ原キャンパスの時計台にオープンした。私の学生時代、時計台は図書館だった。当時、胸像は1階ホールに置かれていた。調べてみると、山名常人（つねと）作のこの胸像の除幕式は、1974（昭和49）年9月28日に行われている。したがって、それ以降、1997（平成9）年10月1日に新大学図書館が時計台西に開館するまでの間の学生にとってお馴染みの胸像である。

ベーツ院長胸像（関西学院会館）

もう一つ、関西学院会館2階のベーツ・チャペル前にもベーツ先生の胸像がある。かつて宗教センター別館のベーツ・ホールに置かれていたもので、宗教センターが取り壊された後（跡地には吉岡記念館が建っている。2006年3月10日竣工）、ここに移設された。特筆すべき

は、鼻の頭がテカテカに光っていることである。ベーツ・ホールを利用する宗教総部の学生の間には、ベーツ先生の鼻を触るとテストで良い点が取れるという言い伝えがあったそうだ。この胸像については、後ほど詳しく紹介する。

小胸像とベーツ院長の長女ルル、1936年

ところが、私の目に留まった写真にはこれら2体とは明らかに異なる胸像が写っていた。この見慣れぬ胸像は一体どこにあるのだろうか。その行方を捜すため、私は資料に当たった。すると、手掛かりがいくつか見つかった。まず、ベーツ先生が住んでおられた宣教師館（上ケ原）の庭で1936（昭和11）年に撮影された写真に、小さな胸像とベーツ先生の長女ルル（Lulu）が写っていた。その胸像は、署名入りの写真の胸像と似ているように思われた。

『関西学院六十年史』（1949年）には、胸像に関する記述があった。高等学部（商科）創設期の教師、木村禎橘（ていきつ）は「関西学院高等学部創設時代」の中にこう書いている。「昭和十一（一九三六）年四月池田庄太郎（商第七回中退）その他地塩会有志諸君の醵金によりベーツ院長の小型胸像二基を大丸で作成し、一基は学院に他の一基はカナダ伝道局に寄贈した。学院の分はベーツ記念館に備え付けられ、伝道局の分はアウターブリツヂ教授戦前引揚帰国〔1941年〕の際に託送した」。

地塩会というのは、高等学部商科初期出身者OB会である。胸像制作のための寄付の中心人物は池田庄太郎さんだったようだ。地塩会がつくった小型胸像二基の片方が宣教師館（外国人住宅1号館）で娘ルルと共に撮影された胸像なのだろう。ベーツ記念館（ベーツ先生の住居を記念館にすることが決まっていたそうだが、実際はそうならなかった。現在は、ゲストハウスとして使われている）に備え付けられたはずの胸像は、どこに行ったのだろう。また、同じ胸像をカナダに寄贈したとある。私は学内の胸像探しと並行して、カナダの胸像探しを始めた。

カナダに胸像が送られていたなら、教会関係の英文資料の中に情報があるかも知れない。そう考えて、1963（昭和38）年にトロン

トでベーツ先生が亡くなった時、ロイヤル・ヨーク・ロード合同教会で葬儀を執り行ったバーナード・エナルズ牧師（Rev. Bernard Ennals）がその24年後の1987（昭和62）年3月27日に書いた“The Contribution of Dr. C. J. L. Bates to Royal York Road United Church, Toronto”に目を通した。すると、胸像に関する記述があった。「……教会には、〔肖像画のほか〕かつて海外伝道局が所有していたブロンズの胸像もある。胸像には次のように書かれている。『C. J. L. ベーツ、関西学院院長。関西学院での25年間の教育的働きを記念して。当ブロンズ製の胸像は日本の友人より、カナダ合同教会海外伝道局に贈られた。1936年4月、日本、大阪』、さらに、C. J. L. ベーツの署名と1935年12月14日の日付がある」。つまり、胸像は確かにカナダに送られ、トロントのロイヤル・ヨーク・ロード合同教会に置かれていたのだ。エナルズ牧師がこれを書いてから12年経った。今も胸像は教会にあるのだろうか。

私は、トロントの教会に問い合わせる前にベーツ先生のご遺族に連絡してみようと思った。と言うのは、宣教師館の庭で撮影されたルルと小胸像の写真は複製で、オリジナル写真の所有者として、孫のアルマン・デメストラルさん（Dr. Armand de Mestral）のお名前が記されていたからである。国際交流課（現・国際教育・協力センター）で働いていた時、アルマンさんはモントリオールのマギル大学法学部教授をされていると聞いた。関西学院大学がマギル大学と協定を結ぶことができたのは、アルマンさんのおかげだったはずだ。私は、マギル大学法学部宛てに手紙を書いて、航空便で送った。

折り返し、アルマンさんからいただいたお返事によると、胸像と一緒に写っている女性はアルマンさんのお母様で、1936（昭和11）年当時は確かに日本にいて、カナディアン・アカデミーの教師をされていたそうだ。しかし、胸像自体は見たことがないので、親戚に尋ねてみるとのことだった。ベーツ先生には子どもが4人いたが、この時、末っ子ロバートの奥様が健在だった。

数週間後、再びご連絡いただいた。カナダに送られた胸像は、末っ子の孫に当たるスコット・ベーツさん（Scott Bates, トロント在住）

が所有されていることがわかったそうだ。そして、「祖父に関心があるなら、モントリオールに来ませんか？　私の家に泊まってください」という大変ご親切なお申し出を受けた。実は、アルマンさんが教えておられるマギル大学は、ベーツ先生の母校でもある。ベーツ先生が大学生活を送ったのはどんな所だったのだろうか。山本栄一学院史資料室長に相談したところ、「資料室の予算を全部使って良いから行って来なさい」と言われた。私は、アルマンさんのお言葉に甘えることにした。

カナダに行く準備を進めていると、山内一郎第13代院長から呼び出しを受けた。院長室で先生は私にこうおっしゃった。「せっかくカナダに行くのだから、この機会にアウターブリッヂ第7代院長の母校であるマウント・アリソン大学も訪ねなさい。地理学のピーター・エナルズ教授（Dr. Peter Ennals）に手紙を書いて、あなたのことを頼んでおきましょう」。エナルズ先生は、私が国際交流課で働いていた時、客員教授として文学部で教えておられた。

こうして、私はカナダの3都市、サックビル、モントリオール、トロントを訪問することになった（1999年9月24日～10月5日）。当時、関西空港からトロントに直行便が飛んでいた。私は、国際線でトロントに飛び、国内線に乗り換えてニューブランズウィック州モンクトンに飛ぶ計画を立てた。そこからサックビルに行き、マウント・アリソン大学を訪ね、エナルズ先生にお会いする。『赤毛のアン』で有名なプリンス・エドワード島の対岸の街がサックビルだった。その後、飛行機でモンクトンからケベック州モントリオールに行き、アルマンさんにお会いする。そして、モントリオールからオンタリオ州トロントまで列車で移動し、スコット・ベーツさんを訪ね、胸像を拝見する、という計画だった。この時の調査の詳細は、「カナダ訪問記―C. J. L. ベーツ第4代院長関係資料調査の旅―」としてまとめた（『関西学院史紀要』第6号、2000年4月20日）。その後の反響も、「『カナダ訪問記』その後」で紹介している（第7号、2001年3月24日）。なお、前者に関しては、カナダでお世話になった方々のために英語でも書いた。英文報告書“A Report of My Visit to Canada, a trip concerning C. J. L. Bates, the fourth president of Kwansei Gakuin (1920-1940)” は、学院史編纂室のウェブページから読むことができる。

2　カナダ出張 ～サックビル、モントリオール、トロント～

エナルズ先生は、私のためにマウント・アリソン大学近くのホテルを手配し、モンクトン空港まで迎えに来てくださった。先生とお話しして驚いたのは、ベーツ先生がトロントで亡くなった時、葬儀の司式を担当されたバーナード・エナルズ師は先生のお父様だったということである。さらにお話を伺うと、エナルズ先生がトロント大学ヴィクトリア・カレッジで学んでおられた時、私がこれからお訪ねするアルマンさんの弟、チャールズさんと同級生で、同じ寮に住んでおられたことがわかった。少年時代は、ブリティッシュ・コロンビア州ウェストミンスターにいらしたそうだが、その街ではアウターブリッヂ第7代院長の息子さんが医師として活躍されていたそうだ（「学院探訪55」参照)。「関西学院を知ったことで、これらすべてがつながって、びっくりしました」と、笑っておられた。

エナルズ先生の奥様であるチェリルさん（Cheryl）は、アーキビストとしてマウント・アリソン大学で働いておられた。学院史資料室での経験の浅い私にとって、カナダで真っ先にチェリルさんにお目にかかれたことは、何よりの勉強になった。それから20年以上経った今も、この時の山内院長の深いご配慮に感謝の気持ちでいっぱいである。チェリルさんは、アウターブリッヂ院長の修士論文（“The Evolution of Monotheism,” 1909）をコピーし、美しく製本して、学院史編纂室にご寄贈くださった。

マウント・アリソン大学訪問後、飛行機でモントリオールに移動した。アルマンさんが空港まで迎えに来てくださることになっていた。

モントリオールに到着すると、空港のアナウンスがフランス語だけになった。機内アナウンスは英語とフランス語だったから、すぐに気が付いた。当時のモントリオールには空港が二つあり、国際線と国内線に分かれていた。国内線に英語は必要ないのだろう。私はフランス語圏に来たのだ。

荷物のターンテーブルの所に、アルマンさんと思われる男性を見つけた。そう言えば、「アルマン」という名もフランス系である。思い切って私はフランス語で声をかけ、フランス語で自己紹介した。すると、びっくり仰天され、「フランス語ができるのですか！」とおっしゃった。とてもできるとは言えないレベルだが、アルマンさんにとって、初対面の日本人女性の口からフランス語の単語が飛び出してくることは想定外だったようだ。空港アナウンスが流れる度に、「今のアナウンスの意味はわかりましたか？」と確認された。モントリオール滞在中、私をどなたかに紹介される際は、「祖父が教えていた、日本の関西学院から来た池田裕子さんです」とおっしゃった後、「裕子さんは英語だけでなく、フランス語も話します」と、誇らしげに付け加えられた。そして、私にフランス語で自己紹介させるのだった。

アルマンさんは、私をマギル大学に連れて行ってくださった。マギル大学はフランス語圏にあるが、英語で授業を行っている。ベーツ先生が学んだ 19 世紀末のモントリオールはカナダ第一の都会だった。セントローレンス川には世界中の船が集まってきた。

ベーツ先生が学んだ校舎が残っていた。それは、マギル大学最古の校舎で、現在、大学のシンボルになっている（「学院探訪 21」参照）。門を入ってその校舎を見た時、関西学院に似ていると思った。規模は違うが、上ケ原キャンパスの正門から時計台とその前面の芝生を眺めるのとよく似た印象を受けた。アルマンさんにそう話すと、大きくうなずいて同意された。アルマンさんご自身が初めて関西学院を訪れた時、全く同じことを感じられたそうだ。

関西学院の上ケ原キャンパスはアメリカ人建築家ウィリアム・メレル・ヴォーリズ（William Merrell Vories）の設計である。ベーツ先生とヴォーリズはとても親しかったそうだ（「学院探訪 2」、「学院探訪 16」参照）。ベーツ先生が頼んでそうなったのかどうかはわからないが、関西学院で時計台を眺める度に、ベーツ先生が母校を懐かしく想い出しておられたことは間違いない。

マギル大学アーカイブズでは、関西学院のスクールモットー

“Mastery for Service”が同大学マクドナルド・カレッジのモットーと同じであることに気付いて驚いた。このことは、その後さらに調査し、『関西学院史紀要』第19号（2013年3月25日）に書いた（「ロリニャルから世界へ―カナダ東部におけるベーツ院長関係地訪問―」）。

また、アルマンさんは、ご自宅に弟のチャールズさん（Dr. Charles de Mestral）ご一家と関西学院大学初代法文学部長を務められたウッズウォース先生のご子息ディヴィッドさん（Dr. David Edward Woodsworth）ご夫妻を招かれ、私に紹介してくださった（第6章「原田の森 ～カナダ人宣教師の子どもの記憶～」参照）。私が泊まる部屋には、ベーツ先生が残された写真アルバム（Column 6参照）や日本から送られた書簡を置いてくださっていた。

モントリオールで多くのことを感じ、学んだ私は、列車でトロントに移動し、ベーツ先生の曾孫に当たるスコット・ベーツさんのご自宅を訪ねた。スコットさんは弁護士をされていた。

そこで、私は念願の胸像と対面した。高さ35cmほどの小胸像で、背面に英語でこう書かれていた。「C. J. L. ベーツ、関西学院院長。関西学院での25年間の教育的働きを記念して。当ブロンズ製の胸像は日本の友より、カナダ合同教会海外伝道局に贈られた。1936年4月、日本、大阪」。バーナード・エナルズ師の記述と同じである。ロイヤル・

スコット・ベーツさんのお宅で拝見したベーツ院長小胸像（正面・背面）

ヨーク・ロード合同教会にあった胸像に間違いない。

スコットさんの説明によると、カナダ合同教会牧師として長年働いてきたお祖父様（ベーツ先生の三男ロバート）が隠退する時、何か記念に欲しいものはないかと尋ねられ、この胸像を所望されたそうだ。お祖父様が亡くなると、スコットさんが胸像を引き継がれた。スコットさんのお宅では、日記（「学院探訪 13」、「学院探訪 20」参照）やスケッチブック（「学院探訪 22」参照）などの遺品も拝見した。

3　学内の胸像の所在

一方、学内の胸像調査だが、スコットさんのお宅で拝見した小胸像と対になる３体目は、秘書室の応接室で見つかった。これは、現在、院長室に移されている。ここで少し話を戻し、かつて宗教センターのベーツ・ホールにあり、現在は関西学院会館２階のベーツ・チャペル前に移設されている２体目の胸像に目を向けよう。

1998（平成 10）年に署名入りの胸像写真を見つけた時、私は宗教センター別館のベーツ・ホールに行き、そこに置かれている胸像と慎重に比較した。顔は似ているようにも見えるが、メガネがなかった。既に紛失していたのだろう。顔と身体のバランスが異なり、ベストの第二ボタン以下の長さが短かった。何より気になったのは、傷だらけの台座（木製）の上に置かれていたことである。３年前の阪神淡路大震災の時、この胸像は台座ごとひっくり返ったそうだ。その見るも無残な台座に「池田庄太郎寄贈」と記された小さな銘板がかろうじて付いていた。『関西学院六十年史』に登場する人物の名である。胸像の背面には、1940（昭和 15）年まで院長を務めたと刻まれていた。と言うことは、ベーツ院長の辞任、カナダへの帰国を機にもう一体、胸像がつくられたことになる。台座の文字表記「シ・ゼー・エル・ベーツ」も、戦前のものであることを示している。小さな銘板は、ちょっと触れると簡単に落ちてしまった。その銘板を私は職場に持ち帰った。

宗教センター増築の竣工式（1965 年）の写真を見ると、手前にこの第２の胸像が写っていた。その向こうの男性は、ベーツ先生の次男 C. J. L. ベーツ Jr. である。ベーツ先生は 1963（昭和 38）年 12 月 23

C. J. L. ベーツ Jr. とベーツ院長胸像、1965年6月28日
宗教センター増築竣工式

日にトロントで亡くなった。遺言により、遺産が５等分され、４人の子どもに５分の１ずつ、残りの５分の１の半分が教会に、もう半分が関西学院に寄付された。その寄付金が宗教センターの増築に使われ、ベーツ・ホールがつくられた。このような理由から、ベーツ先生の次男が竣工式に出席されたのだ。

なお、この胸像は、ベーツ・ホールができる前は院長室に置かれていたようだ。1962（昭和37）年の『商学部卒業アルバム』に掲載された写真を見ると、小宮孝第９代院長の後方にこの胸像が見える（第７章「奉安庫が残る旧院長室」参照）。ベーツ・ホール完成に伴い、院長室から胸像が移設されたのだろう。

しかし、その40年後、宗教センターは増築部分を含め取り壊され、吉岡記念館が建てられた。ベーツ・ホールがなくなったため、胸像は関西学院会館２階のベーツ・チャペル前に移設された。実は、ベーツ・ホールの壁には、ベーツ先生の手紙の一文を入れたタブレットがはめ込まれていた。このタブレットは、建物が壊される前に取り外されたが、胸像と違って未だに行き場のないまま、学院史編纂室の資料庫に保管されている。

４　胸像の台座修復

胸像の謎を解明して10年ほど経ったある日、関西学院会館を訪れたボート部OBの北村良蔵さん（1963年商学部卒業）が胸像の前を通り、台座がひどく傷んでいることに気付かれた。ショックを受けた北村さんは、その足で学院史編纂室をお訪ねになった。私は北村さんと初対面だった。「関学会館に置かれているベーツ先生の胸像のことを教えてください」と言われた私は、それまで自分なりに調べてきたことをお話しし、隠し持っていた小さな銘板をお見せした。驚いたことに、北村さんは「池田庄太郎」という名をご存じだった。そのご子息がボート部の先輩におられるそうだ。「私たちの先輩、池田無事郎さん（1958年経済学部卒業）のお父上が寄贈された胸像の台座をこのままにしておくことはできません。修復させてください」。北村さんは私におっしゃった。

2011（平成23）年10月17日、千刈カンツリー倶楽部で恒例のK. G. A. A.（2012年より関西学院大学体育会同窓倶楽部）対抗ゴルフ大会が開催された。その時、私は大会終了後の懇親会に呼ばれた。体育会OBにベーツ先生の話をしてほしいと、副会長の北村さんから頼まれたのだ。

会場にはゴルフを終え、ひと風呂浴びてリラックスされたOB（OGもほんの少し）が193名おられた。私がベーツ先生の話を始めると、ざわついていた会場は一瞬の内に静まり、驚くほど熱心に耳を傾けてくださった。

話を終えると、年配の男性が元気よく走り出て来られた。そして、マイクを手に取り「私が関学の入学試験を受けた時の面接官はベーツ先生でした」と、70年以上前のことを熱く語り始められた。この男性はラグビー部OBの齋藤昭さん（92歳、「学院探訪14」参照）で、齋藤さんが高等商業学校を受験された1937（昭和12）年には、筆記試験合格者に対し、英語面接が課せられたそうだ。

この嬉しいハプニングを、司会の横山暸一さん（1967年社会学部卒業、レスリング部OB）は間髪入れず会長の渡辺淳一さん（1966年法学部卒業、ラグビー部OB）につながれた。「ベーツ先生の胸像の台座をK. G. A. A.で修復しましょう。ご賛同いただける方はワンコイン（500円）の寄付をお願いします」。渡辺さんの言葉を合図に募金箱を回すと、瞬く間に修復費用が集まった。実際の修復に際しては、渡辺さんと親しくされている株式会社平田タイルの平田雅利さん（1966年社会学部卒業）に大変お世話になったと聞いている。

修復された台座には銘板もしっかり取り付けられ、翌月のホームカミングデーの際、関西学院に返還された。K. G. A. A. 会長の渡辺さんには、ルース・グルーベル院長と井上琢智（たくとし）学長連名の感謝状が贈られた。また、胸像を寄贈された池田庄太郎さんのご遺族である無事郎さんたちを招き、ベーツ・チャペルで礼拝の時が持たれた。

＊　＊　＊　＊　＊　＊　＊　＊　＊

こうして、1枚の写真に疑問を抱いたことから、私はカナダと日本で多くの人に出会い、多くのことを学んだ。日本で生まれ育ち、留学経験もなく､英文科を出たわけでもない私にとって､英語の先生はベーツ先生だった。私は、100年前にベーツ先生が書いた書類を職場で読み、その英語をマネしてカナダに手紙を書いた。したがって、今のカナダ人には一昔前の古臭い英語だったのだろう。初対面の時、こう言って驚かれた。「本当にあなたが裕子さん？　あなたがあの手紙を書いたの？　ものすごいおばあさんが来ると思っていました」。そんなカナダ人に、41歳の私はにっこり微笑んでこう答えた。“Please forgive Dr. Bates for my poor English.”

★私が学院史編纂室で働いている間に、関西学院を訪問されたベーツ先生のご遺族は次の通りです。お孫さんや、生前のベーツ先生をご存じの方は、時計台に置かれた胸像をご覧になると、「似ていない」とおっしゃいます。一方、生前につくられた他の2体の胸像は、ベーツ先生のお顔だそうです。

・アルマン・デメストラルさん（Armand de Mestral, 長女ルルの長男）

2000年7月9日～12日

2001年11月6日～12月31日（法学部客員教授)、途中で奥様ロザリンさん（Rosalind Pepall）も合流

2009年10月13日、11月10日、18日、途中で奥様も合流

2012年3月11日～14日

2013年4月5日～30日（法学部客員教授）

2014年9月26日～10月6日、途中で奥様も合流

2018年6月6日～8日

・フィリップ・デメストラルさん（Phillippe de Mestral, アルマンさんの長男）と婚約者ジュリアさん（Julia）
2009 年 11 月 18 日、26 日

・サラ・ペパルさん（Sarah Pepall, アルマンさんの奥様の妹）とそのお嬢様ジリアン・クリスティさん（Gillian Christie）
2016 年 11 月 2 日

・チャールズ・デメストラルさん（Charles de Mestral, 長女ルルの次男）
2009 年 11 月 6 日～ 11 日

・エリア・デメストラルさん（Hélia de Mestral, チャールズさんの長女）
2005 年 8 月 11 日

・スコット・ベーツさん（Scott Bates, 次男ロバートの孫）
2009 年 6 月 2 日
2017 年 6 月 2 日、奥様ジェニファーさん（Jenifer）と 2 人の息子さん（Alexander, Oliver）と共に

アルマン・デメストラルさん、ロザリン・ペパルさんご夫妻、
1999 年 9 月 28 日
モントリオールのご自宅
（池田裕子撮影）

理事会常務委員会で挨拶される
アルマン・デメストラルさん、
2001 年 11 月
左：山内一郎院長
右：武田建理事長、今田寛学長

中学部チャペルで話をされる
チャールズ・デメストラルさん、
2009 年 11 月 9 日
左：岡本秀一教諭（通訳）
右：福島旭教諭（宗教主事）
（安永順一氏撮影）

デメストラルご兄弟、2009 年 11 月 10 日
兄のアルマンさん（右）と弟のチャールズさん（左）が学院史編纂室を訪問されました。
（池田裕子撮影）

ベーツ院長の曾孫を迎えて、
2009年11月26日
ルース・グルーベル院長と田淵結宗教総主事がフィリップ・デメストラルさんと婚約者ジュリアさんを院長室に迎えました。
(池田裕子撮影)

体育会OB有志による歓迎会、
2012年3月12日
大阪で体育会OBが20名近く集まって歓迎会を開いてくださった時、ベーツ先生の教え子だった齋藤昭さん(左)も参加されました(右は渡辺淳一さん)。会の終わりにアルマンさんはこう挨拶されました。「祖父の身体は既にありませんが、心は今ここで皆さんと共にあると感じています」。

アルマン・デメストラルさんと北村良蔵さん、2012年3月14日
伊丹空港で初めてのたこ焼きに挑戦されました。
(池田裕子撮影)

エリア・デメストラルさんとの再会、2012 年 8 月 24 日
2005 年に NHK 広島放送局制作の被爆 60 周年記念番組「ヒロシマの伝言～『はだしのゲン』から世界の若者へ」の招待を受け、来日された時は高校生だったエリアさんとモントリオールで再会しました。「普段はフランス語なので、日本に来て英語で話すのはものすごく緊張します」と 7 年前に語っていた少女はすっかり成長し、私のために英語を話してくれました。
（池田裕子撮影）

旧院長室のサラ・ペパルさんとジリアン・クリスティさん、2016 年 11 月 2 日
オンタリオ州控訴裁判所判事のサラさんは、関西学院大学法科大学院の模擬法廷に関心を示されました。さらに、日本の司法制度に対する疑問を解決するため司法研究科長室を訪問され、永田秀樹研究科長や池田直樹教授の歓迎を受けました。
（池田裕子撮影）

ベーツ院長の胸像を囲むスコット・ベーツさんご一家、2017 年 6 月 2 日
関西学院会館 2 階ベーツ・チャペル前
（池田裕子撮影）

マギル大学時代の下宿

2012(平成24)年8月23日から9月4日まで、私はカナダ東部(ケベック州、オンタリオ州)のC. J. L. ベーツ先生関係地（故郷ロリニャル、高校時代を過ごしたヴァンクリーク・ヒル、ベーツ家の故郷イーストン・コーナー、一族が眠るウォルフォード墓地、母校マギル大学、トロントのロイヤル・ヨーク・ロード合同教会、マッセイ・ホール等)を訪ねた。その成果は、「ロリニャルから世界へ―カナダ東部におけるベーツ院長関係地訪問―」としてまとめている（『関西学院史紀要』第19号、2013年3月25日)。

モントリオールでは、ベーツ先生の長女ルルの長男アルマン・デメストラルさん（Dr. Armand de Mestral）のお宅と次男チャールズさん（Dr. Charles de Mestral）のお宅に泊めていただき、3人で関係地を回った。ゆかりの地を歩きながら、私はベーツ先生の存在を身近に感じていた。3人ではなく、4人で行動しているような気がしてならなかった。その思いは、チャールズさんも同じだったようだ。「祖父は今ここに、私たちと一緒にいます」。ベーツ家の故郷や墓地で、チャールズさんは何度もそう呟かれた。

大学時代、トロントで寮生活をされていたチャールズさんは、ちょくちょくお祖父様の家を訪ねられたそうだ。可愛い孫に、ベーツ先生はすき焼きをふるまわれたという。また、チャールズさんは哲学を専攻されたので、クィーンズ大学大学院で哲学を専攻されたお祖父様から「これを読んでおきなさい」と、蔵書を譲られたこともあったそうだ。「大学院を出る時、金メダルを授与された。哲学を専攻した学生は私一人だったからね」と、ベーツ先生は笑っておられたそうだ。

心残りだったのは、ベーツ先生の学生時代の下宿先が不明だったことである。ベーツ先生は1894（明治27）年にマギル大学に入学し、3年間在籍された。在学中、モントリオールのどこに住んでおられたのだろう。その場所に連れて行ってほしいと、私はアルマンさんとチャールズさんにお願いした。しかし、お二人ともご存じなかった。

帰国後、ベーツ先生が関西学院に残された図書 *Ancient History*

for Colleges and High Schools, Part I, The Eastern Nations and Greece (by P. V. N. Myers, Ginn & Co., 1891) に、モントリオールの住所が手書きされていることに気が付いた。

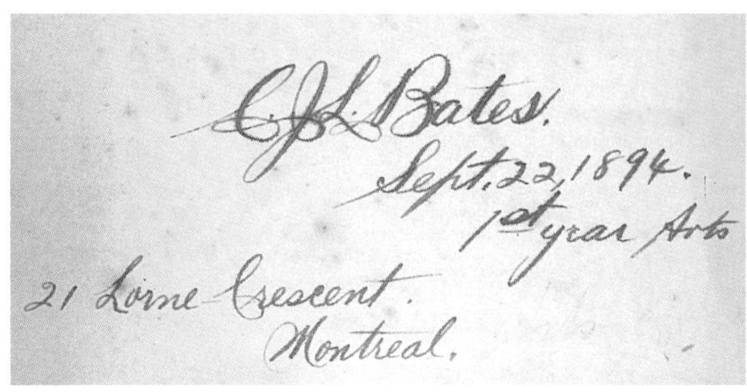

蔵書に記されたベーツのサイン
C. J. L. Bates
Sep. 22, 1894
1st year Arts
21 Lorne Crescent
Montreal

2013（平成 25）年 2 月 28 日、私はこの情報をメールでお二人に知らせた。折り返し、アルマンさんからお返事をいただいた。この住所はマギル大学のすぐ近くで、辺りには学生が大勢住んでいると教えてくださった。一方、チャールズさんは、ご友人キース・ダニエルさん（Keith Daniel）から得た情報を書いてこられた。

◆チャールズさんより、2013年3月2日付メール

ローン・クレセントに住む友人はこう書いてきました（祖父がそこに住んでいたことを私が話した後で）。

> 20 世紀初頭に番地の付け方が変わりました。かつて、ここは本当に上品な地域で、私の家の向かいには、テトリー紅茶（Tetley Tea）の家族の旧家があり、ここクレセントには、ロイヤル・ヴィクトリア病院（近所）に勤務する裕福な医師が住んでいました。
>
> シェルブルック通り（Sherbrooke Street）の旧モントリオール図書館・公文書館に古い地図や土地台帳を見に行ったことがありますが、当時の公文書館は完全に無秩序状態でした。大きなモントリオール図書館（最近オープンした図書館と州の公文書館）ができる前のことでした。今は、すべてきちんと保管されていると思います。

ローン・クレセントの番地表記は、時代により変遷していて、特定には慎重な調査が必要なようだ。その後、チャールズさんは、ケベック州公文書館（BAnQ: Bibliothèque et Archives nationales du Québec）のシルヴィー・グロンダンさん（Sylvie Grondin）に住所を見せて、相談された。そして、シルヴィーさんによる調査結果をもとに現地に足を運んで建物を確認された。12月21日、チャールズさんが撮影された建物の写真が送られてきた。こうしてご提供いただいた情報と写真を使って、私は広報誌『KG TODAY』294号（2017年2月）に「クレセントの予兆」を書いて、ベーツ先生のマギル大学時代の下宿を紹介した。さらに、『ベーツ宣教師の挑戦と応戦』（ルース・グルーベル監修、関西学院大学出版会、2019年5月26日）の25頁に、チャールズさん撮影の写真を掲載させていただいた。

「ローン・クレセント21番地」と判断された家
2013年の調査時、エルマー通り（建物正面）とローン・クレセント（建物側面）の角に建つこの家が、1894年当時のローン・クレセント21番地と判断されました。ベーツ先生はローン・クレセントに面した側面のドアから出入りしていたと推測されました。（チャールズ・デメストラル氏撮影）

その頃、関西学院同窓会では、2014（平成26）年に学校が創立125周年を迎えるのを記念し、同窓会常任理事で企画委員長をされていた多田義治（よしじ）さん（1961年法学部卒業）が中心となって「創立者W. R. ランバスの足跡を巡る旅」が企画され、南米編（2012年）、アメリカ南部編（2013年）、上海・蘇州編（2014年）が実施された。それらに参加した人の中から、次はベーツ第4代院長のカナダでの足跡を辿りたいとの声が上がり始めた。

ランバスの時と同じく、多田さんを中心に、「ベーツ院長の足跡を巡る旅（カナダ）」が計画され、2020（令和2）年秋の実施を目指し、関係者との交渉が始まった（残念ながら、新型コロナウィルスの感染拡大のため、このツアーは翌年に延期された後、一旦中止となった）。カナダでの訪問先について、同窓会から相談を受けた私は、真っ先にアルマンさんとチャールズさんにお知らせした。すると、このツアーを迎える前に、ベーツ先生の下宿先を再調査しておこうとチャールズさんは思われたようだ。

「ベーツ院長の足跡を巡る旅」パンフレット

◆チャールズさんより、2019年12月18日付メール

関西学院からのカナダ団体旅行の詳細をありがとうございます。既に書きましたように、私はモントリオールで皆さんにお会いできれば幸いです。また、両親やベーツ博士夫妻が眠っているウォルフォード墓地（Wolford Cemetery）にもご一緒したいと思います。もう何年も行っていませんので、トロントにもご一緒できればと思います。祖父のロイヤル・ヨーク・ロード（Royal York Road）の家にはよく行きました。また、トロントにはロバート（ボブ）叔父さんの娘のマーガレットなど、孫が何人かいるので、また会ってみたいですね。

モントリオールで皆さんをお迎えする準備のため、1月に市の公文書館に行き、ローン・クレセントの昔の測量図が残っていたら、見てみようと思っています。そうすれば、1894年の時点で、21番地がどこにあったか、完璧に把握できるはずです。当時、その辺りの家はすべてまだ新しく、近くにあったロイヤル・ヴィクトリア病院の医師が住んでいたと思われます。

このメールでクリスマスと新年のお祝いを申し上げます。クリスマスカードをお届けするのが少し遅くなってしまいました。

あなたと関西学院の皆さんに幸多かれと祈りつつ。

年が明けると、早速チャールズさんは動き始められた。何通かメールをいただく内に核心に迫ってきた。

◆チャールズさんより、2020年1月17日付メール

この調査は本当に面白いです。シャーロック・ホームズになった気分です。

シルヴィー・グロンダンの名で、2013年12月6日に送信されたメールを見つけました。ローン・クレセントとエルマー通り（Aylmer Street, 1915年当時はオクセンダン通り〈Oxenden Avenue〉と呼ばれていた）の南西の角にある家だと結論づけた理由が説明され、4つのpdfが添付されています。それらを見て、納得いくかどうか調べてみることにします。そこには、1893年と1894年のその地域の賃貸契約に関する情報が含まれています。

もし、納得いかなければ、州の公文書館で原本を見て、疑問を解決しましょう。シルヴィー・グロンダンの判断は正しいかもしれませんが、もし皆さんがこの家を見に来られるのなら、私は100%の確信を得たいのです。

悩ましいのは、あの家の正面がローン・クレセントではなく、角を曲がった側道に面していることです。ですから、祖父の玄関ドアは、ローン・クレセントに面した側にあったと考えるのが正しいと思いました。

以下は、シルヴィー・グロンダンからの2013年12月6日付メールを私なりに解釈したものです。

1893 年から 1895 年のローン・クレセント 21 番地の賃貸登記簿にお祖父様のお名前はありませんでした。しかしながら、古い測量番号を調べると、現在の住所は、エルマー通り（ローン・クレセントの角）3630–3634 番地です。 Survey parish St. Antoine of Montreal, lot (survey number) 1821, section of lot (or subdivision) p. 22. 建築年、1885 年。

この情報に彼女はかなり確信を持っていました。しかし、再確認するのは決して悪いことではありません。

◆チャールズさんより、2020年1月28日付メール

先週の土曜日、アルマンとロザリンが私の家で夕食を食べました。アルマンは少しずつ体力を回復しているようです。あなたが既に訪れたことのある場所なので、10 月にはあなたも同窓のみなさんと一緒に来ていただきたいと思います。可能でしたら、私も喜んで同行させていただきます。

ローン・クレセント 21 番地についてお知らせします。私が持っている情報は確かなもので、現在オンラインで公開されている新文書によって検証可能です。シルヴィー・グロンダンは 2013 年に判断を誤りました。誤った判断は、間違った情報を含む手書きの選挙人名簿をもとに行われました。手短かに言うと、ローン・クレセント 21 番地は、今日のローン・クレセント 3635 番地に対応します。

この間違いをお詫びしなければなりません。私は、2013 年に得た情報を信用しましたが、その時、紙で入手可能な書類を見に行くこともできたのです。その時使用された資料は、やはり間違っていました。

ケベック州公文書館のスザンヌ・マシューさん（Suzanne Mathieu）と連絡を取り、多くの新しい情報を手に入れることができました。

1915 年の「火災保険地図」【資料②】を調べて気付いたので

すが、1880年代には、家の番号は通りに沿ってではなく、家のブロックや小さなエリアごとに付けられていました。この地図には新しい番地が付けられていますが、古い番地も線で消された状態で残っています。現在オンラインで公開されている印刷物 *Lovell's Montreal Directory 1893-94* では、ウィリアム・エドワード・ドーラン（William Edward Doran）の名がローン・クレセントのリストに21番地と印刷されています。手書きの選挙人名簿では、ページのタイトルはローン・クレセントですが、21番地のウィリアム・エドワード・ドーランはオクセンダン通り（後のエルマー通り）の下にあります。しかし、*Lovell's Montreal Directory* には、オクセンダン通りに21番地はなく、ドーランはローン・クレセント21番地で記載されています。というわけで、疑問は解決しました。

Lovell's Montreal Directory 1893-94

Lorne Crescent, *off 40 Prince Arthur north, St. Antoine ward*

1 Wood John B.
2 Tuff David, customs officer
3 Cox Edwin, of Edwin Cox & Co.
Hill Ernest Edwin, clerk
5 Doyle John, sen., gardener
Doyle W. N., clerk
Doyle George N., clerk
6 Prendergast F. R.
Prendergast Henry, bank clerk
Prendergast Arthur, teacher
7 Barnard C. A., of Barnard & Barnard
8 Gilmour John L., of Gilmour & Co.
9 Rhind J. R., architect
11 Vallères Henri
12 Grahamo Roger, accountant Hudson's Bay Co.
17 Hamon P., com travellor
19 Thurston Chas., auctioneer
21 Doran W. E., architect

Oxenden av. *off 317 Prince Arthur, St. Antoine ward*

1 Leishman Mrs. J., wid. Jas.
Leishman W. S., of Fowler & Leishman
Leishman A. A., asst book-keeper
3 Monk Mrs., E. C.
Monk O. D., broker
7 Judah Thos. S.
Kilby Mrs. R. H.
10 Gordon Mrs. C., wid. James C.
13 Holland Chas. C., of G. A. Hol-Land & Sons

Lorne Crescent begins

17 Lalanne Edward, printer
Lalanne Arthur, com trav

Pine av intersects

Law D., of Law, Young & Co.
Law Geo., of Law, Young & Co.
McConnell Wm., gardener
Young Mrs., wid. hon. John
Young Kenneth D., clerk

Pacific av., *opposite 1253 Dor-Chester St. Antoine ward*

Howley James, contractor
Parker Richard, com trav

Lovell's Montreal Directory, 1893-94

ローン・クレセントとエルマー通り（オクセンダン通り）の角の家は19番地でした。21番地はその真後ろ、ローン・クレセントの西の方角にありました。さらに複雑なことに、21番地は1909–10年には831番地、1928–29年には3635番地と変化しています。これは、モントリオールのストリート・ディレクトリーで確認することができます。

残念ながら、新聞記事【資料③】によると、3635番地の家は1984年に焼失しており、元の家はもう存在しません。記事には状態の良くない写真が添えられています。1980年以前に撮影されたもっと良い写真を私は探しています。

このようなわけで、下宿していた建物ではなく、下宿があった通りを訪ねることしかできないでしょう。ローン・クレセントには、角の家を含め、1880年代に建てられた立派な家がまだいくつか残っています。

祖父が住んでいた家は、当時モントリオールの著名な建築家であったウィリアム・エドワード・ドーランが1894年まで住んでいた家で、興味深いものです。彼の生涯の詳細は、インターネットでご覧いただけます。1894年から95年にかけて、この家の住人は、文房具屋のW. C. パルマー（W. C. Palmer）と、カナダで最初の衣料品通販会社であるS. カーズリー社（S. Carsley Company）の代理人、R. F. パルマーとされています。C. J. L. ベーツの名はありませんが、仮住まいの学生としては当然のことです。

混乱させてしまって申し訳ありません。しかし、これで正しい情報が見つかったと確信しました。

◆チャールズさんより、2020年1月31日付メール

今年10月、あなたも旅行に参加できるかもしれないとお聞きし、とても嬉しく思います。

ローン・クレセント21番地に関する詳細は、次の通りです。

1. 〔後述の〕「ローン・クレセント21番地歴史メモ」は、*Lovell Street Directory for Montreal* から集めた情報をまとめたものである。
2. 【資料①】「1895年ローン・クレセント賃貸リスト」(1895 Rental List of Lorne Crescent)。21番地は、「オクセンダン通り＝」と書かれたすぐ下にあり、その通り（後のエルマー通り）との交差点を示している。
3. 【資料②】「1915年火災保険地図」(1915 Fire Insurance Plan)。ローン・クレセントのカーブの南側にある831番地がはっきり描かれている。よく見ると、21番地が線で消されているのがわかる。
4. 【資料③】モントリオール公文書館の「1984年ローン・クレセント住宅火災報告書」(1984 Lorne Crescent house fire report)。1枚の報告書に番号の間違いがあり、手で修正されている。また、1950年代のローン・クレセントの北側を写した写真も2枚ある。
5. 【資料略】Google Maps による現在の家屋の写真。
6. 【資料略】1906年からローン・クレセント21番地に住んでいたジョージC. ワークマン師（Rev. George C. Workman）の進歩的神学思想に関するスネル（Snell）の著作からの一節。

ローン・クレセント21番地（Lorne Crescent 21）歴史メモ

ローン・クレセント21番地は、19世紀半ばからモントリオールの英語圏のエリートが所有する立派な家だった。エリートたちは、マギル大学や新しいロイヤル・ヴィクトリア病院の近くに家を建てた。

この家は、1909-10年に831番地、1928-29年に3635番地へと番号が変わった。南西側で3629番地、3631番地に接していた。

モントリオールの著名な建築家、ウィリアム・エドワード・ドーラン(William Edward Doran)が1894年まで住んでいた[注1]。

1894年から95年までR. F. パルマー(R. F. Palmer)が住み、やがてW. C. パルマー(W. C. Palmer)が加わった。1901年から02年にかけては、成功した弁護士カービー・ジェームズ(Kirby James)法学博士がこの家をシェアしていた[注2]。

パルマー家はメソジストで、C. J. L. ベーツは教会のつながりで彼らの家に住んでいたと推測される。一時的な下宿生であったため、祖父の存在を示す文書がないのは当然である。

1906年から、ジョージC. ワークマン師(Rev. George C. Workman)が住んでいた。彼は、進歩的な考えを持つメソジストの牧師だった[注3]

1943年、住人はたった一人だった。1944年から45年まで、その住所に記載されている住人はいなかった。この家は、ダメージを受け、改造、再建されたのだろうか？ それ以降、この家は徐々に下宿屋になり、ピエレット・アパート(Pierrette Apartment)という名で、最大10人の住人が住むようになった。

1984年4月、この家が火事になった。新聞記事によると、隣接する3629番地と3631番地の2軒を含め、全焼した。現在、3635番地には、以前と同じように3629番地、3631番地に隣接する家が建っている。この家は部分的に修復されたのか、それとも完全に再建されたのか？ 現在、Google Mapsに掲載されている画像は、古いモントリオールのグレーストーンの基礎の上に、再び改築中の家が建っていて、元々あった家に戻ったようだ。

Lorne Crescent historical notes, compiled through research in the *Lovell Street Directory for Montreal*, by Charles de Mestral, Jan. 31, 2020

（注1） William Edward Doran. *Biographical dictionary of architects in Canada 1800-1950.*

（注2） James LLD. K. C. *Dictionary of Canadian Biography.*

（注3） Rev. George C. Workman. *Philosophy, History, and Theology: Selected Reviews 1975-2011*, Allan P. F. Snell, p. 193. ある人はこう読む。メソヂストのジョージ・C・ワークマン師は、「旧約聖書の預言者たちがメッセージを伝える時、イエスを念頭に置いていた」ことを否定した。

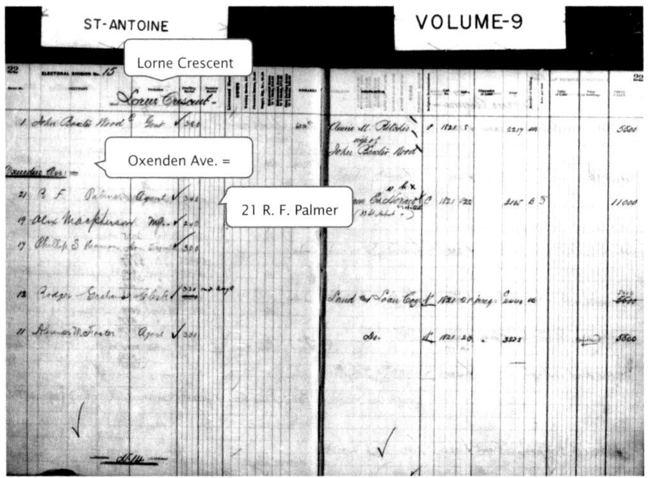

【資料①】ローン・クレセント賃貸リスト、1895年
1895 Rental List of Lorne Crescent, Archives de la ville de Montréal

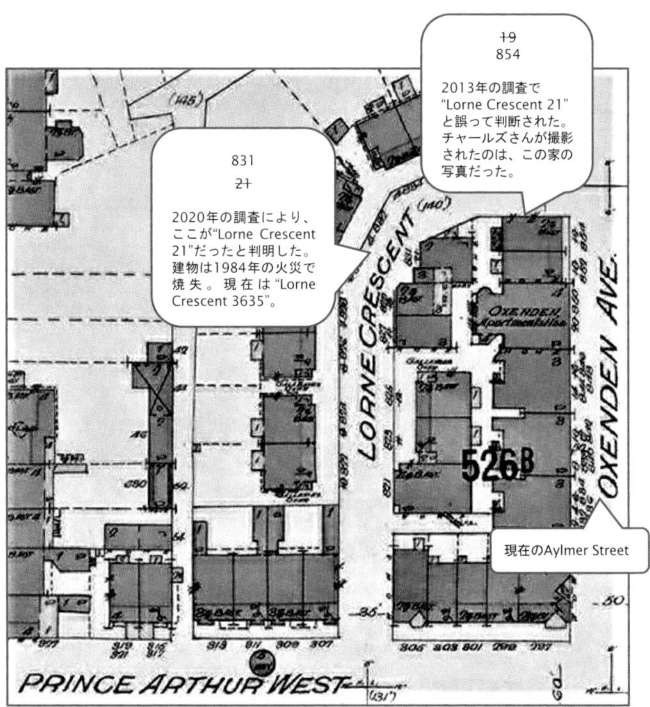

【資料②】火災保険地図、1915年
1915 Fire Insurance Plan, Archives de la ville de Montréal

Incendie de trois alertes

Un incendie majeur s'est déclaré hier soir dans un édifice à logements multiples du 3635, Lorne Crescent, au centre-ville de Montreal. Environ soixante-quinze sapeurs ont combattu les flammes pendant pres de deux heures avant que le sinistre ne soit circonscrit. On rapporte qu'un locataire a subi de legeres brûlures au début de l'incendie, lors de son évacuation. Plusieurs personnes demeureront toutefois sans abri, l'immeuble étant une perte totale.

【資料③】火災を報じる新聞記事（切り抜き）
ローン・クレセント 3635 番地（旧 831 番地、旧 21 番地）の火災を報じている。
DIMANCHE-MATIN, 8 AVRIL 1984
「1984 年ローン・クレセント住宅火災報告書」より

【翻訳】3 件の火災発生
昨夜、モントリオールのダウンタウンにあるローン・クレセント 3635 番地の雑居ビルで大きな火災が発生した。約 75 人の消防士が 2 時間近くにわたって消火活動を行い、鎮火した。火災発生直後、避難中の入居者 1 名が軽い火傷を負ったことが報告されている。建物は全焼した。 *DIMANCHE-MATIN*, 1984 年 4 月 8 日
1984 Lorne Crescent house fire report
Lorne Crescent R4234.2, Archives de la ville de Montréal

＊ ＊ ＊ ＊ ＊ ＊ ＊ ＊ ＊

2020（令和 2）年にチャールズさんが行った再調査により、7 年前の調査の不備が明らかになり、マギル大学時代にベーツ先生が下宿されていた場所が特定された。1894（明治 27）年時点のローン・クレセント 21 番地（Lorne Crescent 21）は、現在のエルマー通り（Aylmer Street, ローン・クレセントの角）3630–3634 番地ではなく、ローン・クレセント 3635 番地だった。建物は、1984（昭和 59）年

の火災により焼失し、現在は別の家が建っている。

この件で、私はチャールズさんと何度もメール交換し、多くのことを学んだ。チャールズさんの調査にご協力くださったケベック州公文書館のシルヴィー・グロンダンさん（2013年）とスザンヌ・マシューさん（2020年）にも感謝の気持ちでいっぱいである。近い将来、モントリオールを訪れ、ベーツ先生の下宿があったローン・クレセントをアルマンさん、チャールズさんご兄弟や多田さんと一緒に歩いてみたい。きっとまた、ベーツ先生も姿を見せずに同行してくださることだろう。

＊＊＊＊＊＊＊＊＊

チャールズさんによる調査の詳細を多田義治さんにお知らせしたところ、感激のお返事をいただきました。そこには、多田さんご自身が作成された資料も添付されていました。

◆多田義治さんより、2022年9月15日付メール

未実現の「ベーツ院長の足跡を巡る旅（カナダ）」訪問団受入れのために、チャールズさんが確かな情報を伝えるべく、公文書などによって調査された奮闘ぶりに心打たれました。私もモントリオールに行って、池田さん、アルマンさん、チャールズさんらと一緒に歩いている感覚で読ませていただきました。下宿の元所在地は少しずれましたが、良くわかりました。現状を知るため、Google mapで写真も確認しました。不動産屋の看板が見えたのでアクセスすると、『賃貸案内』が出ていました。データを私が勝手に貼って編集したものを添付しますので、ご覧ください。マギル大学から僅か400 mの大学構内かと思える位置にあたるので驚きました。

AMY ASSAAD | Chartered Real Estate Broker
〔賃貸物件のご案内〕
AMY ASSAD　チャータード不動産（不動産仲介・斡旋）の広告から
3635 Rue Lorne-Crescent, #2 , Suite 2
Plateau Mont Royal (Montréal, Quebec, CA - H2X 2A8)
家賃：$2,300.00（約 25 万円）Monthly
マギル大学の本館から 400 m・徒歩 5 分

- Type: Residential
- Style: 2 Storey "Condo 1st Floor (Ground Floor) & BA1 - Available Now"
- Bedrooms: 3
- Bathrooms: 2 "Ensuite bathrooms"
- Size: 1,320 sq. ft.（約 122㎡= 37 坪）"Gross Living Area"
- Development Level: Built
- Year Built: 1963 "Building Semi-Attached"

多田義治さんとグルーベル院長
「創立者 W. R. ランバスの足跡を巡る旅」で、パールリバー・チャーチ（ミシシッピ州）のランバス・デイの礼拝に参列しました。多田さんと院長が手にされている十字架は、その時、地元の方々から贈られたものです(Column 2 参照)。
(2013 年 10 月 3 日、山崎往夫氏撮影)

資料1

ベーツ院長略歴

1877　オンタリオ州ロリニャルで、父ジョセフ・レヴァー・ベーツ、母ジュリエットの第一子（長男）として誕生。
1894　マギル大学入学（3 年間在籍）。
1901　クィーンズ大学で M. A. 取得。
1902　カナダ・メソヂスト教会宣教師として妻ハティと共に来日。
1910　同教会の関西学院への経営参画に伴い、最初の宣教師の一人として着任。関西学院神学校で組織神学を講じる。
1912　高等学部（文科・商科）開設と共に、初代高等学部長に就任。
1913　ベーツが提唱した高等学部のモットー "Mastery for Service" が本館 3 階の階段口に掲げられる。
1917　関西学院を辞職。
1920　第 4 代院長に選出され、関西学院に戻る。
1929　上ケ原に移転。
1932　大学開設（予科：1932 年、法文学部、商経学部：1934 年）に伴い、初代学長を兼任。
1940　関西学院を辞職し、カナダに帰国。
1959　創立 70 周年記念式典に招かれ 19 年ぶりに来日。
1963　トロントにて死去。

原田の森のベーツ一家
1921 年 6 月
左より
長男レヴァー、三男ロバート、母ジュリエット、長女ルル、本人、次男ジョン、妻ハティ

資料 2

原田の森時代の関西学院（神戸の地図）

関西学院は、1889（明治 22）年にアメリカの南メソヂスト監督教会により創立されました。1910（明治 43）年、カナダのメソヂスト教会が学校の経営に参画しました。キャンパスは、1929（昭和 4）年に上ケ原（現在の西宮市）に移転するまで、原田の森（神戸市東郊、現在の神戸市灘区）にありました。

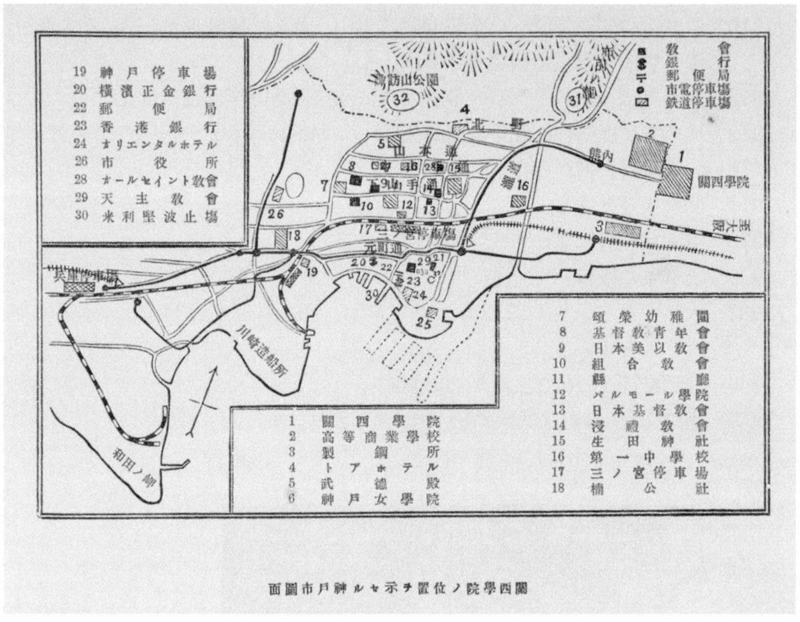

（『関西学院拡張計画　神戸－関西学院－』〔1917 年?〕より）

資料3

関西学院の姿（1939年）

Fiftieth Anniversary, Kwansei Gakuin（1939）掲載の図に日本語を加筆

時計台に“NON”
1988（昭和63）年7月11日未明、時計台正面が縦2メートル、横4メートルにわたって黒く塗りつぶされ、白抜き文字で“NON”といたずら書きされました。その頃の新聞には「関学“お家騒動”さらに紛糾　マスタリー・フォア・サービス　建学の精神どこに」（『神戸新聞』5月7日）、「関かん学がく　第二キャンパス構想　お家騒動ドロ沼　文部省へ幹事直訴」（『産経新聞』9月29日）等の文字が躍っています。

第2章

アメリカ人宣教師 J. C. C. ニュートン

John Caldwell Calhoun Newton
May 25, 1848-November 10, 1931

***** 遺　品 *****

ノースカロライナ州モントリートにお住まいのエモリー・アンダーウッドさん（Emory M. Underwood）のお宅で拝見した曾祖父 J. C. C. ニュートンの遺品。
（2013 年 9 月 30 日、池田裕子撮影）

食　器

七宝焼きの孔雀
1923 年 3 月 23 日、アメリカ帰国を前に、卒業生有志 89 名からニュートンに贈られました。

学院探訪 23 ジョンズ・ホプキンス大学のゼミ仲間

1876年創立のジョンズ・ホプキンス大学（メリーランド州ボルチモア）は、J. C. C. ニュートン第3代院長の母校です。1884年に36歳で大学院に入学したニュートンは、自分より2歳下のアダムズ（Herbert Baxter Adams）准教授が主催する「歴史・政治学ゼミナール」に参加しました。ゼミでは、すべての参加者が教授、学生の区別なく、別個の研究テーマを持ち、交互に成果を報告し、批判し合ったと伝えられています。当時の履修記録を調べると、ニュートンと共にWilson, W., Sato, Otaの名があります。のちにアメリカ合衆国第28代大統領に選出されたウッドロウ・ウィルソン（Thomas Woodrow Wilson）、北海道帝国大学初代総長を務めた佐藤昌介、5千円札の顔になった新渡戸（太田）稲造の3人は、ニュートンのゼミ仲間でした。

1886年に博士号を取得したウィルソンは、大統領として、第一次世界大戦後の国際連盟創設に尽力しました。「生みの親より育ての親」と関西学院で慕われたニュートン（「学院探訪26」参照）は、1931年にアトランタで亡くなりましたが、生前最後に受けたインタビューは国際連盟代表からのものでした。

札幌農学校でウィリアム・クラーク（William Smith Clark）の感化を受けた佐藤は、ニュートンの1年前に入学し、1886年に博士論文を提出して帰国しました。母校の教授となり、札幌農学校を帝国大学に昇格させ、長期にわたって総長を務めたことから、「北大育ての親」と呼ばれています。

札幌農学校で1年先輩だった佐藤に誘われ、新渡戸も1年遅れてジョンズ・ホプキンス大学に入学しました。大学院修了直前の1887年5月に官費でドイツに渡航し、そこで博士号を取得した新渡戸は、*Bushido*（『武士道』）の著者としてのみならず、東京女子大学学長、国際連盟事務次長を務めたことでも知られています。

佐藤昌介（琢堂）揮毫の「敬神愛人」

ウィルソン大統領小胸像

★プリンストン大学同窓会報には、関西学院最初の校歌 “Old Kwansei” が同大学の “Old Nassau” の歌詞の一部を変更したものである根拠をウィルソン大統領（プリンストン大学卒業、ジョンズ・ホプキンス大学ではグリークラブで歌っていたそうです）とニュートンの友情に求めた仮説が紹介されています（*The Princeton Alumni Weekly*, Vol. 111, No. 9, March 23, 2011）。

★J. C. C. ニュートンが、様々な角度から日本を紹介した *Japan: Country, Court, and People* を出版したのは、「かつての級友」新渡戸稲造の *Bushido, the Soul of Japan* と同じ1900年でした（*Bushido* を新渡戸が執筆したのは1899年ですが、その出版年は「1899年説」と「1900年説」が混在しています。ここでは、三田図書館・情報学会の2008年度研究大会で発表された「新渡戸稲造『武士道』の書誌事項をめぐる混乱について」に基づき、1900年としました）。

忘れられた墓標

「可愛い赤ちゃんの悲報を受け、今朝から胸のつぶれる思いです。……絶望の淵に沈んでおられることとお察しします。お二人の悲しみの深さは、私どもの想像の及ぶところではないでしょう。それでも、祈りの中で少しでもお力になりたいと、毎日、そして日に何度もあなた方のために祈って参りました」。これは、1888年9月17日に書かれたW. R. ランバスからJ. C. C. ニュートン夫妻宛ての手紙です。ニュートンは、来日から4カ月も経たない内に、1年前に生まれたばかりの娘アニー・グレイス（Annie Grace）を亡くしたのでした。

のちに関西学院初代神学部長、第3代院長を務めるニュートンが娘ルース（Ruth Elizabeth）とアニーを連れ、妻レティ（Lettie）と共に横浜に到着したのは1888年5月21日のことでした。アメリカの南メソヂスト監督教会が経営に加わった東京のフィランデル・スミス・メソヂスト一致神学校に派遣されたのです。2カ月後、神戸を訪れたニュートンは、留守を預かる妻にこう書きました。「ランバス父子ほど熱心な人を私は見たことがありません。彼らは昼も夜も休みなく働いています」。

アニーは東京の青山霊園（第6章「原田の森～カナダ人宣教師の子どもの記憶～」参照）に埋葬されました。35年後、ニュートン夫妻は日本での働きを終え、帰国します。1928年にレティが、31年にニュートンがアトランタで亡くなりました。ニュートンの愛児が日本に眠っていることを記憶する人もいなくなりました。

アニーの死から100年が経ちました。墓地を調べていた青山学院の宣教師、ジャン・クランメル（John William Krummel）が管理者不明の墓に気付き、関西学院に連絡してきました。関西学院は墓を修復しました。しかし、情報の確認が不十分だったようです。アニーの没年が1889年と墓石に刻まれてしまいました。

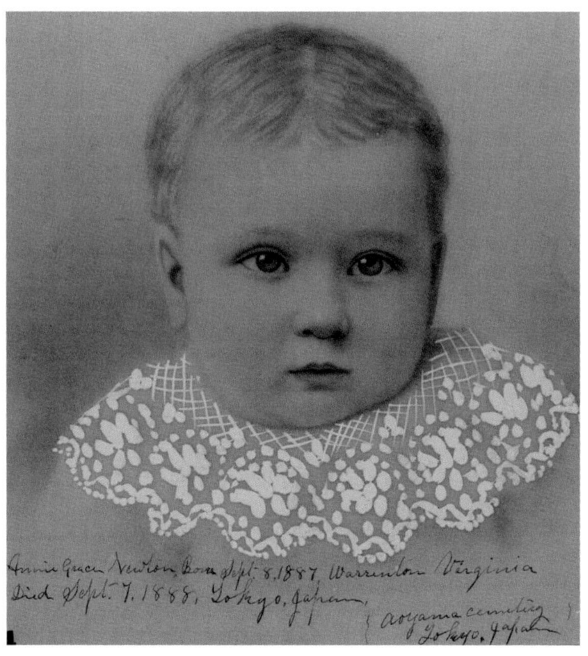

ニュートン第3代院長の次女アニー・グレイス肖像画
1887年9月8日にヴァージニア州ウォレントンで生まれたアニー・グレイス・ニュートンは、1888年9月7日、東京で亡くなりました。（エモリー・アンダーウッド氏所蔵）

アニー・グレイス・ニュートンの墓（東京青山霊園）
（2019年11月21日、池田裕子撮影）

学院探訪 25

二人のニュートン

1889年に南メソヂスト監督教会宣教師W. R. ランバスにより創立された関西学院（神学部・普通学部）の始まりは、厳密に考えると、その前年に遡ります。J. C. C. ニュートンが1888年から東京のフィランデル・スミス・メソヂスト一致神学校で教えていた7名の学生を連れ、移籍したのが神学部の始まりと考えられるからです。一方の普通学部は、夜間部しかなかった神戸のパルモア学院で1888年11月1日にN. W. アトレー（Newton Willard Utley）が始めた昼間の授業に遡ることができます。当初、授業は午後だけでしたが、年明けに本格的な昼間の学校となり、翌年9月28日、兵庫県の認可を受けました。1927年以降、関西学院はこの日を創立記念日にしています。これに対し、神学部と普通学部が双子のように始業した10月11日を学校の誕生と宣教師は考えました。ニュートンとアトレーは初代神学部長、初代普通学部長に就任しました。実は、アトレーのファーストネームは「ニュートン」ですから、関西学院は二人のニュートンから生まれたことになります。

1891年9月に発行された南メソヂスト監督教会日本ミッション第5回年次総会の記録には、普通学部長をS. H. ウェンライト（Samuel Hayman Wainright）に託し、アトレーが急遽帰国せざるを得なくなったとの「補遺」が付いています。理由は記されていませんが、11月に開催されたメンフィス年会の記録を見ると、帰国したアトレーの病気回復を願って熱い祈りが捧げられています。2年後、アトレーは日本に戻りましたが、関西学院ではなく、大阪西部地区の担当になりました。1896年、今度は妻の体調不良が続き、とうとう宣教師を辞める決心をします。ケンタッキー州で法律を学んで弁護士になったアトレーは、1899年、民主党公認候補として州の上院議員に選出されました。

南メソヂスト監督教会日本ミッション第４回年次総会、1890 年
W. R. ランバス（前から２列目、左から４人目）、J. C. C. ニュートン（後列左から４人目）、S. H. ウェンライト（後ろから２列目右端）、N. W. アトレー（ウェンライトの左）

関西学院最初の校舎と第２校舎
最初の校舎（のちの南寮、手前）は 1889 年に建てられました（建坪 78 坪）。階下に教員室、教室、書籍室（講堂）が設けられ、２階は寄宿舎として使われました。右端の平屋（建坪 57 坪半）には食堂と浴室がありました。奥は、翌年建てられた第２校舎（のちの北寮）です。

生みの親より育ての親

初代神学部長を務めたJ. C. C. ニュートンは、創立者 W. R. ランバスが 1890 年末に関西学院を去った後も学校に残り、創立者の精神を伝え、学校の基礎を築き、第３代院長に就任しました。その教えを受けた学生は「生みの親より育ての親」という諺でニュートンを称えました。学生に「ジェントルマン」と声をかけたC. J. L. ベーツ第４代院長に対し、ニュートン院長は、温かく「ブラザー」と呼びかけていました。そんなニュートンにまつわるエピソードを紹介しましょう。

元町から関西学院のある上筒井に向かう市電の中でのことです。ある学生が高齢の女性に席を譲りました。すると、偶然同じ電車に乗り合わせていたニュートンが女性の前に進み出て、たどたどしい日本語で説明を始めたのです。「この学生は関西学院の学生です」。恥ずかしさのあまり、その場を立ち去ろうとする学生の手をニュートンはぎゅっと握り締めました。恩師の柔らかな手の温もりは学生の胸に深く刻まれました。

代返ばかりで実際の出席者が 1/3 しかいなくても、「オール・プレゼント」と言って喜んだニュートン。“God” と答案にたくさん書いたら点が高くなるという伝説を残したニュートン。どんなに悪戯しても、ますます親切にしてくれたニュートン。チャペルをサボっても叱ることのなかったニュートン。高齢の院長に対する不満を直訴に来た学生会の役員に対し、「適任者が確定するまで、どうか学生会が一致してこの私を助けてください」と言って共に祈ったニュートン。自分と他人の傘の区別がつかなかったニュートン。ニュートンの前では、悪戯盛りの普通学部生ですら、自らの行為を反省し、神妙にならざるを得ませんでした。

神学部卒業生と教師、1912年
T. H. ヘーデン、吉岡美国院長、J. C. C. ニュートン神学部長

ニュートン第3代院長の帽子を手にする
ルース・グルーベル第15代院長
2002年7月31日、ニュートン院長の曾孫に当たるエモリー・アンダーウッドさんご夫妻とその長男ジョンさん、姪のアマンダ・シールズさん（ノースカロライナ州カールボロ在住）とチャペルヒル近郊でランチをご一緒しました。その時、「私はニュートンのトップハットを持っています」とアマンダさんがおっしゃったので、びっくりしました。私が興味を示すと、昼食後、改装工事中のご自宅からその帽子を取り出され、「関西学院にお持ち帰りください」と、笑顔で私に託されました。
（2018年12月21日、池田裕子撮影）

学院探訪 27

原田の森の小さな学校

「アジアでリーダーシップがこんなにも重要とされる時、ニュートンをお遣わしくださった神に私たちは感謝しなければなりません」。関西学院を創立したW. R. ランバスは、J. C. C. ニュートン第3代院長をこう評しました。誕生間もない小さな学校が数々の困難を乗り越え、関西学院としてのアイデンティティを築くことができたのは、他ならぬニュートンのおかげだと考えたのです。

病気のため北海道農科大学（現・北海道大学）を退学した学生が進路を決めかね、原田の森の関西学院を訪ねた時、門の前で白髪の老人に声をかけられました。事情を話したところ、「では、関西学院に来なさい」と親切に勧められました。「こういう温かい人がいるなら、きっと良い学校に違いない」。そう確信した学生は高等学部文科への入学を決めました。この学生は、後に中学部教諭を務めた平賀耕吉、白髪の老人はニュートン神学部長でした。

成全寮2階で行われた神学部学生会が長引き、ニュートンが寮で学生と夕食を共にしたことがありました。その夜のおかずは、おからといなごを甘辛く煮たもので、ニュートンにとっては初めて口にするものでした。4～5日後、ニュートンから寮にローストチキン3羽の差し入れが届けられました。その心遣いと料理の美味しさに40数名の神学生は感激しました。

「ニュートン先生には、威厳に満ちた、神聖とも言えるオーラがありました」。第7代院長を務めたカナダ人宣教師H. W. アウターブリッヂ（Howard Wilkinson Outerbridge）はこう書いています。学校経営に関し、厳しい決断を迫られる日々、ニュートンは全構成員に父親のような愛情を注いだと言われます。原田の森の小さな学校はニュートンの温もりに包まれていました。

神学部卒業生と教師、1919年
中央にJ. C. C. ニュートン院長（右）とT. H. ヘーデン神学部長（左）、その後ろにH. W. アウターブリッヂ

関西学院初期3院長、1919年10月30日
原田の森の関西学院を訪れた創立者W. R. ランバス（中央）は、午前9時からチャペルで講話しました。午後3時には学生会館で歓迎会が開かれ、フランス、ドイツ、ロシアの情勢について語りました。
左：吉岡美国第2代院長
右：ニュートン第3代院長

学院探訪 28

クレセントの秘密

J. C. C. ニュートン第3代院長の故郷はサウスカロライナ州ペンドルトン（Pendleton）です。2002年に曾孫のエモリー・アンダーウッドさんとその地を訪ねた時、クレセントマークが白く染め抜かれた青い州旗が目に留まり、我が目を疑いました。何故ここに関西学院の校章があるのでしょうか。

関西学院の校章制定は、学校創立から5年後の1894年のことでした。選ばれたクレセントには、月が太陽の光を受けて輝くように、我々も神の恵みを受けて自らを輝かせ続ける存在であり、新月がやがて満月になるよう、理想を目指し、進歩向上して行くのだとの意味づけがなされました。しかし、後年、クレセントが選ばれた本当の理由を卒業生から尋ねられた吉岡美国第2代院長はこう答えたそうです。「あれはそんなにむつかしいわけがあつて付けたのではない。昔の武士が戦争にいくとき……、兜の正面に三日月を付けたのがあるがあれから思いついて付けたのだ」。

この話をニュートンの生涯に結びつけて考えると、17歳で南軍の一員として戦った南北戦争が思い起こされます。ニュートンはクレセントマークを付け、故郷のために戦ったのではないでしょうか。植民地時代からサウスカロライナのシンボルだったクレセントが兵士の帽子に初めて使われたのは1760年2月のことだったと言われています。クレセントの中に“PRO PATRIA”（祖国よ）、“LIBERTY”（自由）等の文字を書き込んで独立戦争を戦った部隊もありました。

ニュートン院長時代の関西学院に学び、クレセントに対する思い入れが人一倍強かった稲垣足穂（1919年中学部卒業）は「帽章が曲がっている」と教師から注意を受けた時、こう言って胸を張ったそうです。「私は本物の三日月の傾きにあわせて徽章（きしょう）の角度を変えているのです」。

サウスカロライナ州旗（ミニチュア）
州旗のクレセントと色は、サウスカロライナ兵の帽子のマークと服の色に合わせて、1775 年にデザインされました。ヤシの木は後に付け加えられたものです。

関西学院中学部帽章

稲垣足穂（1900-77）の短編小説『古典物語』には、「背の高い白髪の老人」、「ニュートン博士」が登場します。ニュートンは、「呂律の廻らぬ舌で、然しニコニコ顔を振り撒きながら」、入学式でこう挨拶しています。「いまを去る××年前、南メソジスト教会監督のランバス博士が、まぼろしとしんこうと、ぼうけんの精神を以て蒔いた一つぶのたねは、こんにちおおきな樹木となって多くの実を結ぶに至ったのであります……。ニッポンのこころもさん、アメリカのこころもさんと同じです。少しも変っていませんです。」

曾孫を探して

1　調査のはじまり

2002（平成14）年3月のある日、大学図書館職員からこんな質問を受けた。「初代図書館長を務められたニュートン先生の子孫と連絡を取りたいのですが、連絡先はわかりますか？2年前に、勝手に名前を使って『J. C. C. Newton賞』を創設したので、ひとこと断っておきたいのです」。J. C. C. ニュートン（John Caldwell Calhoun Newton, 1848-1931）は、関西学院創立時の神学部長で、のちに第3代院長（1916-20）を務めたアメリカ人宣教師である。ニュートンがアメリカから持ち込んだトランクいっぱいの本が図書館（書籍館（しょじゃくかん））の始まりだったと伝えられている。そこで、大学図書館では、毎年テーマを決め、エッセイ、論説、小説等を公募し、優秀な作品に「J. C. C. Newton賞」を授与していた（2000-2017年度）。

J.C.C. Newton
初代図書館長
J.C.C. Newton賞
J.C.C. Newton賞 作品募集
大学図書館では学部の枠を超えた知的緊張感への取り組みとして、大学図書館主催の作品募集（懸賞論文）を創設いたします。このような取り組みが学生への知的刺激となり、大学図書館がこれまで以上に知的交流・創造の場となることを目的としています。
■テーマ　「知」という言葉をキーワードにして自由にお書きください。
■原稿規定　日本語5,000〜6,000字
ワープロ原稿　様式指定（A4サイズ　40字×40行）
紙打ち（正）、テキスト形式で保存したフロッピー（副）を提出してください。
提出物は返還いたしません。
■応募資格　本学学部学生、大学院生
■表彰　J.C.C. Newton賞（最優秀賞）　1名　賞状ならびに副賞（10万円）
優秀賞　2名　賞状ならびに副賞（5万円）
（選考により該当者なしの場合もあります。）
J.C.C. Newton賞は館報とホームページ、優秀賞はホームページに掲載します。
■募集期間　2000年7月21日〜11月30日
■発表　2001年1月下旬
■提出・問い合わせ　大学図書館運営課（0798-54-6121）
主催　関西学院大学図書館
後援　関西学院大学、関西学院後援会

「〔第1回〕J. C. C. Newton賞」チラシ

関西学院は、1989（平成元）年に創立百周年を迎えた。その記念式典にアメリカやカナダから宣教師の子孫が招かれた。記録を見ると、創立者ランバス・ファミリーの子孫やC. J. L. ベーツ第4代院長のご子息の名前がある。ところが、招待客の中に、ニュートン第3代院長関係者の名はなかった。かねてより、そのことに疑問を抱いていた私は、ニュートン先生の子孫を探し出そうと心に決めた。

先生ご夫妻には娘が2人いた。次女は日本で亡くなり、東京の青山霊園に眠っている（「学院探訪24」参照）。長女ルース（Ruth Elizabeth）は成人し、裁判官マーヴィン・アンダーウッド（Marvin Underwood）と結婚した。ニュートン先生は、1923（大正12）年に関西学院を辞職すると、アメリカに帰国し、アトランタで娘の家族と同居した。そして、1931（昭和6）年11月10日、天に召された。

関西学院と娘ルースの間のやりとりは、1950年代が最後だったようだ。1950（昭和25）年、関西学院図書館宛てに図書購入（ニュートン文庫）のため500ドルの寄付が送られている。1950年代後半には、関西学院発祥の地に設置する記念碑のことで、同窓会がルースに連絡していた。

ルースの子どもに関しては、ニュートン先生が亡くなった翌々年に恩師の墓参りをした教え子の手記に情報があった（大石繁治「ニュートン先生の墓に詣づるの記」『日本メソヂスト新聞』第2143号、1933年2月10日）。

〈略〉

千九百三十三年一月元日、冷たい朝陽がジョージヤの雑木林を透して、紫色の光を枯芝の上に漲らす時、吉沼家の遺族と共にアトランタの西郊ウエストビユーの墓地に赴いて、私は三つの墓を展じた。

〈略〉

吉沼君の墓から、芝を踏んで緩傾斜を登ること約百歩の所にニユートン先生ご夫妻の墓がある。小さいジョージヤグラネツトの墓標で右が夫人、左が先生である。

J. C. CALHOO [CALHOUN] NEWTON, D. D.
BORN MAY 25, 1848
DIED NOV. 10, 1931

それだけで、他に何も書いてない〔。〕

LETTY [LETTIE] E. LAY
WIFE OF
J. C. CALHOON [CALHOUN] NEWTON
APR. 6, 1848
DEC. 8, 1928

これが夫人の墓碑銘の全部である。

〈略〉

先生の女婿イー・エム・アンダーウツド氏は合衆国フエデラルコートのジヤツジであるが、これは大統領直属の高官である。アル・カポネ事件の裁判長として腕を振はれた事は広く知られてゐる。

令孫ニユートン・アンダーウツ〔ド〕君はペンシルバニヤ州フレデリツク女子大学の物理学教授、同フローレンス嬢は仏国で修業で美術家として世に立つて居られる〔。〕

つまり、ニュートン先生には孫が２人いた。ルースの長男ニュートンと長女フローレンスである。しかし、この墓参りから70年近く経っていることを考えると､2人とも既に故人だろう。私は､次の世代、すなわちニュートン先生の曾孫、ニュートン・アンダーウッドの子どもに焦点を絞ることにした。女性は結婚により姓が変わり、家庭に入ることが多かった。そのため､男性の方が情報を集めやすいと考えた。

2　孫から曾孫へ

ニュートン・アンダーウッドについて調べるため、大学図書館所蔵図書（*Who's Who* 等）に目を通したり、インターネットで情報を検索したりした。その過程で、関係する３つの大学が浮かんだ。

まず､韓国の延世大学の創立者がホレイス･アンダーウッド(Horace G. Underwood, 1859-1916）という長老派の宣教師であることがわかった。同じ苗字なので、裁判官マーヴィン・アンダーウッドの一族かもしれないと思い、延世大学に問い合わせた。

次に、テネシー州ナッシュビルのヴァンダビルト大学に「ニュートン・アンダーウッド賞」が設けられていることを知った。これは、同大学卒業生で長年理事を務めた故マーヴィン・アンダーウッドを記念し、元同大学教授だった息子、ニュートン・アンダーウッドが1961(昭和36）年に設けた賞で、物理学を専攻する最終学年の学部生、または大学院生の中から、最も有望な学生に授与されていた。

さらに、ノースカロライナ大学チャペルヒル校にも「ニュートン・アンダーウッド賞」があることがわかった。こちらは、最も素晴らしい教師に学生から贈られる賞だった。私は、ニュートン・アンダーウッドの遺族に関する情報を求め、アメリカの両大学にも問い合わせた。と同時に、学内の宣教師や既に退職された宣教師にも協力を求めた。

すぐに反応があったのは、文学部の宣教師、ジュディス・ニュートン先生（Judith May Newton, 1939-2011）だった。第3代院長と同じ苗字のため、関係者ではないかと問い合わせを受けたことが2度あったと教えてくださった。まず、留守中にニュートン院長の曾孫からのメモが宣教師館の玄関先に残されていたことがあったらしい。また、ピッツバーグ大学洋上セミナーに参加した学生サリー・ウォーカー（Sallie Walker）が神戸港停泊中に上ケ原に来て、宣教師館にメモを残したこともあったそうだ。メモには、母ジョセフィン・ブリーゼル（Josephine Breazale）がアイリーン・ニュートン（Irene Newton）の娘であると書かれていたという。いずれも、ニュートン先生の方から連絡を取ることはされなかった。

退職された宣教師で、一番情報を持っていそうなのは、経済学部におられたギルバート・バスカム先生（Gilbert Emerson Bascom, 1929-2005）だった。先生が残された未整理資料の中に、ヘーゼル・アンダーウッド（Hazel Underwood, ニュートン・アンダーウッドの妻）とやりとりした形跡があったからである。私は、バスカム先生にもFAXを送り、情報を求めた。

ジュディス・ニュートン先生、
2004年3月
（池田裕子所蔵）

こうした作業を進める中で、ふと閃いたことがある。ニュートン・アンダーウッドのファーストネーム、ニュートンは祖父の苗字である。ルースは、息子に自分の旧姓（父の名）を付けたのだ。では、その息子が大きくなって結婚し、男の子が生まれたら、どうするだろう？　同じことをするのではないだろうか？　ニュートン・アンダーウッドの父親のフルネームは、エモリー・マーヴィン・アンダーウッド（Emory Marvin Underwood）だった。これと全く同じ名前の人物が見つかれば、ニュートン先生の曾孫である可能性が高いと、私は考えた。

資料庫でニュートン先生に関する資料を慎重に確認すると、手書き資料一式に“Index of Original Manuscripts of J. C. C. Newton written between c. 1861 and 1874.　Received from Emory Underwood, Great-grandson of JCC Newton in May 1992.”とタイプされた紙が付いていることに気が付いた。ニュートン先生には「エモリー・アンダーウッド」という名の曾孫がいるのだ。自分の推理は間違っていないと確信した。

インターネットを使って調べると、「エモリー・マーヴィン・アンダーウッド」という名前の人がノースカロライナ州にいることがわかった。あとは、直接本人に確かめるしかない。ところが、その頃の関西学院は、限られた職場からしか国際電話をかけることができなかった。そこで、秘書室に相談し、院長が不在の時に院長室の電話を使わせてもらう許可を得た。

4月25日、私は電話帳（White Pages）で調べた番号を控え、院長室に行き、ドキドキしながら電話をかけた。電話に出たのは優しそうな声の男性だった。エモリー・マーヴィン・アンダーウッドさんご本人であることを確認してから、私はこう尋ねた。「南メソヂスト監督教会が日本に創立した関西学院の学院史編纂室で働く池田裕子と申します。初代神学部長、第３代院長を務められたJ. C. C. ニュートン先生のご子孫を探しています。あなたはニュートン先生の曾孫ではありませんか？　そのことを確認したくて、日本からお電話差し上げました」。シドロモドロの質問に対し、“Yes”の声が聞こえた。そして、思いも寄らぬ言葉が返って来た。「何年か前、神戸で大きな地震がありましたね。その時、関西学院は大丈夫でしたか？　チャペルは無事ですか？」。私が電話したのは、阪神淡路大震災の７年後だった。チャペルとは、関西学院発祥の地に今も残るブランチ・メモリアル・チャペルに違いない。電話の相手は、日本で起こった震災に心を痛め、関西学院のことを心配してくださっていたのだ。私は感激した。日本からアメリカに電話したはずなのに、天国のニュートン先生ご本人につながったような気がした。

関西学院のことをご存じの様子だったので、「日本にいらしたことがあるのですか？」とお尋ねすると、「1992 年５月に私たち夫婦と息子ジョンの３人で、観光旅行で行きました。その時、３日程バスカム先生ご夫妻のお世話になりました」とお答えになった。この情報は、資料庫で見た手書き資料の “Index” に書かれた年月と一致する。文学部のニュートン先生の玄関先にメモを残されたのは、エモリーさんだったのだろう。

初めての電話で、しかも英語だったにもかかわらず、話が弾んだ。２カ月近く、ニュートン先生の女婿とその子どものことを調べ続けてきた私には、話したいことが山ほどあったのである。

3　三大学からの回答とアメリカ訪問

この電話の２日後、バスカム先生からお返事をいただいた。しばらく留守にされていたため、返事が遅れたそうだ。バスカム先生がエモリーさんと初めてお会いになったのは 1991（平成 3）年に休暇を取ってアメリカに帰った時、つまり、関西学院の創立百周年記念式典の２年後だったと教えてくださった。

バスカム先生と連絡が取れた４日後の５月１日、思いがけず、ホレイス・アンダーウッドさん（延世大学創立者のご令孫と思われる）ご本人から直接お返事をいただいた。「マーヴィンとルース・アンダーウッドご夫妻は、1885 年から韓国で宣教師をしているアンダーウッド家とは全く関係がありません。 少なくとも、私より前の６～７世代には傍系がなく、どの世代も一人の息子が息子を一人生み、その息子がまた息子を一人生むという具合です」。

バスカム先生ご夫妻を迎えて、1999年10月26日
時計台2階（西宮上ケ原キャンパス）で「バスカム先生ご夫妻を囲む会が開催されました。
前列：フィリップ・パーク法学部教授、山本栄一学院史編纂室長、マクシン・バスカムさん、ギルバート・バスカム先生、山内一郎院長

その翌々日、ヴァンダビルト大学のライル・ランクフォードさん（Lyle Lankford）から、ニュートン・アンダーウッドに関する情報が送られてきた。それは、1974（昭和49）年冬に発行された同窓会報 *Vanderbilt Alumnus* に掲載された短い訃報だった。

エモリー大学でM.S.,ブラウン大学でPh. D.を取得したニュートン・アンダーウッドは、ヴァンダビルト大学で物理学講師（1927-41）、専任講師（1942-44）、助教授（1945-46）、教授（1947-50）を務めた。

アンダーウッド夫人は、M. S.を取得していて、1937年に生物学の助手を務めた。

1950年、アンダーウッド氏はオークリッジ国立研究所の生物物理学部門で働き、その後、ノースカロライナ州立大学の物理学教授になった。それから、ノースカロライナ大学チャペルヒル校物理学科に移った。

1973年3月、チャペルヒルにて死去。

実は、このメールをくださったランクフォードさんと私は、この11年後に同窓会が行った「創立者 W. R. ランバスの足跡を巡る旅」でヴァンダビルト大学を訪問した時、顔を合わせることになる。そんな糸が張り巡らされていることなど、この時は知る由もなかった。

さらにその翌日には、ノースカロライナ大学チャペルヒル校から回答があった。そこには、エモリー・アンダーウッドがニュートン・アンダーウッドの息子であることが記され、エモリーさんの住所とメールアドレスが書かれていた。整理しておくと、フルネームは祖父も孫も「エモリー・マーヴィン・アンダーウッド」だが、祖父は「マーヴィン・アンダーウッド」、孫は「エモリー・アンダーウッド」と呼ばれている。

こうした確かな情報が集まる前に、私は自力で曾孫のエモリーさんに辿り着いたことになる。私からの電話を大変喜ばれたエモリーさんは、ノースカロライナ州モントリートのご自宅を訪ねるよう熱心にお誘いくださった。ニュートン先生が残した資料はノースカロライナ州ダーラムのデューク大学に寄贈されており、その複写をマイクロフィルムの形で関西学院は既に入手していた。しかし、エモリーさんの元にはまだ資料が残っているそうだ。飛行機の便の便利なダーラムまで車で4時間かけて私を迎えに行くとの大変ご親切なお申し出を受けた。

ニュートン先生の曾孫と連絡が取れたことを山内一郎第13代院長にご報告すると、「この夏、ぜひ会いに行ってきなさい。私も都合を付けて、久しぶりにダーラムに行って、母校（デューク大学）を訪ねよう。エモリーさんにもご挨拶したい。そして、できればエモリーさんを関西学院にご招待したい」とおっしゃった。学院史編纂室には海外出張のための予算はなかったが、この時ばかりは予算外申請が通った。

こうして、7月30日にエモリーさんご夫妻とその長男であるジョンさんご夫妻をダーラムのヒルトンホテルにお招きして、院長主催の夕食会が開かれた。山内院長は、ニュートン院長関係者を創立百周年記念式典にお招きできなかったことを詫びられた上で、3年前、大学図書館に「J. C. C. Newton 賞」が設けられたことを説明され、大学図書館長からの手紙を渡された。そして、近い将来エモリーさんを関西学院にご招待したいとおっしゃった。

ニュートン第3代院長ご子孫との夕食会、2002年7月30日
院長主催の夕食会がノースカロライナ州ダーラムのヒルトンホテルで開催されました。
山内一郎院長、エモリーさん、アンジーさん、キンバリーさん、ジョンさん

4　曾孫を通して明らかになった姿

エモリーさんとお近づきになったことで得られた資料や情報は多々ある。最初のお電話の後、すぐに送られてきたのは、子孫の名前の一覧だった（次頁に掲載）。アメリカ訪問時に、エモリーさんの姪に当たるアマンダ・シールズさん（Amanda Shields）から、ニュートン先生愛用のシルクハットのご寄贈を受けたことは思いもよらぬことだった（「学院探訪26」参照）。エモリーさんの代になってから、さらに残っていた資料（書簡、写真等）をノースカロライナ大学チャペルヒル校に寄贈されたことも教えていただいた。2年後、同校を訪問した私は、保存状態の良い関西学院の古い写真が何枚もあることに気付いた。もっと早くにご連絡を差し上げていれば、これらの写真は関西学院にご寄贈いただけたかもしれない。

The only surviving child of J.C.C. Newton was
Ruth Elizabeth Newton married Judge Emory Marvin Underwood
They had two children
Newton Underwood (1906-1973) married Hazel Marian Briggs (1907-1996)
They had three children
Emory Marvin Underwood II (1940-) married Jane Angeline Adams (1941-)
They had one child
John Newton Underwood married Kimberly Kenoyer (lives in Raleigh-Durham, NC area)
They had two children
Robert Carson Underwood
Alicia Jane Underwood
Marian Louise Underwood married Timothy N. Taylor
They had two children
Rebecca Taylor married ? (lives near San Francisco, CA)
They had one child (plus expecting another)
Paul
Amanda Taylor married Tim Shields (lives in Raleigh-Durham, NC area)
They had two children
Colin
Kerin ?
Marian Louise married second time to Edward Holloway (lives in Charlottesville, VA)
They had no children
Robert Gordon Underwood married Louisa Bedel (lives in Denver, CO)
They had three children
Margaret Underwood married ? (lives in Portland, OR)
They are expecting a child
Kate Underwood married ? (lives near Bellingham, WA)
They had three children
James
Nye
Ona
William Sullivan Underwood who is not married (lives in Denver, CO)
Florence Margaret Underwood (d. 2000) married Gordon Adams (d. 2000) (a Canadian)
They lived in Alton, Ontario, Canada (near Toronto, Canada)
They had two children
John Gordon Underwood Adams married ? (lives in London, England)
They had two children
Laura (lives in London, England)
Thomas (lives in London, England)
Marion ? Adams married Bruce Cumming (lives in Victoria, BC, Canada)
They have no children

Courtesy of Emory Marvin Underwood II

ニュートン先生は多くの浮世絵をアメリカに持ち帰っていて、それらは、エモリーさんのお祖母様により、ジョージア州アトランタのハイ美術館に寄贈されたそうだ。2011（平成23）年になって、私は、ニュートン先生に関する問い合わせをスミソニアン博物館から受けた。その時、先生が日本から持ち帰った仏像等18点が1894（明治

27）年４月に同館に寄贈されていたことを知った。確かに、先生ご一家は初めての休暇帰国で、同年３月22日に日本を離れている。

人口600人という小さな村（モントリート）にお住まいのエモリーさんのご自宅が、日本のもの（浮世絵、書、陶磁器、家具等）で美しく飾られていることにも驚いた。お父様が倉庫に仕舞いっ放しにされていたものをエモリーさんが蘇らせたそうだ。「私は、曾祖父と同じ、5月25日生まれですからね」と、笑っておられた。

残念だったのは、その10年前に観光旅行で来日された時、バスカム先生を頼って関西学院にも立ち寄られ、学院史編纂室の前身である学院史資料室に曾祖父様の古い手書き原稿（「学院探訪28」参照）を寄贈してくださっていたにもかかわらず、その記録が不十分だったことである。エモリーさんによると、アラバマ州モンゴメリーにお住まいだった時、日本に行ったことのある宣教師が教会に来たそうだ。その宣教師にエモリーさんはご自分の曾祖父のことを話され、関西学院の宣教師を知っていたら紹介してほしいと頼まれた。偶然にも、その宣教師はバスカム先生の知り合いだった。こうして、アメリカに一時帰国されたバスカム先生と1991(平成3)年にお会いになったそうだ。翌年、エモリーさんは日本に来られ、関西学院にも立ち寄られた。ところが、その３年後の３月にバスカム先生が退職されると、関西学院との縁は切れてしまった。

エモリーさんはアッシュビルのリタイアメント・コミュニティに私をお連れくださった。そこには青山学院の元宣教師ジャン・クランメル先生（John William Krummel）が入っておられた。先生は『来日メソジスト宣教師事典 1873-1993年』（教文館、1996年）の編集者として知られており、私は職場で毎日、この事典のお世話になっている。初めてお会いしたクランメル先生にそう言ってお礼を申し上げると、顔をクシャクシャにして喜ばれた。

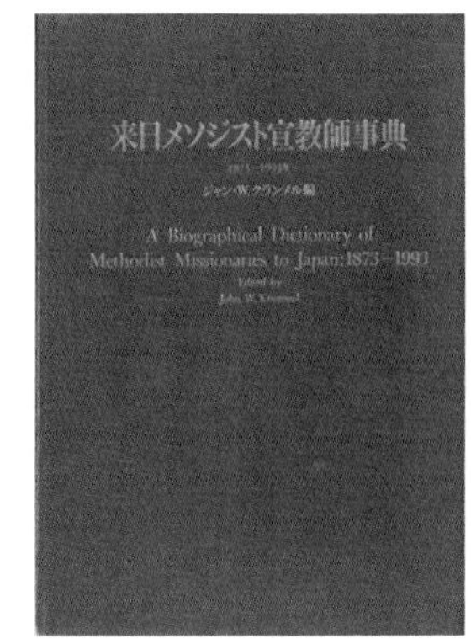

ジャン・クランメル先生ご夫妻とエモリー・アンダーウッドさんご夫妻、2002年8月2日
ノースカロライナ州アッシュビルのリタイアメント・コミュニティを訪ね、クランメル先生ご夫妻にお会いしました。（池田裕子撮影）

さらに、ニュートン先生の故郷をエモリーさんと共に訪ねたことも忘れられない想い出である。それは、サウスカロライナ州アンダーソン郡ペンドルトン（Pendleton, 現在の人口約5,000人）という町で、19世紀の建物がよく保存されていることで知られている。

エモリーさんのご自宅からペンドルトンまでは約3時間のドライブだった。アパラチア山脈山間の村を出発した車が州境を越えた時、三日月マークの付いた青い旗が風になびいているのに気付き、目を見張った。どうしてここに関西学院の校章があるのだろう？　驚いた私が「あの旗は何ですか？」と尋ねると、「サウスカロライナの州旗よ」とエモリーさんの奥様、アンジーさんが教えてくださった。私は、興奮しつつ、関西学院の校章が三日月であることを説明した。それを聞いたエモリーさんはこうおっしゃった。「ニュートンは自分の故郷のマークを関西学院の校章にしたに違いない」。両者の不思議な共通点（「学院探訪28」参照）については、帰国後、『関西学院史紀要』第9号（「J. C. C. ニュートン第3代院長の足跡を訪ねて」、2003年3月24日）と『学院史編纂室便り』第25号（「関西学院の校章クレセントにまつわる話～そのルーツとニュートン院長との関係～」、2007

年6月18日）に書いた。また、2007年秋に開催された全国大学史資料協議会全国研究会でも報告した（池田裕子「関西学院創立初期の宣教師関係資料―北米での調査・資料収集からその活用まで―」、全国大学史資料協議会『創立期大学史資料の特色―2007年度全国研究会の記録　於：成蹊学園―』研究叢書第9号、2008年10月9日）。

原稿を書くため、いろいろ調べていると、アメリカ建国の歴史を見つめ直すことになった。関西学院は、深い所でアメリカの影響を受けているようだ。また、アメリカの南メソヂスト監督教会により創立された関西学院の経営にカナダのメソヂスト教会が参画したこと、両者の協力があって、学校が大きく発展したことをエモリーさんにお話しした時、大きく頷いてこうおっしゃったことも忘れられない。「そう、私たち南部の人間はカナダ人となら上手くやっていける」。身内の方に私を紹介される時は、「私の祖父や曾祖父のことを私よりよくご存じの池田裕子さんです」と言われた。

私の瞼にはニュートン先生の故郷で見た青い旗が焼き付いた。目を閉じると、その時嗅いだ風の匂い、空気の湿り具合、照りつける強烈な陽光が20年経った今も鮮やかに蘇る。現地に足を運んで五感を使うという経験は、それまで無関係と考えていたものや、漠然と眺めていた事柄に目を向け、それまでと違う角度から見つめ直し、結びつけ、新たな結論を導き出すのになくてはならないことだと知った。

5　曾孫の来学と来孫（曾孫の孫）の来学

翌2003（平成15）年、院長の招待を受け、エモリーさんご夫妻が来日され、5月10日から24日まで上ケ原キャンパスのゲストハウスに滞在された。エモリーさんは、大学の法学部・経済学・商学部合同チャペル、神戸三田キャンパス合同チャペル、神学部チャペル、高等部合同チャペル、中学部合同チャペルでお話しくださり、教職員の集いにも出席された。

2014（平成26）年9月28日、関西学院は創立125周年を迎えた。その記念事業のひとつとして、かつて図書館だった上ケ原の時計台が大学博物館としてオープンした。開館記念の平常展「未来への125

エモリー・アンダーウッドさんご夫妻を神学部チャペルに迎えて、2003年5月22日
神田健次神学部長
奥野夏希さん（法人部）、池田裕子
（関西学院大学神学部所蔵）

年―関西学院のあゆみ―」の準備をしている時、学院史編纂室には、ニュートン第3代院長にまつわる器物がシルクハット位しかないことが気になった。そこで、12年前にエモリーさんのお宅で拝見した、ニュートン先生の遺品（藍綬褒章、ファミリー・バイブル、退職記念の写真アルバム）を新しく開館する大学博物館のために貸してほしいとお願いした。

開館の半年前、アメリカから航空便で大きな箱が送られてきた。お借りした遺品は、翌年1月末までに返却する約束であったが、年が明けると、エモリーさんから思いがけないお申し出を受けた。「関西

ニュートン院長に授与された藍綬褒章
1923（大正12）年5月2日、多年にわたる青少年への教育に対する功績が認められ、ニュートンに藍綬褒章が授与された。ニュートン帰国後の5月18日、兵庫県知事から「日本帝国褒章の記」と藍綬褒章を受け取ったベーツ院長は、5日後、これらを木箱に入れ、書留小包でアトランタに住むニュートンに送った。

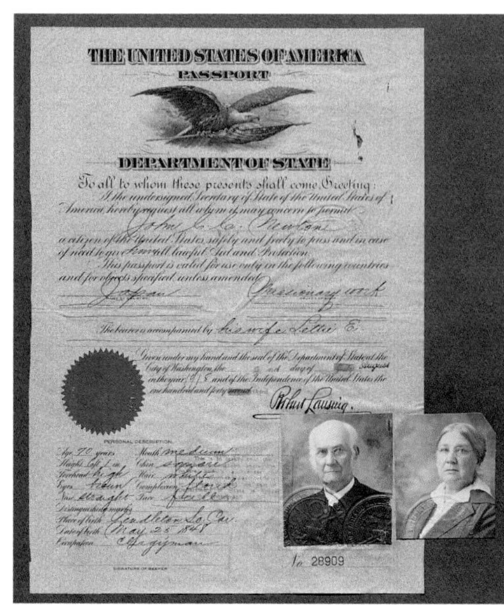
THE UNITED STATES OF AMERICA
PASSPORT
DEPARTMENT OF STATE
To all to whom these presents shall come, Greeting:
I the undersigned Secretary of State of the United States of America hereby request all whom it may concern to permit
a citizen of the United States safely and freely to pass and in case of need to give all lawful Aid and Protection.
This passport is valid for use only in the following countries and for objects specified, unless amended.
The bearer is accompanied by
PERSONAL DESCRIPTION
No 28909

ニュートン院長のパスポート
1918年8月2日発行のパスポートが写真アルバムに貼られていました。
身体的特徴が記されています。
年齢　70歳
身長　6フィート1インチ
額　　高い
目　　褐色
鼻　　真っ直ぐ
口　　中位
顎　　四角
毛髪　白髪
顔色　血色良い
顔面　普通〔痩けていない〕
（深井純氏撮影）

学院にお送りした品々について、私は家族全員に話をしました。もし、大学がずっとお持ちになりたいなら、学院史編纂室でぜひ保管なさってください」。

エモリーさんからのメールには、さらにもうひとつ嬉しいニュースがあった。「私たちの孫娘アリシア（Alicia）は、高校で日本語を勉強しています。日本語を勉強する生徒はほんのわずかですから、孫はインターネットで勉強しています。まだ15歳ですが、日本の大学で1学期間、勉強したいと言っています。アリシアは、おそらく最も頭の良い孫で、日本に一番関心を持っている孫です」。実は、その1年前、14歳のアリシアさんご本人から私は、日本語まじりの可愛いメールをもらっていた。祖父母の日本旅行の話を聞いて、日本に関心を持つようになったと書かれていた。「日本に行きたい。近いうちにどうしても行きたい。関西学院に交換プログラムがあったらいいな」。私は、アリシアさんにこう返信した。「高校生になったら、ご両親の許可をもらって、日本に来て私の家に泊まってください」。

2016（平成28）年、17歳になったアリシアさんは、夏休みを利用して、友人のアンナさん（Annna）と共に来日された（6月25日

〜7月2日)。高等部の松井久博先生が担任をされている1年H組で2人を受け入れてくださることになり、6月28日朝8時半、高等部に連れて行った。「私の名前はアリシアです。ノースカロライナから来ました。17歳です」。生徒たちを前に堂々と日本語で挨拶するアリシアさんを見て、「日本語が下手で有名だったニュートン院長の曾孫の孫が……」と、教室の後ろで私は胸がいっぱいになった。

ニュートン院長の来孫と高等部1年H組、2016年6月28日
アリシアさん（左）とアンナさん（右）、左端に担任の松井久博教諭（池田裕子撮影）

6　もう一人の曾孫

話を最初に戻すことになるが、ニュートン先生には孫が2人いた。ニュートン・アンダーウッドとフローレンス・アンダーウッドである。2002（平成14）年に子孫探しをした時、私はニュートンの方に焦点を絞り、曾孫のエモリーさんにたどり着いた。その時調査しなかったもう一人の孫、フローレンスの娘マリオンさん（Marion Cumming）に関する情報が、その後、私の元に寄せられた。フローレンスは、教え子の手記に「仏国で修業で美術家として世に立つて居られる」と紹介されていた人物である。

2008(平成20)年3月、マリオンさんのご主人ブルースさん(Bruce)

が亡くなったことをエモリーさんがお知らせくださった。エモリーさんご夫妻は、4月13日に行われる追悼礼拝に参列するため、ヴィクトリアを訪問されるという。祖母ルースが大切にしていた家族の手紙をマリオンさんは今も手元に置いていると、エモリーさんは妹のマリアンさん（Marian）から聞いておられるそうだ。

2011（平成23）年12月、学外からJ. C. C. ニュートン初代神学部長に関する問い合わせがあったと、吉岡記念館（神学部）の小田秀邦さんが知らせてくださった。問い合わせて来られたのは川崎市在住の井上楓さんで、カナダのヴィクトリアでピアニストをされているお嬢様（晶子（しょうこ）さん）に会いに行かれた時、そのホームステイ先のマリオン・カミングさんから関西学院の話をお聞きになったそうだ。関西学院をとても誇りにされていて感銘を受けたと、わざわざ神学部にご連絡くださったのだ。

これは、エモリーさんからお聞きしていたマリオンさんのことに違いないと思った。ニュートン先生の曾孫が日本人をホームステイさせていることを知って感激した私は、井上さんとマリオンさんに手紙を書いて、ニュートン先生に関する情報をお送りした。以来、目を見張るような美しいカードがマリオンさんから送られてくるようになった。お母様同様、マリオンさんも画家として活躍されていたのだ。翌年8月にいただいたカードにはこう書かれていた。「もしヴィクトリアに来られることがありましたら、ぜひお目にかかって、私たちの特別な場所をご案内したいと思います。曾祖父が娘ルース・ニュートン・アンダーウッドと私の母フローレンス・アンダーウッド・アダムスを介して私に伝えてくれた家族の宝物を、私はここヴィクトリアで今も大切に守っています」。

それから10年経った。残念なことに、お訪ねする機会がつくれないまま、2022（令和4）年夏、マリオンさんご逝去の知らせを受けた。その悲しい知らせを私にお届けくださったのは、エモリーさんとシルヴィヤさん（Sylvia Bews-Wright, H. F. ウッズウォースの長女の娘、ヴィクトリア在住の画家）と井上楓さんの3人だった。

マリオン・カミングさんからいただいたカード、2012年8月4日付
"Bird's-eye View, Victoria, Canada"

マリオン・カミングさんと井上さんご一家、2016年8月初旬
（アジア料理店にて）
井上楓さん、晶子さん、聖啓さん
（井上楓さん所蔵）

Column I

ニュートン院長の帰国

アメリカ人宣教師、J. C. C. ニュートン（1848-1931）が関西学院の第 3 代院長を務めたのは、原田の森時代の 1916（大正 5）年から 1920（大正 9）年まででした。創立時の神学部長であり、初代図書館長でもありました。ニュートンがアメリカから持ち込んだトランクいっぱいの本が図書館（ニュートンは「書籍館（しょじゃくかん）」と呼んでいたそうです）の始まりでした。

ニュートンの辞職は 74 歳の時でした。1923（大正 12）年 5 月 15 日朝、神戸港第二突堤からプレジデント・リンカーン号でアメリカに帰国しました。見送りには、1,500 人もの関係者が港に詰め掛けたと伝えられています。当時の学校規模（教職員 113 名、学生 1,677 名、卒業生 1,715 名）を考えると、学校をあげての見送りだったと言えるでしょう。この時、大混雑の甲板で、詰襟姿の学生から恩師に刷り上がったばかりの『学生会時報』（現在の『関西学院新聞』の前身）第 7 号「ニュートン老博士送別記念号」（和文 4 頁、英文 2 頁）が手渡されました。この「送別記念号」に掲載された惜別の言葉の中から、教え子である上野仙一さん（高等商業学部 4 年）が書いたものを紹介しましょう。ニュートンの帰国から 100 年経ち、コンピューターや通信技術が発達した今こそ大切にすべきものは何なのか、考えさせられます。

ニュートン院長の見送り、1923 年 5 月 15 日

「アヽモシモシ!!関西学院ですか、こちらはニユートンですが、ベーツさんは居られますか。学校は益々発展しますか、能率は如何ですか」と太平洋を距てゝ無線電話で通話する事が出来る様になるだろふとニュートン博士は送別会の時言はれた。

若しそんな時期が来れば嬉しいに違ひない。乍然（さりながら）先生のやさしいお姿を見る事は六ケ敷（むつかし）いだろふ。否それも電送写真で見る事が出来るかも知れない。斯んなに考へて来ると何も不自由は無い様だ。而し矢張り物足りない。先生を送ることは悲しい。

如何に機械の力が進んでも、オヽ!!ブラザーと云つて差出されるあの先生の大きな手に握られる事が吾々には永久に出来ない。あの数千哩（マイル）の太平洋の波濤距てゝはとても。

たゞ声を聞くたけでも嬉しい。而し我々は出来るならお顔を見たい。更にお手に触れたい。その高き人格に。

其あくなきめぐみの光に浴したい。

一歩でも一寸でも近ければそれだけ我々は安らかである様に感ずる。我等は真に先生を惜しんでやまない。

〈略〉

娘ルース一家が暮らしたアトランタの家
少し前まで使われていたようだが、私が訪ねた時は既に空き家で、草木が玄関への侵入を阻むほど成長していた。
（2002年8月4日、池田裕子撮影）

ニュートン院長の娘ルースとその子ども
フローレンス（左）とニュートン（右）

> ニュートン先生は米国に帰られる。而し我々の心には先生はとどまつて永く生きて下さる。我々の悲しみの深い事は心の中に住む先生の人格の力強く生きてゐる証拠だ。春はまた来る。師を送つた思ひ出の春はまた来る。其度毎に幾度でも我々は思ひ出に泣き思ひ出に生きよう。

帰国後、ニュートンは、アトランタに住む娘ルース（Ruth, 1905年に裁判官のマーヴィン・アンダーウッド <Marvin Underwood> と結婚し、一男一女に恵まれた）一家と同居しました。家があったのは、当時はアトランタ郊外でしたが、現在は中心部に近いミッドタウンと呼ばれる地域です。2002（平成14）年に私が訪れた時、その家は残っていましたが、既に空き家となっていました。日本から帰ったニュートンは、毎朝やってくる牛乳配達の車を家の前で待ち受け、それに乗せてもらって気の向くまま町の中を見学して回り、また別の牛乳配達車をつかまえて帰ってくるというのが朝の日課でした。

1923（大正12）年からアメリカに留学していた教え子、児玉国之進（1894-1990）は、1926（大正15）年の帰国を前に、アトランタに立ち寄りました。ニュートンは "I want to go to heaven through Japan." と語り、日本語の聖書を毎日読んでいたそうです。

晩年のニュートンは、南メソヂスト監督教会のヴァージニア年会に所属しながら、サウスカロライナ年会、ジョージア年会の会合にも参加しました。南メソジスト大学（Southern Methodist University）やスキャリット大学（Scarritt College）での講義のほか、講演活動、執筆活動にも精力的に取り組みました。1928（昭和3）年12月8日に妻レティ（Lettie）を見送ってからも、その活動は衰えることがありませんでした。

1931（昭和6）年秋、アトランタで世界メソヂスト大会が開催されました。娘ルース（Ruth）に付き添われ参加したニュートンは、最終日の昼食に日本関係者を招待し、心から歓迎しました。ところが、大会終了後、体調を崩し、寝込んでしまいます。そして、11月10日午前7時45分、天に召されました。83歳でした。翌日、セント・マーク教会（Saint Mark's Church）で葬儀が行われ、ウェストヴュー墓地（Westview Cemetery）に埋葬されました。その時、沈みゆく夕日が円盤を照らし、日章旗のようだったと、ルースは書いています。亡くなる直前に書き終えた *Studies in Christian Ethics* は、出版されないまま、原稿が関西学院に寄贈されました。

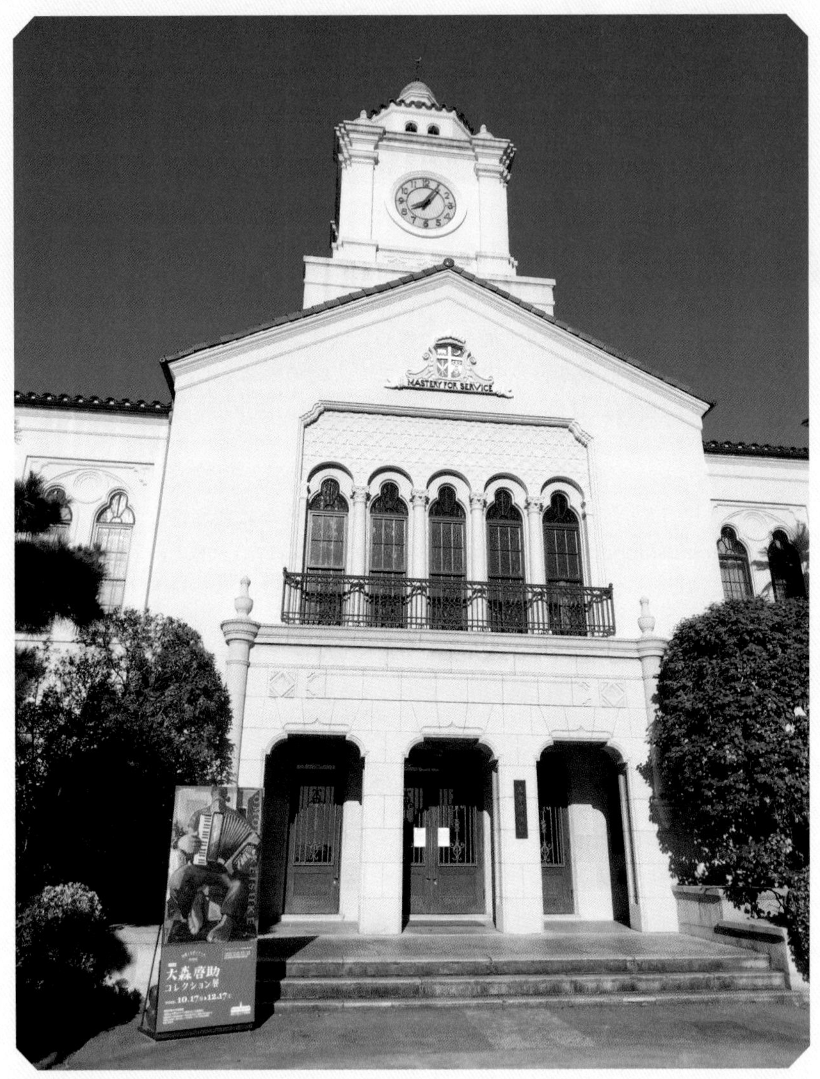

企画展看板と時計台
2014（平成26）年9月28日、時計台が関西学院大学博物館としてオープンしました。関西学院創立125周年記念事業のひとつでした。この看板にある「大森啓助コレクション展」は、2022年10月17日から12月17日まで開催された企画展です（大森啓助の本名は大森多満四郎（たましろう）、1920年高等学部商科卒業）。
（2022年10月19日、池田裕子撮影）

第3章

関西学院創立者 W. R. ランバスとランバス・ファミリー

J. W. ランバスと M. I. ランバス、1854 年 5 月
1854 年 5 月、ジェームズ・ウィリアム・ランバス（James William Lambuth, 1830-92）とその妻メアリー・イザベラ（Mary Isabella, 1833-1904）は、中国に向けニューヨークを出航しました。
関西学院を創立した W. R. ランバスは、この 2 人の長男として上海で生まれ、日本訪問中に横浜で亡くなりました。遺髪は、学校創立の地、原田の森の中央講堂の礎石に納められました。

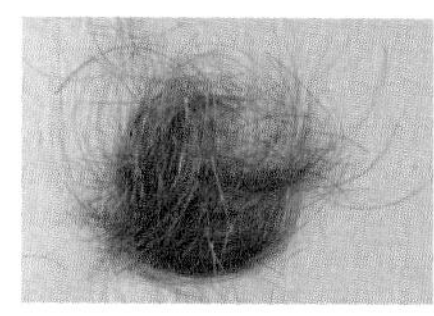

遺髪
（2021 年 5 月 21 日、
池田裕子撮影）

Walter Russell Thornton Lambuth
November 10, 1854-September 26, 1921

学院探訪 29 ミズーリ州の W. B. パルモア

1886年11月26日、のちに関西学院を創立するW. R. ランバスにより、神戸の外国人居留地47番で青少年のための読書館（夜間）開所式が行われました。この読書館は、翌年1月4日に開催された南メソヂスト監督教会日本宣教部会において、パルモア学院と命名されました。それは、神戸を訪れ、読書館に深い関心を寄せたW. B. パルモア（William Beverly Palmore）牧師から100ドルの寄付を受けてのことでした。この寄付は、図書や雑誌の寄贈と共に毎年続けられることになりました。

1888年11月1日、N. W. アトレー（Newton Willard Utley）がパルモア学院で昼間の授業を開始しました。翌年1月には、それが昼間の学校になりました。9月28日の関西学院創立に伴い、アトレーは初代普通学部長に就任します。パルモアは、関西学院創立前史に大きな役割を果たしたと言えるでしょう。

ランバスの母校ヴァンダビルト大学1期生のパルモアは、ミズーリ州で20年以上 *The St. Louis Christian Advocate* の編集に当たったほか、世界中を旅した旅行家としても知られています。神戸だけでなく、メキシコにもパルモアの名を冠した学校がつくられました。ヨーロッパからタイタニック号で帰国する予定だったところ、パリで交通事故に遭い肩を骨折したため命拾いしたとのエピソードが残っています。

創立初期の関西学院で教えた鈴木愿太（げんた）（上海からランバス一家と共に来神した通訳、南メソヂスト監督教会日本伝道の初穂）、西川玉之助等の留学先はミズーリ州のセントラル大学（現・セントラル・メソジスト大学）でした。2013年10月、同大学を訪問した時、パルモアは何人もの学生を経済的に支えていたと、アーキビストのジョン・フィンレーさん（John Finley）が教えてくださいました。

セントラル・メソジスト大学（ミズーリ州ファイエット）
（2013年10月8日、池田裕子撮影）

鈴木愿太
（1865-1945）

W. B. パルモア
（1844-1914）

セントラル・メソジスト大学のジョン・フィンレーさんから、関西学院にとって忘れられない二人の写真をいただきました。

アン・ケネディさんご夫妻とボブ・ベルシェさんご夫妻、2013年10月7日
ミズーリ州での調査では、カンザス・シティにお住まいのアン・ケネディさん (Dr. Ann B. Kennedy) に大変お世話になりました。アンさんのお父様は、1953年から翌年にかけて関西学院大学文学部で教えておられたフランシス・ベルシェ先生（Dr. Francis B. Belshe）です。ご主人ボブさんの曾祖父の祖父がパルモアの祖父であることもわかって驚きました。
アンさんご夫妻（右）と兄のボブさんご夫妻（左）
（池田裕子撮影）

学院探訪 30 私立大阪商業学校とW. R. ランバス

アメリカの南メソヂスト監督教会は、1886年に日本伝道を開始しました。伝道初期の様子を教会機関誌から知ることができます。J. W. ランバス（1889年に関西学院を創立したW. R. ランバスの父）が所属していた同教会ミシシッピ年会は、ルイジアナ年会、北ミシシッピ年会と共同で *The New Orleans Christian Advocate* を発行していました。同誌1622号（1887年9月1日）で、日本人から寄せられた熱い声をW. R. ランバスが "Seven Doors" のタイトルで紹介しています。その7つの扉の6番目が大阪にある3つの学校から受けた英語教師派遣要請でした。

「毎日2時間、初級英語を教える教師が求められています。給与は月90円。日本式家屋の住居と礼拝所が提供されます」。この要請に応えるため、神戸の外国人居留地47番に住んでいたランバスは、毎夜神戸で2時間働くほか、昼に大阪で4時間英語を教えました。両都市往復には2時間かかったそうです。さらに、大阪で教えていた一校について、具体的にこう記しています。「この学校（商業学校）の理事は日本で最も進取の気性に富んだ人たちだと言われています。中国との通商関係を見込んで、中国語（北京語）が毎日教えられています」。

2015年4月、大商学園高等学校事務長の平豊さんが来室されました。同校の年史で紹介されている1887年8月30日と31日の『朝日新聞』広告で、「本校教員」（として出願、または出願すべき者）に挙げられている「米国医学博士ランバス」とは関西学院創立者のことでしょうかと質問を受けた時、100年以上前にランバスが書いた "Seven Doors" の文言が鮮やかに私の脳裏に浮かびました。ランバスは確かに医者で、示された広告には英語だけでなく「支那語」教員の名もあったからです。

神戸の W. R. ランバス一家、1890 年頃
妻デイジーと 3 人の子ども、長男ディヴィッド、長女メアリー、次男ウォルター。次男は関西学院と同じ 1889 年の生まれ。
(ミルサプス大学 J. B. ケイン・アーカイブズ所蔵)

大商学園高等学校
1887 年に大阪で誕生した私立大阪商業学校は、その後、豊中市に移り、1990 年に大商学園高等学校（写真提供）となりました。

神戸外国人居留地 47 番館（今昔）
ランバス一家が最初に住んだ 47 番館は、三宮神社の南にありました（大丸神戸店東）。現在はニッケビルが建っています。
（2023 年 4 月 17 日、池田裕子撮影）

学院探訪
31

1889年のランバス一家

関西学院がウォルター・ラッセル・ランバスにより創立されたのは1889年のことでした。その頃、神戸には、ウォルターとその妻デイジー（Daisy）に子ども2人、妹ノラ（Nora Kate Lambuth Park）、弟ロバート（Robert）とその妻アリス（Alice）、さらに両親ウィリアムとメアリーの総勢9人の家族が揃っていました。

兄の親友である医師と結婚し、中国で伝道活動に従事していたノラは、妊娠中、両親のもとに帰っていました。ロバートは、新妻アリスを伴って来日し、徳島や神戸で英語を教えていました。1889年、この3組の夫婦に赤ん坊が誕生しました。ノラとロバートは女の子、ウォルターは男の子を授かりました。山2番館（現在のJR元町駅北にありました）はどんなに賑やかだったことでしょう。さらに、ロバートも学校（Kobe Institute）を創立しました。

翌年、幸せな家族に黒い影が忍び寄ります（1890年は神戸でコレラが大流行した年でした）。妻の体調悪化のため、まずロバート一家が、次にウォルター一家が離日しました。アトランタに落ち着いたロバートは家を用意し、両親の帰国を待ちます。ところが、父ウィリアムが病に倒れ、神戸で天に召されてしまうのです。さらに、妻アリスも死の床につきます。アリスは、神戸で生まれた幼いネティの養育を姑メアリーに託しました。早くに両親を亡くしたアリスにとって、神戸で夫の家族に囲まれて過ごした多忙な日々は、人生で最も幸せなひと時だったのかも知れません。

このような事情から、1889年に神戸で生を受けたランバス家の3人の子どもの内、ただ1人が神戸で育てられることになりました。メアリーは、アリスの遺児ネティを連れて神戸に戻り、末っ子ロバートが創立した学校を支えたのでした。

神戸のランバス一家、1890年
後列：ノラ、ウィリアム・ヘクター・パーク、デイジー、ウォルター、ロバート、アリス
中央：ジェームズ・ウィリアム、メアリー・イザベラ

関西学院を訪問したランバス・ファミリーの子孫、1980年6月13日
学院本部会議室にて
ミニー・アーミステッドさん（J. W. ランバスの妹の孫）
ジョージ・アーミステッドさん（J. W. ランバスの妹の孫）
オリーブ・ランハムさんご夫妻（J. W. ランバスの娘ノラの孫）
ジーン・ルイスさん（J. W. ランバスの息子ロバートの孫）
シェリー・メッサースミスさん（J. W. ランバスの娘ノラの孫）

関西学院を有名にした小説

1910年に関西学院神学校に入学した亀徳一男は、徳冨蘆花の『思出の記』(1901年刊行、『国民新聞』連載時は「おもひ出の記」)を読み、初めて関西学院の名を知りました。「この小説を読んで関西学院を識り好きになった」と、賀川豊彦も理事会で述懐していたそうです。

関西学院を一躍有名にしたこの長編小説は、地方の旧家に生まれた菊池慎太郎が、家業の破産、父の死を経験したのち、母の期待を一身に背負って故郷を離れ、一人前になっていく姿を描いたものです。菊池は関西学院で菅亀太郎という教師に出会い、人生の進路を見出します。会議中、アメリカ人宣教師をやりこめてしまうほど英文学の素養がある教師として登場する菅には実在のモデルがいました。1894年から普通学部で英語を教えた鈴木愿太(げんた)です。小説連載時、鈴木は仙台の『河北新報』主筆を務めていました。小説では、関西学院校長も元仙台藩士として描かれています。

1886年、アメリカの南メソヂスト監督教会の日本伝道開始に伴い、通訳としてランバス一家とともに上海から神戸に来た鈴木は、同教会日本伝道の初穂となり、アメリカに留学しました。7年間の留学生活を終え、神戸で伝道と教育に一生を捧げるつもりで帰国したにもかかわらず、3年足らずで関西学院を辞職してしまった点も、小説の中の菅と重なります。鈴木によれば、それは「大に知人の疑惑を招き、米国朋友の感情を害した様に思はれ」る出来事でした。

『思出の記』は蘆花の自伝的小説のひとつと言われています。同志社で学んだ蘆花は、主人公を関西学院で学ばせることで、何を伝えたかったのでしょうか。

アメリカ留学を終え、帰国した鈴木愿太（神戸）、1894年
鈴木（右端）が通訳兼日本語教師を務めたランバス一家の長男W. R. ランバスは、1889年に関西学院（神学部・普通学部）を創立しました。

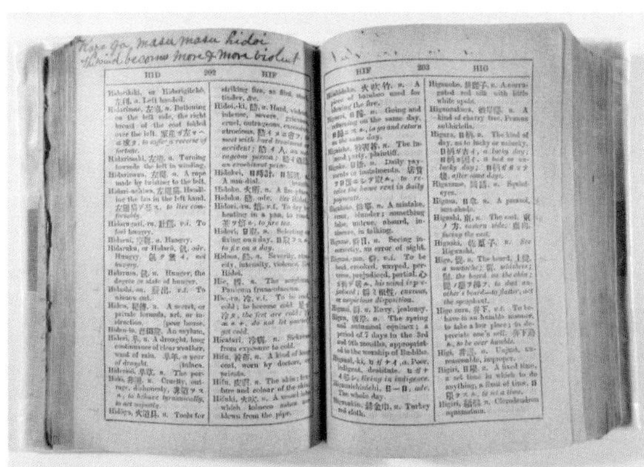

ランバス父子が使った『英和・和英袖珍字典』
ランバス父子の日本語学習法の違いを鈴木はこう語っています。「老ランバス（J. W. ランバス）先生は遅いが着実な勉強振りで、正確に日本語を習得して往かれたが、少ランバス（W. R. ランバス）先生は、所謂才気煥発、どんどん覚えて行かれた代りに、往々とんだ間違ひもあつた」。その一例を鈴木は紹介しています。若く美しい女性を「別嬪（べっぴん）」と言うことを教えた数日後、この言葉にふさわしい女性を見かけたW. R. ランバスはこう言ったそうです。「あちらから鉄瓶（てつびん）が来ました」。
この英和・和英袖珍字典は、1889年10月2日にW. R. ランバスが父親に贈ったものです。

学院探訪33 ランバス一家とアメリカ文学

2013年、ミズーリ州セント・ルイスからミシシッピ川沿いに北上した時、ハンニバル（Hannibal）という小さな町を通りました。そこは、『トム・ソーヤーの冒険』で有名なマーク・トゥエイン（Mark Twain）が少年時代を過ごした故郷でした。冒険の舞台と登場人物は、この町と住人がモデルだそうです。

マーク・トゥエインと聞いて頭に浮かぶのは、1889年に関西学院を創立したウォルター・ランバスの長男ディヴィッド（1879-1948）です。ダートマス大学（Dartmouth College）で英文学を教えていたディヴィッドの外見的特徴を教え子のバッド・シュールバーグ（Budd Schulberg, 作家、脚本家）がこう書いていたからです。「鼻眼鏡、教授風の白髭、粋な黒ベレー、白の『マーク・トゥエイン』スーツに白い靴、黒ケープ、そして白のパッカード車」。同大学赴任前は、父親のブラジル伝道を助け、ピラシカバ神学校（Collégio Piracicabano）で教えていたこともありました。ディヴィッドの妻マートル（Myrtle）は、静かな大学街ハノーヴァーで夫以上に人目を引いていたようです。そのボーッとした風変わりな言動は「不思議の国のアリス」と評され、小説*The Professor's Wife*のモデルになったと伝えられています。

ランバス一家と縁のあるアメリカ人作家に『大地』を書いたパール・バック（Pearl Buck）がいます。ウォルターの弟ロバートの娘ネティは、関西学院と同じ年に神戸で生まれました。翌年、アメリカに帰国しましたが、母親が亡くなったため日本に戻り、祖母メアリーの元で暮らしました。祖母が亡くなってからは、中国で伯母のノラに育てられました。パール・バックも、南長老教会宣教師の娘として中国で育ちました。ネティの娘ジーン・ルイス（Jean Craig Lewis）が1970年に出した初めての小説*Jane and the Mandarin's Secret*に、パール・バックは言葉を寄せています。

若き日のディヴィッド・ランバス
W. R. ランバスの長男として上海で生まれ、11歳になるまで中国と日本で育ちました。ダートマス大学英文学教授。*The Golden Book on Writing* を著し、学生にこう語りました。「nounで全体像を描きなさい。描いたものをverbで動かしなさい」（日本語でnounは名詞、verbは動詞だが、verbの語源verbum〈ラテン語〉に「動」の意味はない）。
（ミルサプス大学J. B. ケイン・アーカイブズ所蔵）

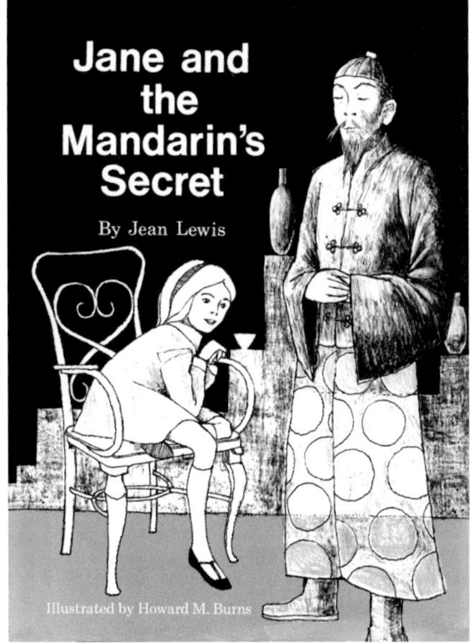

ジーン・ルイスさん初の著書
W. R. ランバスの弟ロバートの孫娘ジーン・ルイスさん（「学院探訪31」の写真の右から2人目）が初めて出版した小説。ジーンさんの死後、関西学院に送られてきました（「ランバス・ファミリーの子孫との交流」参照）。

学院探訪 34

百年の矛盾

図録『関西学院の 100 年』に「ランバスの葬送／ 1921 (T10) .10.3」と題する写真が掲載されています（59 頁）。関西学院創立者 W. R. ランバスは、南メソヂスト監督教会監督として日本訪問中に発病し、9 月 26 日に横浜で亡くなりました。遺骨は原田の森の関西学院に運ばれ、10 月 3 日に告別式が執り行われました。この長い葬列は、告別式終了後、小野浜墓地に眠る父 J. W. ランバスに別れを告げに行くところでしょうか。

ところが、ここで大きな矛盾にぶつかります。1912 年以降、美しい学舎が次々に建てられ、キャンパスが充実していく様子が同じ図録に紹介されているからです。それなのに、この写真で目に付くのは右端の本館（1894 年竣工）と中央のブランチ・メモリアル・チャペル（1904 年竣工）くらいで、1921 年ならチャペルの左に見えるはずの神学館(1912 年竣工)がありません。代わりに木造の北寮が見えます。北寮はランバスが亡くなる 10 年前に取り壊されたはずです。チャペルの右にわずかに顔を出すのは南寮（最初の校舎）でしょう。周囲にはのどかな風景が広がっています。

C. J. L. ベーツは、1910 年 9 月の着任時、関西学院には 4 つの建物があったと書いています。写真の建物も 4 つです。つまり、これは 1908 年 3 月 20 日に本館 3 階が増築されてから、1911 年 7 月 15 日に北寮が取り壊されるまでの間に撮影された写真なのです。1921 年に亡くなったランバスの葬送ではありえません。そう考えて南メソヂスト監督教会の記録を調べたところ、日本訪問中のセス・ウォード (Seth Ward) 監督が 1909 年 9 月 20 日に神戸で亡くなっていたことがわかりました。

監督の訃報が掲載された *The Japan Times* 紙は、水曜(9 月 22 日)午後 4 時から神戸のメソヂスト教会（現・神戸栄光教会）で告別式が執り行われると伝えています。この写真は、関西学院から教会に向かうウォード監督の葬列である可能性が高いでしょう。

「ランバスの葬送」と誤って紹介された写真

小野浜墓地に眠る父に別れを告げるランバスの遺骨、1921年10月7日
吉岡美国第2代院長に抱かれ、小野浜墓地に眠る父に別れを告げるW. R. ランバス。右端のJ. C. C. ニュートン第3代院長は、故人を「世界全体の市民」と呼び、「キリストの心を持つが故に、世界の心をもっていた」と偲びました。左から3人目にC. J. L. ベーツ第4代院長の姿も見えます。

学院探訪 35

遺骨の行方

関西学院を創立したW. R. ランバスは、創立後2年も経たない内に日本を離れました。しかし、日本との縁が切れたわけではなく、何度か来日しています。1907年には卒業式で話をしました。天に召されたのも、日本訪問中の1921年9月26日のことでした。

横浜で亡くなったランバスの遺骨は原田の森の神学館に運ばれ、10月3日にチャペルで追悼礼拝が行われました。数日後、遺骨は関係者に抱かれ、小野浜墓地に向かいました。1892年に逝去した父親に別れを告げるためでした。それから、上海に渡りました。吉岡美国第2代院長によると、それはご遺族の希望だったそうです。代わりに、中央講堂の礎石に遺髪が納められました。10月11日、上海の教会(沐恩堂)で葬儀が行われ、ランバスは八仙橋公墓E27に埋葬されました。愛する母の傍らで安らかな眠りについたのです。

1957年12月、墓地が上海郊外の吉安公墓に移転し、母子の墓も第6区画101番と102番に移されました。ところが、文化大革命が起こり、行方がわからなくなってしまいました。それは1967年5月か6月のことであったと推測されます。これらの調査は1980年にW. D. ブレイ(William Davenport Bray)夫妻によって行われ、後年、山内一郎院長、神田健次神学部教授も個別に現地を訪ね歩きました。

これとは反対に、蘇州で革命の嵐から守られた墓がありました。襲撃を事前に察知した何者かがランバスの義弟W. H. パーク(William Hector Park,「学院探訪2」、「学院探訪31」参照)の骨壷をこっそり運び出し、隠したのです。遺骨は1987年に再び埋葬されました。中国で医療伝道に生涯を捧げたパークは、ランバスとの関係を生前こう語っていたそうです。「私は、家と家具と病院と医学校と妹さんをランバス氏から譲り受けました」。

W. R. ランバスの墓（上海）、1921 年
葬儀のあと、J. C. C. ニュートン第 3 代院長、ランバスの妹ノラ・パーク、姪ネティ・ルイスは墓地に先回りして、遺骨の到着を待ちました。遺骨は 4 つの国（中国、日本、朝鮮、アメリカ）を代表する人たちの手で運ばれました。

妹ノラ・パーク一家の墓参り（上海）、1938 年 4 月 17 日（イースター）

学院探訪 36

墓地で見つけた十字架

修法ヶ原に眠るJ. W. ランバス（関西学院創立者の父、M. I. ランバスの夫）のお墓を2005年に訪れた時、墓石の上に小さな銀色の十字架が置かれていることに気付きました。それは、2004年夏にランバス家の故郷ミシシッピ州を仕事で訪問した際、J. W. ランバスの弟（故郷で巡回牧師となって献金を集め、兄の中国伝道を支えました）の子孫ジョン・ルイス（John South Lewis）さんからいただいたのと同じものでした。十字架を見せながら、ジョンさんは私にこうおっしゃいました。「小さいからどこでも持ち歩けるし、誰にも気付かれないよ」。腹が立った時、悲しい時、ジョンさんはポケットにそっと手を入れ、十字架を触るのだそうです。

その十字架が何故ここに？　2004年秋に来日されたジョンさんは、お墓参りの時、いつも持ち歩いている十字架を埋めてきたと言っておられました。それが、1年以上経った今、目の前にあるのです。まるで、私が来るのを待っていたかのように。

墓地をご案内くださった谷口良平さん（神戸外国人居留地研究会理事、J. W. ランバスのそばに眠るグリーン夫人〈Mary Elizabeth Green, Hiogo Hotel経営者〉の研究をされています）に驚きを告げると、「十字架を置いたのは私です」とおっしゃいました。墓碑銘調査のため毎週末墓地に通っておられた谷口さんは、ある日、ランバスの墓石のそばに小さな十字架が落ちていることに気付かれたそうです。以来、十字架を見つけては墓石の上に置き直すことを続けて来られたのです。

この話を知った神戸市立外国人墓地事務所の方は、十字架を埋め戻してくださいました。そして、「相当深く掘ったから、雨が降っても風が吹いても、もう大丈夫ですよ」と私にお電話くださいました。

J. W. ランバスの墓、2009年11月25日
当初埋葬された小野浜墓地は、小野浜、春日野両墓地の移転統合（1952年と61年）により、神戸市立外国人墓地となりました。

J. W. ランバス墓前礼拝、2016年5月5日

カリフォルニア州より観光旅行で来日されたディヴィッド・シェレルツさん（David Sherertz, J. W. ランバスの娘ノラの曾孫、左から2人目）ご夫妻とその友人ダグラス・ヴォーガンさん（Douglas Vaughan）ご夫妻を迎え、神戸栄光教会の野田和人牧師による墓前礼拝が行われました。J. W. ランバスは同教会の第2代牧師でした。神戸栄光教会創立130周年記念行事の第一弾となったこの墓前礼拝には、同教会と関西学院から約60名が参列しました。（池田裕子撮影）

ランバス・ファミリーの子孫との交流

1　創立者の叔父の曾孫ジョンさん

関西学院は、1989（平成元）年に創立百周年を迎えた。数々の記念事業の中に、図録と年史の刊行があった。図録は、『関西学院の100年』というタイトルで1989年に発行された。年史は、1994年から99年にかけて、『関西学院百年史』（資料編Ⅰ、Ⅱ、通史編Ⅰ、Ⅱ、通史編索引）が刊行された。

これらの編集作業に先駆け、神学部の先生方がアメリカやカナダに行って、関西学院に関する古い資料を探し、コピーを取って来られた。その収集成果は、『資料室便り』（『学院史編纂室便り』前誌）や『キリスト教主義教育　キリスト教主義教育研究室年報』等で紹介されている。私が学院史資料室（現・学院史編纂室）に異動して来た時、通史編索引以外の刊行は終わっていたが、収集されたコピーは残っていた。その中に、興味深いものがあった。

それは、アメリカのランバス大学が発行する雑誌に掲載された、発行年月日不明の記事だった。同じ記事（コピー）がアーミステッドさん（George R. Armistead,「学院探訪31」参照）が作成されたA

AB-LF- 9

Bishop's Descendant Visits Campus

Great, Great Grandson Makes Sentimental Journey

This 128 year old liberal arts institution, renamed in 1923 for Methodist missionary bishop Walter Russell Lambuth, was visited recently by that famous churchman's great, great grandson, making a sentimental pilgrimage to the campus.

John South Lewis of Red Bank, Tenn., the son of Mrs. Bess Lambuth Lewis of Meadville, Miss., a great-granddaughter of the pioneering doctor, was accompanied to Jackson by his wife.

"Living in Mississippi, I grew up on tales of 'the bishop'," young Lewis said, "so when I moved to Tennessee last year, I promised myself I would take a look at the college named for him."

A graduate of the University of Southern Mississippi at Hattiesburg, he travels in the southeast area for the Textile Division of Armstrong Cork Company.

Visit Stimulates Research

FOURTH GENERATION LOOK ALIKE: John South Lewis of Red Bank, Tenn. poses beside the Tennessee Historical Commission marker at Lambuth. The Methodist supported college was named for his great, great grandfather Bishop Walter R. Lambuth (inset). Lewis toured the campus for the first time recently and college officials were struck with the resemblance between the young man and the pioneering Methodist missionary bishop.

Mission and founded two well-known schools, Hiroshima Girls School and Kwansee Gakium School for Boys. As Mission Board Secretary from 1892-1910 he had a significant part

at the request of President Woodrow Wilson.

Last Mission To Siberia

Bishop Lambuth's last great ad-

ランバス大学発行誌に掲載された記事の切り抜き

*Collection of Material on the Lambuth Family and Related Subjects*にも含まれていた（記事コピーの添書の日付は1978年6月13日）。ランバス大学というのは、関西学院創立者の名を冠した大学で、2011（平成23）年までテネシー州ジャンクソンにあった。今はメンフィス大学のランバス・キャンパスになっている。

記事の見出しに、"Bishop's Descendant Visits Campus"（監督の子孫がキャンパスを訪問）とあった。その下の小さな写真は、確かに関西学院の創立者W. R. ランバス（Walter Russell Thornton Lambuth, 1854-1921）である。そして、テネシー州在住のジョン・サウス・ルイスさん（John South Lewis）が1971（昭和46）年に奥様を連れてランバス大学を訪れたことが紹介されていて、「ウォルター・R・ランバス監督はジョンさんの祖父の祖父に当たる」との説明が写真キャプションにあった。創立者の子孫は孫の代で絶えたと聞いていたので、驚いた。どこかに隠し子でもいたのだろうか。

一方、アーミステッドさんが集められたコピーには、このような注意書きが付けられていた。「ジョン・サウス・ルイスは、ロバート・W・ランバス（Robert W. Lambuth）の娘、ベッシー・ランバス・ルイス（Bessie Lambuth Lewis）の息子である。ロバート・W・ランバスは、ロバート・ウィルキンス・ランバス（Robert Wilkins Lambuth）の息子である。ロバート・ウィルキンス・ランバスは、ジョン・ラッセル・ランバス（John Russell Lambuth）の息子である。ジョン・ラッセル・ランバスは、ウィリアム・ランバス（William Lambuth）の息子である」。つまり、W. R. ランバスの祖父に当たるジョン・ラッセル・ランバスがジョンさんの祖父の祖父に当たるということだ。写真キャプションとは違い、記事（コピー）本文は確かにジョン・サウス・ルイスは「ベス・ランバス・ルイスの息子」となっている。こちらの情報の方が正しいのだろうか。私は、ジョンさんご本人を探し出し、直接確かめようと考えた。

記事をさらに読み進めると、ジョンさんにつながる重要な手がかりがあった。ハティスバーグにある南ミシシッピ大学（University of Southern Mississippi）の卒業生と紹介されていたのだ。早速、私は南ミシシッピ大学のアーカイブズに問い合わせた。学院史編纂室のような仕事をしている部署は、外国の大学には必ずあって、英語で「アーカイブズ」(Archives)と呼ばれている。ライブラリー(図書館)とアーカイブズ（文書館、史料館）が置かれていない大学はまずない。既に、個人情報の取り扱いが厳しくなっていたので、詳しく事情を書いて、情報提供をお願いした。アーカイブズのイヴォンヌ・アーノルドさん(Yvonne Arnold) は、日本からの問い合わせに興味を示され、ジョンさんの連絡先を教えてくださった。そして、必要に応じて、さらなる協力を約束してくださった。

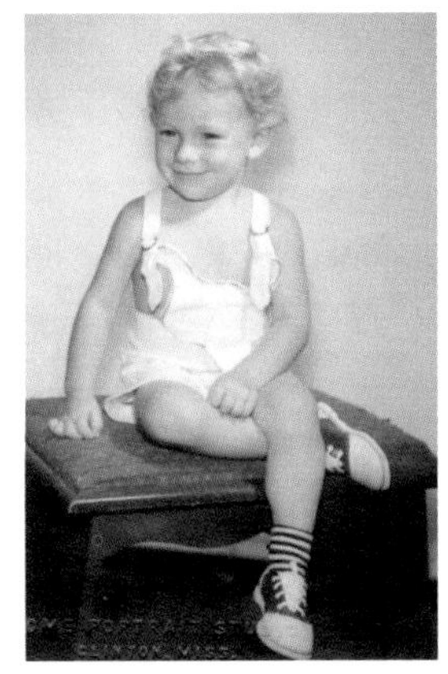
ジョン・ルイスさん（3 歳）
(ジョン・ルイス氏所蔵)

元気を得た私は、ジョンさんのご自宅（サウスカロライナ州）に電話した。何回かかけたが、不在だった。発信元不明の電話には出ないようにされているのかもしれない。そこで、事情を書いて、勤務先にFAXを送った。すると、すぐに反応があった。そして、ランバス大学の雑誌に掲載されたジョンさんご本人であることが判明した。ただし、ウォルターの直系子孫であるかのような記述は間違いで、正しくは、ウォルターの叔父（J. W. ランバスの弟)の曾孫とのことだった。つまり、

Lambuth Family Reunion, 1949
(ジョン・ルイス氏所蔵)

Lambuth Family Reunion
August 21, 1949
Meadville, Mississippi

From Left

Back Row (left to right)	Middle Row
Lester Scarborough	William "Billy" Lambuth
Lester Scarborough	Gladys Lambuth (Alton's wife)
Jean Scarborough	Hattie Lambuth
James Lambuth, Jr.	Lester Scarborough
Ethelyne Lambuth	Mary Walker Lambuth (Gerald's wife)
Jackie Scarborough Glenn	George Rodney Cole, Sr.
George Rodney Cole, Jr.	Monroe Newman
Thomas Budwah	Noland McCoy
Peggy Cole Budwah	Floyd Radcliffe
Betty Jean Newman Ladner	Robert Wilkins Lambuth Jr.
D.L. "Square" Ladner	Wanda Mitchell Lambuth
	Keith Ellis (Alton Lambuth's son-in-law)
	Francis Clare Lambuth Ellis

Front Row
(left to right)

William Alton Lambuth, Sr.	Katherine Lambuth Newman James
Lambuth, Sr.	Kathie Ladner (in Katherine's lap)
Bessie Lambuth Scarborough	Francis Lambuth
Jerry Lambuth (in Gerald's lap)	Luttie Lambuth Radcliffe
Gerald Lambuth	Jim W. L. Lewis (on ground)
Tommie Jean Budwah (on ground)	Robert W. Lambuth, Sr.
Mary Lambuth Cole	Bess Hall Lambuth
Karen Budwah	Bess Lambuth Lewis
Ann Lambuth (on ground)	James M. Lewis

アーミステッドさんの注記が正しかったのだ。残念ながら、創立者に隠し子はいなかったようだ。

日本からのぶしつけな問い合わせを喜ばれたジョンさんは、1949（昭和24）年夏にミシシッピ州ミードヴィルでランバス・ファミリーの子孫が集まった時の写真を送ってくださった。創立者の父、J. W. ランバスは10人兄弟の上から2番目だった。10人兄弟の下には、腹違いの弟妹がさらに5人いる。したがって、地元に残ったファミリーが集まると、ものすごい数になる。ジョンさんのご両親は最前列右端におられる。ジョンさんは、この時3歳だったそうだ。残念なことに、カメラのシャッターが下りる寸前に恥ずかしくなって逃げ出してしまわれたらしい。ジョンさん以外の参加者42名の姿がある。代わりに、ジョンさんはご自身が3歳の時の写真を送ってくださった。

ジョンさんによると、ランバス・ファミリーが集まった時、必ず話題になるのは「耳」の形だそうだ。耳が大きく、立っているのが一族の特徴で、「ランバス耳」と呼ばれているらしい。言われてみると、関西学院創立者の耳も大きく、立っている。また、一族には、牛乳アレルギーの人が多いため、そのことも話題になるそうだ。

ナッシュビルで撮影された
W. R. ランバスの写真

耳の話をお聞きした私の頭に1枚の写真が浮かんだ。それは、テネシー州ナッシュビルの写真館（A. J. Thuss, 230 4th Ave. N.）で撮影されたW. R. ランバスのプロフィール写真で、台紙部分に“This is the picture Mother likes”と鉛筆書きされているのが印象的だった。その写真のランバスは、確かに「ランバス耳」が目立たない角度で撮影されていた。

私が何より感激したのは、アメリカ南部で生まれ育ち、日本に来たことのないジョンさんが関西学院の名をご存じだったことである。子どもの頃から日本や関西学院の話を何度も聞かされてきたそうだ。遠い国のおとぎ話のように感じていたけれど、私からの連絡を受け、おとぎ話が急に現実のものになったとおっしゃった。ジョンさんは、日本からの問い合わせに丁寧に対応し、ご自分の連絡先を私に教えてくださった母校のアーカイブズにも、感謝の気持ちを伝えられたそうだ。

ジョンさんによると、ランバス一家は中国や日本から何本も苗木を持ち帰ったらしい。船旅の時代なので、重量を気にする必要はなかっただろう。苗木は、ミシシッピ州に住む一族の庭に植えられ、大切に育てられた。ジョンさんのご実家にも、そうした木があったそうだ。

OLD LAMBUTH HOME: Here lived the Lambuth family, down in southwestern Madison County, when more than 100 years ago the Rev. James William Lambuth was the Mississippi Conference's first missionary to China. The great tree in the left foreground is a Japanese tree brought back by the missionaries. This is now the home of the Hart family. Mulberry Tree

ランバス・ホームに植えられた桑の木に関する記事（切り抜き）
この切り抜き（典拠不明、ミルサプス大学所蔵）には、旧ランバス・ホームの左手に見える大きな木は、宣教師が持ち帰った日本の木と紹介され、「桑の木」と手書きされています。しかし、*The Madison County Herald*, May 29, 1975によると、家の前に植えられた桑の木はランバス一家が中国から持ち帰ったものとなっています。

私たちは、ランバス・ファミリーと聞くと、故郷を離れ、日本や中国や世界で活躍した人たちのことを想像しがちであるが、故郷ミシシッピ州に残って、献金を集め、中国や日本の苗木を育て、J. W. ランバス一家の伝道を支えた人たちのことも忘れてはならないと思った。

こうして、2003（平成15）年6月からジョンさんとの情報交換が始まった。すると、その翌年、創立者の生誕150年を記念し、関西学院で様々な記念行事が行われることになった。この時の山内一郎理事長、畑道也院長、平松一夫学長は3人とも中学部、高等部、大学と関西学院のご出身で、創立者への熱い思いを抱いておられたから、このようなアイデアが浮かび、実現できたのだろう。畑院長を委員長とする「ウォルター・R・ランバス生誕150周年記念事業委員会」が設置され、学内各部課が協力した。記念事業の中で学院史編纂室が関わったのは、来賓招待とアメリカ訪問と大学図書館特別展示「創立者ウォルター・R・ランバスのたどった足跡」だった。来賓招待とアメリカ訪問については、『学院史編纂室便り』第 20 号（2004 年 12 月 8 日）に書いた。特別展示については、大学図書館報『時計台』第 75 号（2005 年 4 月 1 日）で紹介されている。

11 月の式典に、来賓としてランバス・ファミリーが招かれる予定であることを知った私は、ジョン・ルイスさんと知り合った経緯を理事長、院長、学長に説明した。そして、ジョンさんご夫妻をご招待してはどうかと提案したところ、「それはいいですね！」と、即座に平松学長がご賛同くださった。

2　創立者の妹ノラの孫オリーブさんと弟ロバートの孫ジーンさん

実はこの時、山内理事長は、ノースカロライナ州ダーラムにお住まいのオリーブ・ランハムさん（Olive Sherertz Lanham, 1924-2007, 創立者の妹の孫､英語の発音は「ラナム」に近いが､前例に倣って「ランハム」とする）とニューヨークにお住まいのジーン・ルイスさん（Jean Craig Lewis, 1924-2009, 創立者の弟の孫、ジョンさんと同じ苗字だが、お二人に直接的関係はない）を来賓として考えておられた。お二人とも､1980（昭和 55）年に関西学院を訪問されたファミリーの一員だった（「学院探訪 31」参照）。オリーブさんは、その 9 年後に行われた創立百周年記念式典にも参列されている。

お二人に理事長の意向をお伝えするよう頼まれた私は、早速、連絡を取った。お二人とも大変喜ばれたが、年齢を考えると日本までの長旅はもう無理とのお返事だった。代わりに、オリーブさんの妹に当たるシェリーさん（Margarita Sherertz〔Sherry〕Messersmith, 1930-2012）をお二人揃って推薦された。シェリーさんも、1980 年に関西学院を訪問されていた。理事長の了解を得て、シェリーさんにご連絡差し上げたところ、ご快諾くださった。最終的に、シェリーさんの姪に当たるキャシーさん（Kathy Sherertz Thomson）ご夫妻も、公式行事に合わせ、サンディエゴから来日されることになった。

今回お招きできなかったお二人は、関西学院にとって大切な方々なので、こちらからお訪ねして挨拶してきてほしいと、理事長は私におっしゃった。記念行事のひとつとして、9月にランバス・ファミリーの故郷であるミシシッピ州パールリバーを訪問することが計画されていた。訪問団のメンバーは、山内理事長、畑院長、平松学長、田淵結宗教総主事で、法人部（現・総務部）の浜田行弘さんと学院史編纂室の私がお供することになっていた。そこで、私は少し早く出発し、ミシシッピ州に行く前にお二人を訪ねることにした。

2004（平成16）年9月6日午後、私はニューヨークのマンハッタンにお住まいのジーン・ルイスさんのお宅を訪ねた。イーストリバーに面したお部屋から、エンパイヤ・ステート・ビルディングが絵のように美しく見えた。ランバス・ファミリーの中で、日本生まれ・日本育ちと言えるのは、ジーンさんのお母様だけなので、言葉の端々に日本への関心と愛着が感じられた。「神戸市中山手通り4丁目35番地」と、お母様はご自分の住所を日本語でおっしゃっていたそうだ。

話が弾んだので、かねてより気になっていたことをジーンさんに尋ねてみようと思った。創立者ウォルターの妻デイジーは、どの写真を見ても不機嫌そうな顔で写っている。デイジーはちょっと変わった、気難しい性格だったのではないだろうか。かねてより密かに抱いていた疑問を思い切って口にすると、「その通りよ。デイジーはいつも文句ばかり言っていたの。私は母からそう聞いているわ」と、即答された。その答えを聞いて、創立者一家が急に生き生きと身近に感じられるようになった。

壁には古い写真や書類がいくつも飾られていた。私の目に留まったのは、1880（明治13）年の神戸の地図だった。祖父ロバートの遺品とのことだった。地図好きの私は興味津々だったのだが、その場で「譲ってください」とか、「複製を作らせてください」とは言い出せなかった。

私がジーンさんにお目にかかったのは、この一度だけだったが、それから、時折お電話をくださるようになった。ニューヨーカーらしく早口で話されるので、戸惑ったが、包み込むような温かさを持った方だった。

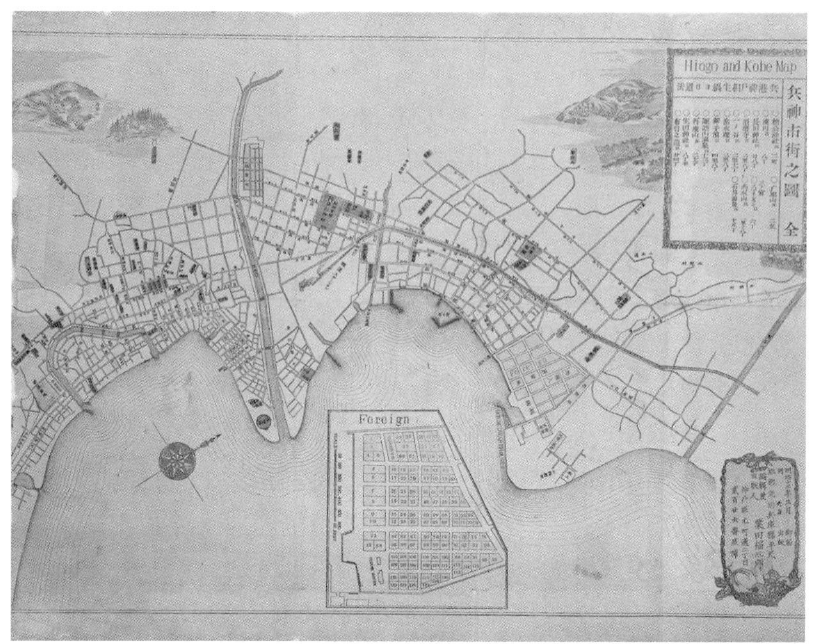

神戸の地図（R. W. ランバス遺品）、1880 年

5 年後、ジーンさんの訃報を受けた時、真っ先に私の頭に浮かんだのは壁に飾られていた神戸の地図だった。ジーンさんにはお子さんがいらっしゃらなかったので、シェリーさんが遺品を整理された。「ジーンさんの遺品として大切にしますから、地図をください！」と、私はシェリーさんにお願いした。こうして、ニューヨークで一目ぼれした地図が学院史編纂室の大切な資料になった。他にも、創立者 W. R. ランバスが使っていた中国語の聖書や辞書等、興味深い資料が遺品の中にあった。

1924（大正 13）年に上海でお生まれになったジーンさんは、女優としてラジオや舞台で活躍された。それだけでなく、子どものための本を約 100 冊執筆された（「学院探訪 33」参照）。その本も、遺品として関西学院に送られてきた。現在、西宮聖和キャンパスの「おもちゃとえほんのへや」に置かれている。ボランティア活動にも熱心に取り組まれ、1941（昭和 16）年以来、恵まれない人々や障がい者にセラピーとして写真を教えてきた RTP（Rehab through photograph）の専

『新約全書』（W. R. ランバス所蔵）
“WALTER R. LAMBUTH” のラベルが貼付されている。

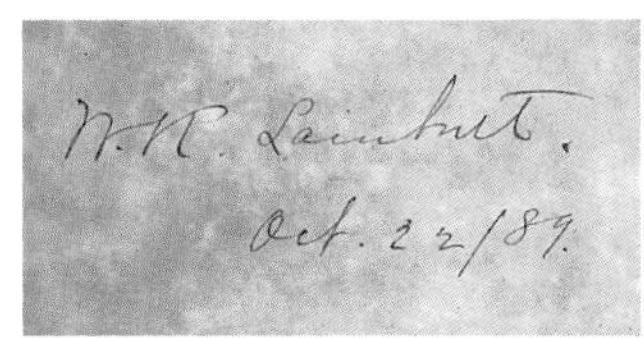

『漢語英訳辞典』第一冊（W. R. ランバス所蔵）
“W. R. Lambuth” の署名と日付 “Oct . 22/89” が記されている。

務理事を1953（昭和28）年から務められた。

ニューヨークでジーンさんを訪ねた後、オリーブさんにお会いするため、ノースカロライナ州に向かった。私は、この機会を利用して、ノースカロライナ大学チャペルヒル校が所蔵するJ. C. C. ニュートン関係資料を調べたいと思い、まずチャペルヒルに立ち寄った。そこから、オリーブさんがお住まいのダーラムに行くと申し上げたのだが、ご夫妻は車を運転して、私の滞在するチャペルヒルのホテルまで会いに来てくださった。実は、オリーブさんご夫妻とは初対面ではなかった。2年前にニュートン院長の曾孫に当たるエモリー・アンダーウッドさんにお会いするため、ダーラムを訪れた時（第2章「曾孫を探して」参照）、当時院長だった山内先生からご紹介いただいていた。

オリーブさんはご自分で作られた折り紙作品をお持ちになって、高校卒業までお住まいだった上海の想い出を楽しそうに語られた。

オリーブ・ランハムさんが覚えておられた折り紙
お祖母様の中国人養女から習われた中国の折り紙
(サンパン舟、星籠、王冠、写真立て)

お祖母様とお母様が通われたテネシー州ナッシュビルのウォード・セミナリーの幼稚園教諭養成課程で教えられていた家具

私は、ランバス大学の発行誌を見て探し当てたジョン・ルイスさんのことを報告した。そして、「ランバス耳」のことを話し始めると、「そういうことだったの！」と、満面の笑顔でおっしゃった。中国育ちのオリーブさんは、子どもの頃、お母様からいつも耳に布をきつく巻き付けられていたそうだ。「母は、私の耳が大きくならないようにしてくれていたのね！　やっと理由がわかったわ！」。中国には纏足(てんそく)の習慣があったので、耳にも効果があると思われたのだろう。

3　感激の対面

ジーンさんとオリーブさんへの挨拶を済ませた私は、ノースカロライナ州チャペルヒルからテネシー州メンフィスに向かった。メンフィスで平松学長、田淵宗教総主事と落ち合って、ジャクソンにあるランバス大学を訪問した（「あとがき」参照)。その後、ミシシッピ州に移動し、別ルートで日本から来られた山内理事長、畑院長、浜田さんと合流した。そして、ランバス・ファミリーの母教会で、現在は史跡になっ

パールリバー・チャーチで挨拶される山内一郎理事長、2004年9月12日（池田裕子撮影）

ているパールリバー・チャーチで礼拝の時を持った（Column 2参照）。礼拝には、サウスカロライナ州からジョン・ルイスさんご夫妻も駆けつけてくださって、感激の対面を果たした。ご自宅から車で8時間かかったそうだ。翌日、ジョンさんは私を車に乗せ、再び8時間運転してご自宅にお連れくださった。その時、関西学院創立者の弟ロバート（ニューヨークでお目にかかったジーン・ルイスさんの祖父）が校長を務めたテネシー州のカリオカ・アカデミー（Culleoka Academy）がウェブ・スクール（Webb School）と名を変え、南部の名門校としてベル・バックル（Bell Buckle）にあることを教えてくださった。アメリカ南部には、私たちの知らないランバス・ファミリーの足跡がまだまだあるようだ。

ジョン・ルイスさんご夫妻とエモリー・アンダーウッドさんご夫妻
私からエモリーさんのことをお聞きになったジョンさんは、早速エモリーさんに会いに行かれました。95頁で紹介した七宝焼きの孔雀が4人を見守っています。

招かれたランバス・ファミリーご子孫
ランバス生誕150周年記念式典（2004年11月10日）に出席するため、ランバス・ファミリーご子孫がアメリカから来日されました。
（ジョン・ルイス氏所蔵）

（西宮上ケ原キャンパス中央芝生）
ジョン・ルイスさんご夫妻

シェリー・メッサースミスさんご夫妻（左）
キャシー・トムソンさんご夫妻（右）

ランバス・ファミリーご子孫によるJ. W. ランバスの墓参り（神戸市立外国人墓地）
J. W. ランバスは、シェリーさんの曾祖父、キャシーさんの高祖父、ジョンさんの曾祖父の兄に当たります。

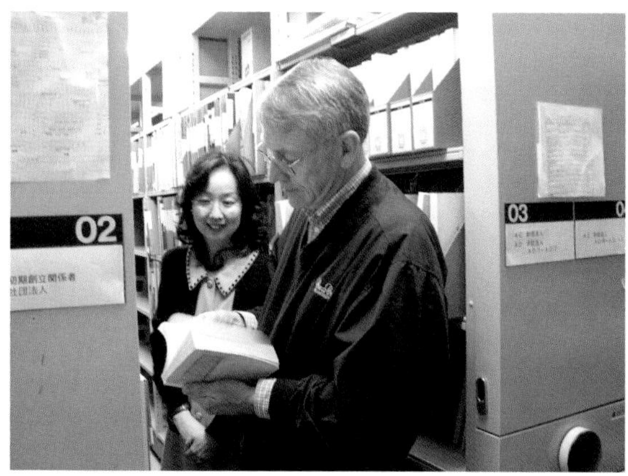

学院史編纂室で古い資料をご覧になるジョン・ルイスさん、2004年11月
(ジョン・ルイス氏所蔵)

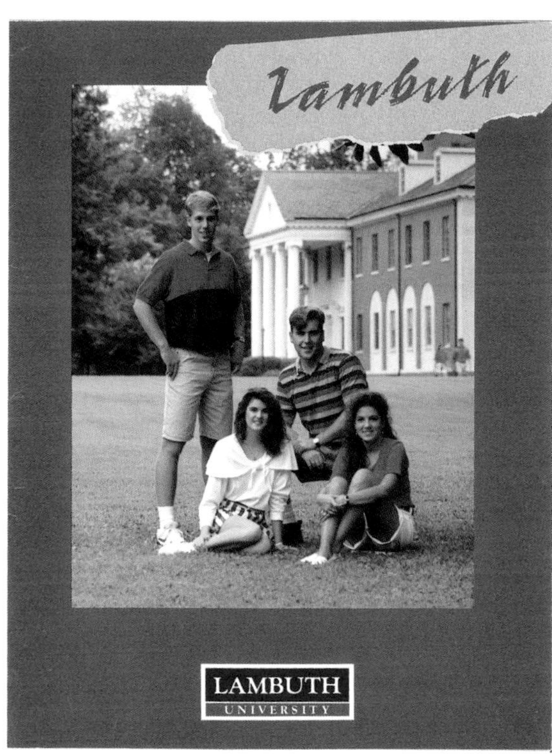

「ランバス大学」パンフレット
ランバス大学は、関西学院創立者の名を冠した大学で、2011年までテネシー州ジャンクソンにありました。今はメンフィス大学ランバス・キャンパスになっています。
1843年にメソヂスト監督教会メンフィス年会が創立した女子大が、1923年にLambuth Collegeと名前を変え、翌年から男子学生の受け入れを始めました。Lambuth Universityとなったのは1991年です。

Lambuth Inn

LAKE JUNALUSKA, NORTH CAROLINA

LAKE JUNALUSKA'S
LARGEST AND MOST
MODERN HOTEL.
AMERICAN PLAN

MAKE RESERVATIONS
EARLY !
OPEN ALL YEAR

「ランバスイン」パンフレット
ノースカロライナ州レイクジュナルスカは、合同メソヂスト教会の集会所であり、会議場でもあります。そこの宿泊施設に、関西学院創立者の名が付けられています。
2004年9月、サウスカロライナ州シンプソンヴィルのジョン・ルイスさんのお宅に泊めていただいた時、ノースカロライナ州モントリートからエモリー・アンダーウッドさんが迎えに来てくださいました。そして、曾祖父に当たるニュートン先生がアメリカ帰国後、毎年夏を過ごされていたレイクジュナルスカに連れて行ってくださいました。
ここには、かつて南メソヂスト監督教会の資料館がありました。その資料館を小林信雄神学部教授（1922-2014、初代学院史資料室長）が初めて調査に訪れたのは1974年だったそうです。その後、合同メソジスト教会のアーカイブズがニュージャージー州のドゥルー大学に置かれたため、ここにあった資料も移管されています。

小林信雄名誉教授とジョン・ルイスさん、2004年11月
ランバス生誕150周年記念式典出席のため来日されたジョン・ルイスさんは、小林信雄先生のお宅を訪問されました。
（ジョン・ルイス氏所蔵）

資料 4-1

ランバス一家の記念碑に刻まれた文字（正面）

1900

ERECTED BY
FRIENDS THROUGHOUT
MISSISSIPPI

JAMES Wm LAMBUTH
BORN
MAR. 2, 1830.
APPOINTED BY MISS. CONF.
TO CHINA 1853
DIED APR. 28, 1892

LAMBUTH

SKETCH SHOWING THE
LAMBUTH MONUMENT AT PEARL RIVER METHODIST CHURCH
4 MILES EAST OF MADISON. MISSISSIPPI
SCALE: 3/32=1"
MARCH 6, 1978, GEORGE R. ARMISTEAD

H. G. HAWKINS, PASTOR
MONUMENT COMMITTEE
MRS. JOHN D. DICKINSON
MRS. GEORGE W. GALLOWAY
MONUMENT UNVEILED AUGUST 9, 1900

ジョージ・アーミステッドさん作成（「学院探訪 31」、「ランバス・ファミリーの子孫との交流」参照）

記念碑の写真は、162 頁と 331 頁にあります。

パールリバー・チャーチのランバス・デイ

ランバス・ファミリーの故郷は、アメリカ南部ミシシッピ州のパールリバー（Pearl River）です。そこには、ファミリーの母教会がありました。1973（昭和 48）年に教会としての役割を終え、現在は史跡になっていますが、毎年 10 月第一木曜日に地元の方々が集まって、「ランバス・デイ」の礼拝が守られています。

パールリバー・チャーチ（外観）

この教会を私が初めて訪ねたのは 2004（平成 14）年 9 月 11 日でした。W. R. ランバス生誕 150 周年記念行事として山内一郎理事長、畑道也院長、平松一夫学長と共に訪れ、地元の方々と礼拝の時を持ちました。その際、ミルサプス大学（Millsaps College）で宗教主事をされていたフォーテンベリー先生（Rev. Don Fortenberry）が山内理事長のデューク大学（Duke University）留学時代の親しい友人だったことから、私たちの受け入れ窓口となって、温かく迎えてくださいました。

パールリバー・チャーチ（内部）

2 度目は、関西学院創立 125 周年を記念し、同窓会による「創立者 W. R. ランバス博士の足跡を巡る旅～アメリカ南部編～」（2013 年 10 月 2 日～ 9 日、団長：辰馬勝同窓会副会長）が実施された時、ルース・グルーベル（Ruth M. Grubel）院長を含む総勢 33 名の一員として訪れました。このツアーは、「ランバス・デイ」の日程に合わせて企画されたもので、私は、現地関係者との連絡・調整役を務めました。

この時、私が頼ったのは、ミルサプス大学（Millsaps College）アーキビストのデブラさん（Debra McIntosh）とランバス・デイを企画・実施している歴史評議会（Pearl River Church Historic Council）のエルバートさん（Elbert Hilliard）でした。礼拝は 10 月 3 日午後 2 時半から行うので、30 分前に到着して、ランバス家の墓地を見学するよう勧められました。そのためには、ジャクソン市内のレストランを午後 1 時に出発する必要があります。教会まで車で 45 分かかるからです。時間に遅れないよう、エルバートさんは何度も念を押されました。それでも心配だったようで、結局、レストランから教会までパトカーの先導を受けることになりました。おかげで、わずか 20 分で到着してしまいました。

パールリバー・チャーチ裏の墓地

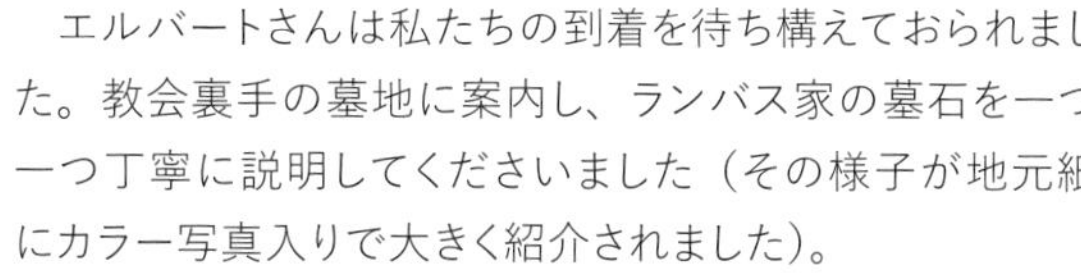

エルバートさんは私たちの到着を待ち構えておられました。教会裏手の墓地に案内し、ランバス家の墓石を一つ一つ丁寧に説明してくださいました（その様子が地元紙にカラー写真入りで大きく紹介されました）。

礼拝は午後2時35分に始まりました。小さな教会に入りきれないほどの出席者です。中央最前列に、遠方から来られたランバス・ファミリーの子孫の方々の姿が見えました。私の隣にはミルサプス大学の宗教主事ドナルド先生（Rev. Chris Donald）が座られました。建物の外にテントが張られ、椅子が置かれていました。遠来の私たちを中に入れ、地元の方々は外に座られたのです。歌われる讃美歌のタイトルを前もってお聞きしていたので、私たちは日本語で歌うことができました。関西学院を代表してグルーベル院長がランバス・デイに参列できた喜びと感動と感謝の気持ちを語られました。スワンソン監督（Bishop James E. Swanson, Sr.）も、力のこもった挨拶をされました。「私たちが送り出したのはたった二人だった、それがこんなに大きくなって帰ってきた」という言葉が印象に残りました。最後に、ビッグ・サプライズが用意されていました。教会近くにはウォルターの祖父ジョン・ラッセル・ランバス（John Russell Lambuth）の家がありました。南北戦争中、ウォルターも両親と共に過ごしたと考えられる家です。その家で使われていた木材を使ってつくられた十字架がスワンソン監督とグルーベル院長に贈られたのです。

ランバス家で使われていた木材でつくられた十字架

1時間の礼拝が終わって外に出ると、飲み物と軽食が用意されていました。同窓会ツアー女性陣からの感謝の気持ちとして、折り紙で作った箱が地元の方々に配られました。私は、9年前にお目にかかったジェーンさん（Jane Coign）、ブルースさん（Bruce Lambuth）ご夫妻と再会を喜びました。90歳を超えられたジェーンさんは、9年前に差し上げた関西学院のマーク入り紙袋を宝物のようにお持ちでした。当時お世話になったフォーテンベリー先生、ケイさん（Kay Barksdale）、トムさん（Tom Henderson）、サムさん（Sam Price）とも旧交を温めました。

地元のテレビ局も取材に来て、カメラの前でインタビューを受けました。出席者と話をしたり、声をかけたり、写真を撮ったり、てんてこ舞いの内に時間が過ぎ、時計を見るともう4時半です。バスが出発します。エルバートさんを探し出し、言葉で言い尽くせぬ感謝の思いを告げ、お別れの挨拶をすると、「もう行ってしまうのか。涙が出そうだ」とおっしゃいました。その気持ちは私も同じでした。

お世話になったエルバートさんとデブラさん
中央は池田裕子（写真所蔵）

資料 4-2

ランバス一家の記念碑に刻まれた文字（東面）

On East Side

BISHOP WALTER
LAMBUTH, MD., BS.,MA.,DD.
Born Nov. 10, 1854, in
Shanghai, China.
Died Sept. 26, 1921, in
Yokohama, Japan.
Buried at Shanghai, China.
Elected a Bishop of the
M. E. Church, South, in 1910.
World Citizen and Christian
Apostle to many lands.

This Inscription added 1935

IN JAPAN

He went forth to the mission fields,
toiling without rest 6 years, planting the
churches in Kobe, Hiroshima, Uwa Jima and
Tadotsu.

ジョージ・アーミステッドさん作成（「学院探訪 31」、「ランバス・ファミリーの子孫との交流」参照）

第4章

ラトビア人教師イアン・オゾリン

ラトビア共和国から贈られた記念樹
2011年10月、「日本ラトビア国交樹立90年・国交回復20年」を記念し、ラトビア共和国から関西学院に国樹オークとシラカバの苗木が贈られました。オークは文学部北で大きく育っています。（2022年5月26日、池田裕子撮影）

イアン・オゾリンとラトビア共和国歴代駐日大使
大正時代に関西学院で教えていたイアン・オゾリン（1894-1959）は、教師をしながらラトビア領事の役割を果たし始めました。そのことを知った駐日ラトビア共和国歴代大使は、関西学院を訪れ、オゾリンの国の歴史や文化についてご講演くださいました。オゾリンは、作家ヤーニス・ブルトニエクス（Jānis Andrejs Burtnieks）として、今もラトビアでよく知られているそうです。
イアン・オゾリン（Ian Ozolin）、ペーテリス・ヴァイヴァルス初代大使（Pēteris Vaivars）、ノルマンス・ペンケ第2代大使（Normans Penke）、ダツエ・トレイヤ・マスィー第3代大使（Dace Toreija-Masī）

二足の草鞋

1920年5月、関西学院高等学部の英語教師イアン・オゾリンは日本におけるラトビア外交代表としての職務を開始しました。それは、シベリア・極東地域ラトビア政府代表官吏マズポァリス（Jānis Mazpolis）の要請を受けてのことでした。祖国の独立宣言から1年半が経過したその頃、日本駐在の各国領事館はラトビア人へのビザ発給をどう取り扱っていたでしょうか。オゾリンの報告によると、ロシアはウラジオストックへの旅行ビザ発給を拒んでいました。アメリカはラトビアの独立を未だ認めておらず、ビザ発給を断固拒否、イギリスとフランスはビザ申請者にまずロンドンやパリと連絡を取るよう求めました。イタリアはラトビア人へのビザを問題なく発給していました。

教師と新興国の領事という二足の草鞋を履いたオゾリンから著書『琥珀の國』の翻訳を頼まれ、神戸の舞子で1年近く同居生活を送った教え子曽根保は、この恩師のことを「16ヶ国語が話せる語学の天才」と語っています。曽根は、舞子駅から灘駅までの通学定期を買い与えられ、授業でブラウニングの詩を、車中ではドイツ語を教わりました。後年、英文学者になった曽根はブラウニング研究の第一人者と言われました。

1921年7月、出版を果たしたオゾリンはラトビアに帰国します。その辞職を惜しんだ関西学院は「学生に与へられたる紳士的感化と学術上の知識とは多大の感謝に値する」として謝礼を贈り、祖国の発展を祈りました。

2011年10月20日、関西学院を再訪されたラトビア共和国初代駐日大使ペーテリス・ヴァイヴァルス氏（Pēteris Vaivars）は国樹オークの苗木を井上琢智（たくとし）学長に贈呈しました。それは90年前のオゾリン（ラトビア語で「オーク」の意）が取り持つ深い絆の証しでした。

アーボルティニャ国会議長を迎えて、2012年3月8日
参議院の招きにより来日されたラトビア共和国アーボルティニャ国会議長（前列中央の女性）は、京都迎賓館で開催された夕食会の席でオゾリンと関西学院の関係に触れ、両国の国交樹立90年記念植樹に対する謝意を表明されました。後列中央にヴァイヴァルス大使（写真提供）と井上学長。

開業間もない灘駅
1917年12月1日、国有鉄道東海道本線灘駅が開業しました。オゾリンの50年後、私も通学で灘駅を5年間利用しました。
（『高等学部商科卒業アルバム』1918年）

学院探訪 38

新しい世界を築く特別招待

ラトビアがロシアからの独立を宣言した時（1918年11月18日）、関西学院は創立の地、原田の森にあり、ラトビア人青年イアン・オゾリンが高等学部（文科・商科）で英語を教えていました。1920年5月、シベリア・極東地域ラトビア政府の要請を受けたオゾリンは、ラトビア外交代表としての職務を開始します。

「神戸、関西学院、ラトビア臨時政府外交・領事代理」としてオゾリンが書いた記事が *The Japan Advertiser* 紙に掲載されると、すぐにロシアが反応しました。日本帝国政府は投稿者をラトビア領事として正式に認めているのかと、神戸のロシア副領事が兵庫県知事に問い合わせたのです。知事から照会を受けた外務省は「帝国政府ニ於テ今日迄仝人（どうじん）ノ資格ヲ認メタルコト是無キ候」と回答しています。日本は、ラトビアの独立をまだ承認していませんでした。

しかし、オゾリンには祖国の名を広め、正しい情報を伝えたいという強い信念がありました。翌年1月、*The Japan Weekly Chronicle* 紙で「ロシア帝国に、時に不法に併合され、現在は解放された『境界の国々』の中で、ラトビアは最も保守的で、最も民族主義的国家である」と説明し、その共産主義化を断乎否定しています。そして「ロシア帝国主義シンジケートにより捏造された悪意ある虚報に御紙が貴重な紙面を割くことに私は驚愕している」と、警鐘を鳴らしました。

授業で、オゾリンは学生にこう語りました。「世界史のこの瞬間を生きる若者は、極めて幸運である。なぜなら、その若者は新しい世界を築き上げる特別招待を受けているのだから」。

グルーベル第15代院長とヴァイヴァルス大使、2008年10月10日
1991年にソ連から再独立したラトビア共和国の初代駐日大使（2006-13）として、関西学院を訪れたペーテリス・ヴァイヴァルス氏は「私はオゾリンの後任です」と語りました。西宮上ケ原キャンパス日本庭園。

★関西学院には、オゾリンの手による2冊の講義ノートが残されています。

- Twelve Lectures on the Meaning and Value of Life: Literary Expressions of the Ethical Problems of Epicureanism, Stoicism, Mysticism, and Activism, or Ideal-ism. 80 pages. 1919, Kwansei Gakuin College.
- An Introduction to English Poetry: A Syllabus of Talks on the Elements of English Poetry Delivered at the Kwansei Gakuin College during the Spring Term of 1919. 32 pages.

★さらにオゾリンは、関西学院高等部学生会発行の『関西文学』第3号（1921年5月20日）に「イアン・ポーロツクとラトビア文学」（栗秋草笛訳）を寄稿しています。

学院探訪 39

ヘーデンの日記

T. H. ヘーデン（Thomas Henry Haden）は、南メソヂスト監督教会宣教師として1895年8月に32歳で来日し、45年にわたり日本で活躍しました。関西学院では、J. C. C. ニュートンの跡を継ぎ、第2代神学部長を務めました。来日1年後に書き始めた日記は、アトランタのエモリー大学に保管されています。

日記の初日（1896年10月21日）には、1年前の来日時の模様が詳しく記されています。ヘーデンがヴァージニア州パルマイラ（Palmyra）の実家を発ったのは1895年7月22日朝でした。27日にテネシー州ナッシュビルでジェニー・コンウェル（Jennie Conwell）と挙式後、シカゴへ。そこでニュートンと合流し、カナダ太平洋鉄道で大陸を横断。バンクーバーから船で横浜、神戸に向かいました。ニュートンは1888年の来日後初の休暇帰国を終え、関西学院に戻るところでした。

この日記のおかげで、のちに第4代院長を務めるC. J. L. ベーツ一家が関西学院に到着したのは1910年9月6日であったことがわかります。関西学院にとって、ベーツはカナダ・メソヂスト教会から送られた最初の宣教師でした。ベーツ一家は10日朝までヘーデン家の世話になりながら、家具の到着を待ち、自分たちが暮らす宣教師館の準備をしました。

1918年9月15日には、ラトビア人青年イアン・オゾリンが客間に滞在中であることが記されています。9月から関西学院で教え始めたオゾリンは住む家が見つからなかったようです。前年妻を亡くしたヘーデンの家で暮らしながら、学生寮に食べに行っていたことがわかります。日本の普通の食事を学生に交じって食べるのがオゾリンの性に合っていたのでしょう。そんな同居人のことを一旦「シベリア人」と書き、それを「ラトビア人」に直しているのも興味深いことです。

T. H. ヘーデン、1929年頃
ヘーデン執筆の小冊子*Japan, Progress and Outlook*が宣教師のための手引書として1905年に刊行されました。その中で、日本人には自立心と自尊心が深く根付いており、それが日本を大きく発展させた要因であるとヘーデンは説明しています。

グリークラブ第1回リサイタル（神戸女学院講堂）、1920年12月4日
前列左から2人目より、畑歓三、C. J. L. ベーツ、H. F. ウッズウォース、イアン・オゾリン

学院探訪 40　クリスマスツリーの飾りつけ

クリスマスが近づくと、関西学院西宮上ケ原キャンパスでは時計台前のヒマラヤ杉がイリュミネーションで飾られ、時計台自体もライトアップされます。この習慣は学内だけでなく市民にもすっかり浸透し、関西学院の冬の風物詩として親しまれています。

クリスマスツリー点灯にあわせて礼拝が行われるようになったのは、阪神淡路大震災の直前のことでした。1994年11月28日、日が落ちてすっかり暗くなった午後6時、ハンドベルの演奏と聖歌隊による讃美歌が流れ、学生や市民約700人がキャンドルを手に中央芝生に集まりました。

では、この電飾はいつから始まったのでしょうか？　神学部教授を務めたアメリカ人宣教師W. D. ブレイ（William Davenport Bray）が1980年10月27日の最終講義でこう語っています。「紛争の時に図書館（時計台）前の大木が学生によって切り倒されましたね。その6年前から、クリスマスの時にその大木に赤や黄色の電球でデコレーションしていました。あれは私のアイデアです。ちょうど2万円かかったはず」。

W. D. ブレイ

さらに、世界に目を向けた時、ツリーへの飾りつけが最初に施されたのはいつ、どこの街だったでしょうか？　これには諸説あるようですが、私はラトビア共和国の首都リガ説に肩入れしたいと思います（リガ市対外交渉局発行の冊子によると、キリスト生誕を記念して、1510年にリガの商人らが初めてもみの木を花で飾ったそうです）。と言うのは、大正時代の関西学院にはラトビア人教師イアン・オゾリンがいて、建国間もないラトビア領事の役割をも果たしていたからです。

リガ市庁舎広場のクリスマスツリー
（撮影：Leons Balodis, 写真提供：駐日ラトビア共和国大使館）
「クリスマスツリーをどこでご覧になろうとも、この習慣がはじまったのはリーガであることをお忘れなく」（リーガ市対外交渉局発行の冊子より）

讃美歌「きよしこの夜」も、ラトビアとのつながりを感じさせてくれます。と言うのは、この歌詞を日本語に翻訳した由木康（ゆうきこう）（1920年高等学部文科卒業）が、学生時代にラトビア人教師イアン・オゾリンの感化を受けたと書いているからです。

関西学院創立五十周年（1939年）を記念してつくられた第二校歌「緑濃き甲山（かぶと）」も由木の作詞です（作曲は山田耕筰）。歌詞の一部に英語が使われている「空の翼」に代わって、公然と歌える校歌を切望する声に応えてつくられました。スクールモットー“Mastery for Service”は、日本語の歌詞に込められたと伝えられています。そのメロディーは、時局を考えてという事情とは裏腹に美しく穏やかで、ラトビアの第二国歌「風よ吹け」（民謡）を彷彿とさせます。これは、ソ連に併合され歌えなくなった国歌「ラトビアに幸いあれ」に代わり、反抗の精神を込めて歌われたものでした。

西宮上ケ原キャンパスのクリスマスツリー
（2012年、高木久留美さん撮影）

生きていた絆

1998（平成10）年6月の人事異動で学院史資料室（現・学院史編纂室）の配属になって間もない頃だったと思う。1931（昭和6）年発行の『文学部回顧』を読んで驚いた。大正時代の関西学院にイアン・オゾリン（Ian Ozolin, 1894-1959）という名のラトビア人教師がいて、高等学部（文科・商科、現在の大学に当たる）で英文学や英会話を教えていたと紹介されていたからである。わずか3年（1918-21年）の在職だったにもかかわらず、学生に多大な影響を与えたようだ。教師をしながら、独立間もないラトビア領事の仕事も開始している。さらに、同書発行時には、ラトビアで文部大臣を務めているとあった（この情報は間違いであることを昭和女子大学の志摩園子先生よりご教示いただいた。なお、オゾリンは作家ヤーニス・ブルトニエクス〈Jānis Andrejs Burtnieks〉として、今もラトビアで知られている。これは、ラトビア外務省のシルヴィヤ・クリジェヴィツァさん〈Silvija Križevica〉の調査により知った）。

英語を母語とするアメリカ人宣教師、カナダ人宣教師を差し置いて、ラトビア人が英会話を教えていたとはどういうことだろう。ラトビア人の母語はラトビア語のはずである。しかも、文部大臣を務めていると書かれているほどの人物の名が、その後刊行された関西学院の年史（五十年史、六十年史、七十年史、百年史）には登場しない。

私がラトビアを意識したのはこの時が初めてではなかった。最初に関心を持ったのは1980（昭和55）年に商学部を卒業して2～3年経った頃だった。神戸港に停泊する貨物船の船体のキリル文字に興味を持ち、仕事帰りに神戸の日ソ協会でロシア語の勉強を始めたのである。そこで、美しいリガの写真を目にした。日ソ協会にリガの写真があったのは、1974（昭和49）年に神戸の姉妹都市になったからだろう。当時、リガのあるラトビア共和国はソ連邦の一員だった。ロシア語の勉強を続けて、いつの日かリガの人たちと話がしたいと、私は無邪気に考えた。その頃の私は、ラトビア人の母語がラトビア語であることに思い至らなかった。

それから15年経った。私が職場でラトビア人教師オゾリンの存在を知った時、ソ連邦は既に崩壊し、ラトビアは独立を取り戻していた。しかし、77年も前に関西学院を辞職し、祖国に帰った人物のことをどのように調べたらよいのだろう。自分にできることは何かと考え、とりあえず関西学院に残るオゾリン関係資料を集め始めた。

その過程で、思いがけない発見があった。オゾリンの住所が「兵庫県播州舞子電車停留場近傍」と記されていたのだ（「学生会名簿」2頁、『商光』第10号、1921年7月1日）。神戸の舞子は、私にとって特別な場所だった。1977（昭和52）年3月、舞子公園の松林を初めて歩いた時に捉われた不思議な感覚を私は忘れたことがない。「ここは私と深い関わりのある場所に違いない」と直感した。それから20年以上経って、資料庫で手にした名簿に「舞子」の文字を見つけた。「ああ、オゾリンが住んでいたのか」と、ようやく合点がいった。オゾリンと舞子で同居していた教え子の曽根保（1896–1976）は、私が舞子を訪れた前年、東京で亡くなっている。その頃、2人の魂は想い出の地に舞い戻り、彷徨っていたのかもしれない。

私が舞子で出会った魂は、学院史資料室所蔵資料を通してようやくその名を明かしてくれた。それをきっかけに、オゾリンが関西学院に残した絆が現実世界で形となって現れ始めた。

1　ラトビア人留学生からの問い合わせ

2007（平成19）年7月、大阪外国語大学（現・大阪大学）の佐野方郁（まさふみ）先生から問い合わせの電話を受けた。「ラトビアからの留学生が関西学院のオゾリンという教師のことを調べているのですが、そちらに何か資料はありますか？」。

翌日、ラトビア人留学生タイシヤ（ターヤ）・カラブリナさん（Taisija Karablina）が私を訪ねて来た。私にとって、初めて会うラトビア人だった。来日前に独学で日本語の勉強を始めたターヤさんは、1年間の留学生活の最後にオゾリンの足跡を調べたいと思われたそうだ。オゾリンに関心を持った理由を尋ねると、ラトビアの首都リガの図書館で1920年代の新聞を調べていた時、オゾリンの名がちょくちょく出てきたとおっしゃった。嬉しくなった私は、「ラトビア語でイアン・オゾリンは何というのか教えてください」とお願いした。「ヤーニス・オゾリンシュ（Jānis Ozoliņš）」と言って、ターヤさんは綴りと発音を教えてくださった。私は、それまで集めてきた資料をすべてターヤさんに提供した。9月になると、日本語で書かれたレポート「戦間期における日本－ラトヴィヤの関係」が送られてきた。

それを読んで元気が出た私は、その時点でわかっていることを私なりにまとめておこうと思った。こうして書いたのが「関西学院のラトヴィア人教師イアン・オゾリンをめぐって」（『学院史編纂室便り』第26号、2007年12月14日）である。

2　小田陽子さんの「マーラが与えた人生」

CD「ROMANCER」
2006年11月22日発売

執筆にあたり色々調べていると、東京に日本ラトビア音楽協会があることがわかった。そのメンバーである歌手の小田陽子さんが「マーラが与えた人生」というラトビアの歌を歌っておられた。これは、「百万本のバラ」というタイトルで大ヒットした歌の原曲だった。ラトビア人の作詞、作曲による「マーラが与えた人生」（歌手アイヤ・ククレ Aija Kukule）をロシア人歌手アーラ・プガチョワ（Алла Пугачёва）が歌詞を変えて歌っていたのだ。日本では、加藤登紀子さんの歌が有名である。

小田さんは、ロシアの歌と思い込んでいた「百万本のバラ」が実はラトビアの歌であることに気付かれると、ラトビアまで飛んで行って作曲者ライモンズ・パウルス（Raimonds Pauls）に会い、元のラトビア語の詩から訳し直して（黒沢歩さんがラトビア語から日本語に翻訳され、小田さんが歌詞の形に整えられた）、「マーラが与えた人生」としてCD（「ROMANCER」の8曲目）を出された。「百万本のバラ」は、貧しい絵描きが女優に恋をする話だった。ところが、ラトビア語の原詩は、マーラというラトビアの女神の歌だった。マーラは女の子に命を与えたけれど、幸せを与えるのを忘れてしまった……という内容で、そこにはラトビアという国の悲哀が込められていた。

小田さんの歌と行動力に感動した私は、オゾリンのことを書いた『学院史編纂室便り』第26号を小田さんと駐日ラトビア共和国大使館に送った。1991（平成3）年にソ連からの独立を果たしたラトビアは2006（平成18）年春、東京に大使館を開設していた。

年が明けると、小田さんは日本ラトビア音楽協会の新年会でオゾリンのことを報告された。大正時代にラトビア人が関西学院の教師をしていたことを知って、音楽協会の方々は大変驚かれたそうだ。新年会には、ラトビア共和国の初代駐日大使であるペーテリス・ヴァイヴァルス氏（Pēteris Vaivars）も出席されていた。こうした経緯を経て、2008（平成20）年1月28日夕刻、私は大使館から電話を受けた。電話をかけて来られた大使館員、オレグス・オルロフスさん（Oļegs Orlovs）の日本語は驚くほど流暢だった。

3　駐日ラトビア共和国大使館訪問

2008（平成20）年3月11日、私は初めて大使館を訪問した。お目にかかったのはペーテリス・ヴァイヴァルス特命全権大使、グナ・レイマンドヴァさん（Guna Reimandova）、そしてオレグスさんの3人だった。

最初に、大使は英語でこうおっしゃった。「大変申し訳ないのですが、日本語ができないので、英語で話をしてもいいですか」。その丁寧な口調に感激した私は、自分の英語力も省みずこうお返事した。「こちらこそ、ラトビア語ができなくて申し訳ありません。ぜひ英語でお話しさせてください」。

大使は、私が書いた文章をラトビア語に翻訳して本国に送ったこと、それに目を通された外務大臣が大変喜んでおられることをお話しになった。本当に良く調べてくださったと丁寧にお礼を言われた。そして、オゾリンに関し、外務省に残る資料を調べさせるとお約束くださった。

この訪問で、私は新たに貴重な情報を得た。ラトビア人の来日という側面から両国の歴史を振り返った時、オゾリンの他にヘルベルトス・ツクルス（Herberts Cukurs）という飛行家がいたそうだ。また、2日後に旭川、5月には大阪に名誉領事館が開設されることも知った。さらに、関西学院でラトビアについて講演させてほしいとのお申し出を受けた。

最後に、「お目にかかれて、オゾリンの話ができて、本当に嬉しく思いました」と言って手を差し出すと、大使は大きな手でギュッと握りしめ、「私でお力になれることやお尋ねになりたいことがありましたら、いつでもご連絡ください」とおっしゃった。オゾリンの国の大使館でオゾリンの国の人たちと過ごしたひと時は、私にとって夢のような時間だった。

初めての駐日ラトビア共和国大使館訪問、2008年3月11日

オレグス・オルロフスさん
グナ・レイマンドヴァさん
池田裕子（写真所蔵）
ペーテリス・ヴァイヴァルス大使

4　大阪名誉領事館開設と畑歓三教授

5月になると、大使がおっしゃっていた通り、大阪名誉領事館が開設され、16日に大和ハウス工業株式会社本社ビルで開設披露レセプションが開催された。関西学院からは、ルース・グルーベル（Ruth Marie Grubel）第15代院長、永田雄次郎学院史編纂室長、私の3人が出席した。

名誉領事に就任されたのは、同社常任顧問、東郷武さんだった。奥様の久野さんは偶然にも、関西学院大学大学院文学研究科で畑道也第14代院長と同級生でいらした。残念ながら、畑前院長は、3月25日に逝去されていたが、関西学院にオゾリンを連れて来たのはその父、歓三だったと伝えられている。

生前、私が『学院史編纂室便り』第26号に書いた原稿をお読みになった畑先生は、すぐにお電話をくださった。「池田さんに教えてもらうまで、オゾリンのことも、父とオゾリンの関係も全く知らなかった。そんな私が関西学院交響楽団指揮者として、ソ連時代に2度もリガを訪問し（1976年と1980年）、現地の音楽家と交流を持ったことを考えると何とも不思議な気がする。リガは美しい街だった。そこでラトビア人と音楽について語り合った私には、オゾリンがどんな人物だったかよくわかるんですよ」。「私はラトビアで指揮の極意を学んだ。ラトビア人音楽家と意気投合し、ラトビア人だけが集まる隠れ家に連れて行ってもらった。そこで、ロシア人の目を気にすることなく、音楽の話で盛り上がった。本当に楽しかったなぁ」。こう話された2カ月後、畑先生はお亡くなりになった。

2度目のリガ訪問時、音楽大学から関西学院に心のこもった歓迎メッセージが贈られている。「ヤーゼプス・ヴィートルス・ラトビア国立音楽学院学長室より、姉妹都市・神戸の関西学院大学の交響楽団、及び指揮者畑道也教授に親しみを込めてご挨拶申し上げます。わが街リガでの素晴らしいひと時に感謝申し上げます。学長・教授イマンツ・コカルス（Imants Kokars）、1980年3月5日」（原文：ラトビア語）。

ヤーゼプス・ヴィートルス・ラトビア国立音楽学院との交流、1980年

Jāzepa Vītola Latvijas Valsts
konservatorijas rektorāts
sirsnīgi sveic
draudzīgās pilsētas Kobes pārstāvjus
Kwansei Gakuin universitātes
simfonisko orķestri un diriģentu
prof. Michiya Hata.
Pateicamies par jaukajiem brīžiem
mūsu pilsētā Rīgā.

Rektors prof. Imants Kokars.

5.03.80.

畑先生の父、歓三の名は、体育会の標語となっている“NOBLE STUBBORNNESS”の提唱者として、今も関西学院では知られている（「学院探訪45」参照）。その教え子である鈴木道也さん（1941年専門部文学部卒業）からいただいたお手紙（2017年5月14日）に、興味深い出来事が書かれていた。

> 畑　歓三先生の思い出
>
> 確か私の関学専門部文学部英文科在学中の2年間、英作文の授業を昭和14～16年〔に〕習った記憶があります。
>
> 先生はダンディで仕立ての良いダブル上下を何時も着て物語るように授業をされ、生徒の扱いも紳士として優しく接して頂きました。特に“NOBLE STUBBORNNESS”に就き、熱をこめて説明され、戦后KGグラウンドにこの言葉を彫った石碑を見出し、その時に先生のお話を思い出しました。
>
> 講義の合間には、日独伊同盟発足后の欧州戦争のことを話され、森林と湖の多いフィンランドの小国が、冬期湖の結氷を電気で削り、抵抗し、ドイツ兵を悩ませたとか、昔よりフィンランド住民はドイツとは仲悪く、フィンランド人はこんなナイフを何時も持っていたと、実物を提示されました。
>
> これは余りドイツのことを悪く言えない空気を察して生徒に強国ドイツ兵もフィンランド小国軍隊に手を焼いているとの実話〔を伝えても〕、何処から得た情報とか申されませんでした。〈以下略〉

この手紙を読んだ時、鈴木さんのご記憶にあるフィンランド人とはラトビア人のことで、ナイフはオゾリンからもらったものではないかと私は思った。それなら、畑先生が話されたのは、第二次世界大戦ではなく、第一次世界大戦時のことであったかも知れない。オゾリンは、バルト諸国としてフィンランド、エストニア、ラトビア、リトアニアを挙げ、これらの国々がこびへつらってドイツの援助を受けたことなど一度もなく、ドイツとは戦争中もそれ以降も断乎戦ってきたと、英字新聞に投稿していたからである（“The Truth about the German in the Baltic States,” *The Japan Advertiser*, May 19, 1920）。私は、畑教授とオゾリンの関係を鈴木さんに説明し、こう尋ねた。「畑先生がお見せになったナイフは、フィンランド人のものではなく、ラトビア人のものだったのではありませんか？」。すると、大いに興味を示され、「そうですね。よくわかります。私たちに見せてくださったのは、オゾリン先生から譲られたナイフだったのかもしれません」と、明るい声でお答えになった。

在大阪ラトビア名誉領事に就任された東郷さんの動きは早かった。両国の交流を促進するため、関西日本ラトビア協会が組織されたのである。9月24日、ヴァイヴァルス大使を迎え、設立理事会が開催され、私もその一員となった（2014年から常務理事）。

5　ヴァイヴァルス大使の関西学院訪問

2008（平成20）年10月10日、ヴァイヴァルス大使の関西学院訪問の日がやってきた（「学院探訪38」参照）。お迎えする日が近づくと、関西学院の対応を心配された外務省参与の天江喜七郎さんがアドバイスをくださった。その中で印象に残っているのは、ラトビアが日本に大使館を開設するとは思っていなかったので、それを知った時外務省が大変驚いたこと、日本政府はラトビアとの関係をとても大切に考えていることなどである。ご自身がソ連駐在時に感じられたことなどもお話しくださった。また、在北九州スウェーデン名誉領事の山本徳行さんからも長いお電話を頂戴した。山本さんはラトビア人との交流を通じて感じられたことや若い世代のラトビア人がどんなに優秀であるか、お話しくださった。

当日朝、井戸敏三兵庫県知事を表敬訪問された大使を永田雄次郎学院史編纂室長と共に、兵庫県公館にお迎えに上がり、まず、神戸文学館（神戸市灘区）にご案内した。オゾリンが教えていた時関西学院があった場所は、現在、神戸市立王子動物園になっている。当時の建物で唯一残っているブランチ・メモリアル・チャペルは神戸文学館として使われている。オゾリンは高等学部（文科・商科）で英語を教えていた。文科の授業が行われていたハミル館があった辺りではフラミンゴが飼育されている。

神戸文学館を出て下の道に降りた時、思いがけない出会いがあった。長身の外国人青年が東の方から歩いて来たのだ。胸に「ヤーニス Jānis」の名札が見えた。ヤーニスはオゾリンのファーストネームである（関西学院にも「イアン・オゾリン」でなく、「ヤーニス・オゾリン」と書かれた資料がある）。オレグスさんが声をかけると、この青年は日本観光旅行中のラトビア人だった。東京から２週間かけて歩いて来たそうだ。オゾリンも来日後１年程東京にいて、それから関西学院に来たことがわかっている。オゾリンも歩いて神戸に来たのだろうか。この奇跡的邂逅に興奮された大使は私にこうおっしゃった。「池田さんが呼び寄せたのでしょう。あなたには不思議な力があるようだ」。

関西学院発祥の地でのラトビア人との邂逅、2008年10月10日
永田雄次郎学院史編纂室長・文学部教授、ヤーニス君、ヴァイヴァルス大使、オレグスさん、山本幹夫神戸文学館長、義根益美神戸文学館学芸員
（池田裕子撮影）

関西学院では、大学主催特別講演会（協賛:経済学部、産業研究所、学院史編纂室）「バルト海の真珠ラトビア、EUの一員」（Latvija - Baltijas pērle Eiropas Savienībā）が開催され、大使のラトビア語をオレグスさんが日本語に逐次通訳された。オゾリンの存在が『読売新聞』（2008年10月4日）で紹介されたこともあり、学外からの参加者も多く、約200名がラトビア語の美しい響きに耳を傾けた。その模様の一部はBSジャパンの番組「大学が変わる。現場へ」で放送された。

関西学院大学主催特別講演会

バルト海の真珠ラトビア、EUの一員 Latvija - Baltijas perle Eiropas Savienībā

■日時：10月10日（金）15:10～16:40

■場所：G号館101号教室（西宮上ケ原キャンパス）

■講師：ペーテリス・ヴァイヴァルス Pēteris Vaivars
駐日ラトビア共和国特命全権大使

■言語：ラトビア語
（オレグス・オルロフス Olegs Orlovs 大使館員による日本語通訳付）

関西学院とラトビア共和国の関係

今から90年前、アメリカとカナダのメソヂスト教会が経営に参加する関西学院に、一人の若きラトビア人教師が着任しました。その名はイアン・オゾリン。高等学部（文科・商科）で英語を教え、学生に多大な影響を与えました。それはちょうど、ラトビアがロシアから独立する直前から直後にかけての時期でした。自国の名前すらほとんど知られていない日本で、オゾリンは関西学院の教師をしながらラトビア領事の役割を果たし始めました。そして、『琥珀の国－ラトヴィヤ国の過去と現在』を出版しました（翻訳者は英文科の学生曽根保）。

1940年以降、旧ソ連に併合されていたラトビアが再び独立を果たしたのは1991年のことです。15年後、東京に大使館が開設されることになりました。初代駐日大使として派遣が決まったヴァイヴァルス氏は、日本に対し、自国を代表した最初の人物がオゾリンであることを知りました。赴任後、オゾリンが関西学院の教師をしていたとの情報を得た同氏は、90年前にオゾリンが教えていた関西学院で、現在の学生にラトビアの話をさせて欲しいとお申し出くださったのです。

このような縁から、ラトビア共和国が独立を宣言して90年目に当たるこの秋、ヴァイヴァルス大使を関西学院にお迎えできることを大変嬉しく思います。

<経済学部開講「経済事情G」（伊藤正一教授）を兼ねます>

1918 90 2008

www.lv90.lv

協賛：経済学部、産業研究所、学院史編纂室（問合せ先：0798-54-6022）

Sept. 30, 2008 Kwansei Gakuin University

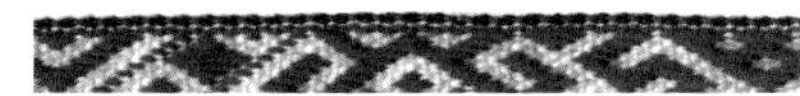

関西学院大学主催特別講演会、2008年10月10日
ペーテリス・ヴァイヴァルス大使（上）のラトビア語をオレグス・オルロフスさん（下）が通訳されました。

ヴァイヴァルス大使歓迎昼食会、2008年10月10日
畑静子さん（故畑道也第14代院長ご令室）もご出席くださいました。ラトビア国旗の色に合せて、卓上の花を用意しました。グルーベル院長も、白いスーツに深紅のペンダントで歓迎の気持ちを表されました。
オレグス・オルロフスさん、ホルガー・ブングシェ産業研究所准教授、天江喜七郎さん、杉原左右一（そういち）学長、竹本洋経済学部長、伊藤正一経済学部教授、畑静子さん、永田雄次郎学院史編纂室長・文学部教授、池田裕子、舟木譲院長補佐・経済学部准教授

6　ゴドマニス首相の来日

2009（平成21）年1月、イワルス・ゴドマニス（Ivars Godmanis）首相が来日された。同首相は、ソ連からの独立後初の首相で、2007（平成19）年末、再び首相に就任された。1991（平成3）年1月21日にソ連が武力介入した時、リガ旧市街にバリケードを築いて戦った勇士として知られている。

1月23日、長浜ロイヤルホテルに首相をお迎えし、関西日本ラトビア協会主催の歓迎会が開かれることになった。その予定を知った私は、大阪大学にラトビアからの留学生がいないか、ターヤさんを紹介してくださった佐野先生に問い合わせた。こうして、ラトビア大学から国費留学中のギタ・プリニャさん（Gita Purina）を連れ、長浜に向かった。

首相の挨拶の中で印象的だったのは、安部公房を読んで日本を知った、とおっしゃったことである。学生時代、私も安部公房が好きで、夢中になって読んだ。おかげで、一見強面の首相が身近に感じられた。

「私の国の首相を紹介させてください」。歓迎レセプションの席で、私はヴァイヴァルス大使から声をかけられた。90年前にラトビア人青年イアン・オゾリンが関西学院の教師を務めており、学生に多大な影響を与えたこと、オゾリンがラトビア領事の役割をも務めていたことを私は首相に申し上げた。「90年前に？　ラトビア人が日本の学校で？　英語を教えていた？」。首相は目を大きく見開かれた。

この時、約50名の会員が参加した。留学生のギタさんは、「ラトビアのことを知っている日本人がこんなにいるなんて！」と喜ばれた。来日以来、出会った人は自分の国のことを全く知らないという経験の連続だったそうだ。ギタさんからお聞きした話で特に強い印象を受けたのは、3歳の時に経験された「人間の鎖」（バルトの道）である。1989（平成元）年8月23日、ソ連統治下にあったエストニア、ラトビア、リトアニアの三国で200万人以上の市民が手をつなぎ、600キロ以上にわたって「人間の鎖」を形成した。バルト三国のソ連併合を認めた独ソ不可侵秘密議定書締結50周年を期して行われた抗議活動だった。「私の家族はリガにいますが、ソ連時代は森の中で暮らしていました。3歳だった私は幼くてよくわからなかったけれど、ある日、森から出て、こうして胸を張って腕を伸ばし、手をつなぎました。それが人間の鎖でした。とっても嬉しかった！」。

ゴドマニス首相歓迎会、2009年1月23日
関西日本ラトビア協会主催の歓迎会が長浜ロイヤルホテルで開催されました。
池田裕子
イワルス・ゴドマニス首相
ペーテリス・ヴァイヴァルス大使
ギタ・プリニャさん
（上野慶三氏撮影）

7　奥日光のハンス・ハンター忌

2010（平成22）年9月24日、私は奥日光に行き、第3回ハンス・ハンター忌に出席した。その2年前から、彼の命日に、彼が中禅寺湖畔に持っていた別荘（西六番）跡で故人を偲ぶ会（世話人：小島喜美男さん）が行われるようになった。実は、ハンス・ハンターは英国人ながら、戦前、ラトビア名誉領事を務めていた（ハンター以外のラトビア名誉領事として、1938年に横浜の名誉領事に任命されたオランダ人ヨハネス・ウィルレム・ボーデ（Johannes Willem Bode）がいることを大使館のオレグスさんから教えていただいた。ただし、ボーデは、任命直後に亡くなっている）。

1921（大正10）年7月にオゾリンが日本を離れると、ラトビア領事は不在となった。5年後、ハンス・ハンター（Hans Hunter, 1884-1947, 範多範三郎。1910年、英国に帰化。1940年、日本国籍回復届提出）がラトビア名誉領事に就任した（1940年まで）。当時の奥日光には各国大使館、公使館の別荘が集まっていて、「夏場は外務省が日光に移る」と言われたそうである。ラトビア名誉領事であるハンスはその中心人物であった。

ハンター忌に参加したいと、初めて小島さんにお電話した時、「お待ちしています。私は京都で大学生活を送ったからよくわかるのですが、関西から奥日光はびっくりするほど遠いですよ」と言われた。私にとって中禅寺湖は、高校の修学旅行以来だった。記憶に残っているのは、湖の景色より道中の「いろは坂」の方だったので、確かに遠いのだろう。

中禅寺湖を訪れるようになって気付いたのは、地元の方々の間では今もラトビアの知名度が高いということである。ハンスについて書かれた『日光鱒釣紳士物語』（福田和美著）には、「ラトヴィア」のサインを掲げた車とその運転手の写真が掲載されている。ハンター忌で、私は著者の福田さんにお目にかかることができた。また、小平市内にかつてあった「範多農園」のことを調べ、多くの写真と共にインターネットで紹介されている中込敦子さんともお近づきになった。明仁上皇が皇太子時代に疎開されていた時のことを覚えておられる方もいらして、思いがけない話をお聞きすることもできた。

一方、神戸ではハンターの名を今も耳にする。阪急神戸三宮駅北には「ハンター坂」と呼ばれる道がある。かつて、その坂を上った先にハンター家の邸があった。ハンスの父、E. H. ハンター（Edward Hazlett Hunter, 1843–1917）は、神戸の外国人居留地にハンター商会を設立したほか、大阪では大阪鉄工所（日立造船の前身）を創業するなど、各種基幹産業に関わり、日本の近代化に貢献した。奇しくも、北野町にあった旧ハンター邸が移設されている神戸市立王子動物園は、関西学院創立の地である。また、E. H. ハンターが眠るのは、再度山修法ケ原にある神戸市立外国人墓地で、そこには、関西学院を創立した W. R. ランバスの父、J. W. ランバスも眠っている（「学院探訪 34」、「学院探訪 36」参照）。

E. H. ハンターの次男であるハンス自身も実業家として活躍していた。英国人がラトビア名誉領事に任命された背景には、英国、ラトビア、日本を取り巻く様々な思惑があったと思われる。ハンスの事業にとっても、領事の身分を有することは何かと好都合だったに違いない。

私が最後に参加したハンター忌は、2018 年（第 11 回）だった。新型コロナ感染症の流行拡大のため、しばらく中禅寺湖を訪れていない。毎年お世話になっていた小島さんや星野仁志さんに再会できる日が来ることを願っている。

第5回ハンス・ハンター忌、2012年9月24日
中禅寺湖畔の別荘（西六番）跡に残る暖炉に花を捧げる出席者
中央左が小島喜美男さん
（中込敦子さん撮影）

第6回ハンス・ハンター忌、2013年9月24日
中禅寺湖畔で「マーラが与えた人生」を歌う小田陽子さん
（池田裕子撮影）

中禅寺湖、2021年9月24日
（小島喜美男氏撮影）

8　ラトビア外務省調査結果の翻訳

ヴァイヴァルス大使が関西学院を初訪問された際、その7カ月前に私が大使館を訪問した時にお約束くださったオゾリンに関する調査結果 “JĀNIS OZOLIŅŠ—LATVIJAS DIPLOMĀTISKAIS UN KONSULĀRAIS AĢENTS, KOBĒ, JAPĀNĀ (1920-1921)” をお持ちくださった。これは、外務省に残るオゾリン関係資料を使って、外務省公文書管理局・公文書課首席調査官シルヴィヤ・クリジェヴィ

ツァさんがラトビア語で執筆されたものである。

オゾリンのことが書いてあると思うと、いてもたってもいられない思いだったが、残念ながら私にはラトビア語が読めない。どうしたものかと思っていたら、文学部の田中実先生がラトビア語の専門家として、神戸薬科大学教授の田中研治先生（1971 年文学部卒業、73 年文学研究科前期課程修了）をご紹介くださった。田中先生は、神戸がリガと姉妹都市になったのを機に、独学でラトビア語の勉強を始められたそうだ。これ幸いと、田中先生に翻訳をお願いし、私が通うラトビア語教室のリンダ・ガルワーネ先生（Linda Garvane）にも協力を求めた。リンダ先生は、大阪大学大学院後期課程で比較文学を専攻する国費留学生で、関西日本ラトビア協会が 2009（平成 21）年 6 月 16 日から始めたラトビア語教室の教師を 3 年後の 9 月まで務められた。大阪大学ではリトアニア語の授業があるのにラトビア語の授業がないことを残念に思い、秘かに教材を準備されてきたそうだ。

最初の授業で習ったのは国名だった。ラトビアはラトヴィヤ（Latvija）、日本はヤパーナ（Japāna）、アメリカはアメリカ（Amerika）、ロシアはクリエヴィヤ（Krievija）。授業終了後、私はリンダ先生に質問した。「どうして、ロシアを Krievija というのですか？ Krievija にはどういう意味があるのですか？」。リンダ先生は意味ありげにこう答えられた。「ラトビア語で Krievija には『曲がっている』という意味があります。わかるでしょ？」。すぐに私はピンときた。「ロシア語でドイツ人をニーメッツ（Немец, 口の利けない人）と言うのと同じですか？」。「そうそう、池田さんはロシア語を勉強したことがあるからわかりますよね」。おそらく、Krievija の本当の語源は別にあるのだろうが、多くのラトビア人はそう感じながら使っているのだろう。

2010（平成 22）年の夏休みには、3 人で何度か集まり、田中先生の訳文検討作業を行った。こうして 2 年がかりで完成させた翻訳に、田中先生は丁寧に訳者注をつけられた。

翻訳原稿「ヤーニス・オァゾァリンシュ－日本（神戸、1920-21）でラトヴィア外交官と領事を務めた人物」は『関西学院史紀要』第

17号（2011年3月25日）に掲載された。併せて、日本（主として関西学院）に残る資料を使って、私自身が執筆した「関西学院のラトヴィア人教師イアン・オゾリンとその教え子―曽根保と由木康」も、同紀要に掲載された。

紀要が発行されると、学内外から直ちに40件近くの反応があった。その内のいくつかを紹介しよう。「今後も両国の交流強化のため、ご尽力、ご活躍ください」（国会議員）、「当時の関西学院が大変寛容だったことに建学の精神の発露を感じる」（外務省関係者）、「オゾリンの魂が今も生きていて、じっと見つめているような気がする」（ラトビア関係者）、「田中さんの丁寧な訳者注とこなれた訳文がすばらしい」（学内教員）、「最初はオゾリンについて歴史的にしっかり描きつつ、曽根保や由木康を通してオゾリンの内面的魅力を浮き彫りにしていく様子に引き込まれていく。『おわりに』はオゾリンへのラブレターとも言うべき響き……」（他大学教員）。

シルヴィヤさんの調査と田中先生の翻訳のおかげで、離日後のオゾリンが、かつてアメリカで使っていたヤーニス・ブルトニエクスというペンネームで活躍していたことを私は知った。

9　学長と共に大使館訪問

2011（平成23）年4月27日、翻訳完成の報告を兼ね、井上琢智学長と私は大使館を訪問した。大使館では、ヴァイヴァルス大使とオレグスさんが迎えてくださった。

井上学長は、オゾリンが教えていた大正時代がどのような時代であったか、また関西学院大学卒業生に翻訳をお願いできた幸運を説明された。そして、古書店で見つけた『文学部回顧』（オゾリンのことが紹介されている。「資料5」、「資料6」参照）をプレゼントされた。

大使は、オゾリンの存在が日本で多くの人に知られるようになったことに感謝の気持ちを表明された。さらに、私がオゾリンだけでなく、両国交流史上重要なヘルベルトス・ツクルスやハンス・ハンターにまで対象を広げて調査していること、その成果を日本語だけでなく、一部は英語でも発表していることに対してもお礼を言われた。

この時、秋に再び大使が関西学院で講演してくださるとのお申し出を受けた。同時に、「歌と踊りの祭典」写真展を開催することになった。関西学院での記念植樹についても話が出た。

学長と共に駐日ラトビア共和国大使館訪問、2011年4月27日
オレグス・オルロフスさん、井上琢智学長、ペーテリス・ヴァイヴァルス大使、池田裕子（写真所蔵）

１０　記念植樹と外務大臣からの感謝状

2011（平成23）年10月20日と21日、ヴァイヴァルス大使が関西学院を再訪された。本国外務省への帰任が決まっていたオレグスさんとその後任ダナ・ルダーカさん（Dana Rudaka）も同行された。初日は西宮上ケ原キャンパスで第20回国際学部連続講演会「バルトの真珠－ラトビア」（Latvija-Baltijas Pērle, ラトビア語から日本語への通訳付き）、翌日は神戸三田キャンパスで総合政策学部主催講演会 “Ninety Years of the Bilateral Relations between Latvia and Japan”（英語）が開催された。

初日の講演会終了後、日本・ラトビア国交樹立90年、国交回復20年記念植樹のための苗木贈呈式が行われ、ラトビアから届いたオークとシラカバの苗木が大使から井上学長に贈られた（「学院探訪37」

参照）。この苗木の輸入に当たっては、ラトビア農林大臣の特別許可をいただくなど、リガウッドジャパン代表取締役の上野慶三さんに大変お世話になった。日本到着時の苗木が大変小さかったので、施設課の芝茂展さんと相談し、しばらく神戸市立森林植物園で預かっていただいた。その橋渡しに、神戸市立王子動物園の元園長、権藤眞禎さんも力を貸してくださった。

ペーテリス・ヴァイヴァルス大使講演会・写真展チラシ

10月20日に行ったのは苗木贈呈式と記念プレート除幕式だけで、予定地への定植は苗木の成長を待ち、季節的にも最適の2013（平成

第20回関西学院大学国際学部連続講演会、2011年10月20日
ペーテリス・ヴァイヴァルス大使と通訳のオレグス・オルロフスさん

総合政策学部主催講演会終了後の質疑応答、2011 年 10 月 21 日
神戸三田キャンパスでは、英語で講演された。終了後、熱心な学生が別室に集まり、質疑応答がさらに続けられた。高畑由紀夫総合政策学部長、ペーテリス・ヴァイヴァルス大使、ダナ・ルダーカさん
(池田裕子撮影)

オークとシラカバの苗木

2.

FITOSANITĀRAIS SERTIFIKĀTS
PHYTOSANITARY CERTIFICATE

Nr.
No EC/LV/ 142369

4. Latvijas augu aizsardzības organizācija
Plant protection organisation of Latvia

(Valsts) augu aizsardzības organizācijai Japan
to plant protection organisation(s) of

5. Izcelsme
Place of origin Latvia

LATVIJA
LATVIA
Valsts augu aizsardzības dienests
State Plant Protection Service

苗木の輸出許可証（部分）

記念プレート除幕式、2011 年 10 月 20 日
井上琢智学長、ペーテリス・ヴァイヴァルス大使、上野慶三さん（リガウッドジャパン代表）

日本・ラトビア国交樹立 90 年、国交回復 20 年記念プレート

25)年2月22日に行われた。定植式には、ヴァイヴァルス大使のほか、ちょうどご帰国中だった在ラトビア日本大使の多賀敏行さんにもご参列いただいた。

記念プレートに刻む文言については頭を悩ませた。スペースが限られていたので、同じ内容を日本語と英語で併記することは諦めた。しかし、オゾリンの名はラトビア人にもわかってもらえるよう、英語で入れた。実は、「日本・ラトビア国交樹立90年・国交回復20年」という表現に疑問を呈する人がいる。ラトビアが独立を宣言したのは1918(大正7)年で、それを日本が承認したのは1921(大正10)年だった。したがって、2011(平成23)年は両国の国交樹立90年に当たる。その後ソ連に併合されていたラトビアが再び独立したのは1991(平成3)年だった。そこから数えると国交回復20年という表現は正しい。しかし、これはどちらもラトビア側に立った表現なのである。日本の外務省は「新たな外交関係設立20年」と表現している。と言うのは、ラトビアがソ連に併合されていた間(1920年8月11日に平和条約を締結したソ連がラトビアに最後通牒を突き付け、内閣の退陣を要求したのは1940年6月16日。翌年7月1日、ドイツ軍がリガに侵攻。1944年10月13日、ソ連がナチス・ドイツからラトビアを取り戻し、再び占領。以来、長いソ連支配が続いた)、国家としては消滅していたと考えているからだ。これに対し、ラトビア側はソ連に併合されていた間も国は存続していたと考えている。両国の立場を等しく尊重すると、「日本・ラトビア国交樹立90年・新たな外交関係設立20年」と刻むべきなのだ。しかし、私にはどうしても納得できなかった。オゾリンを記念しての植樹なのだから、「国交回復」でなければ意味がない。多賀大使には、関西学院の特別な関わりを説明し、ご理解いただけたと思う。

この2度目の訪問時、ヴァイヴァルス大使は思いもよらぬものをお持ちになっていた。外務大臣から私への感謝状である。そこにはラトビア語でこう書かれていた。「ラトビア共和国外務省は、我国の発展に池田裕子様が多大なる貢献をされたことを認め、ここに深く感謝いたします。ラトビア外務大臣、ギルトス・ヴァルディス・クリスト

記念植樹、2013年2月22日
井上琢智学長、多賀敏行在ラトビア大使、ペーテリス・ヴァイヴァルス大使、ルース・グルーベル院長

植樹場所での記念撮影、2013年2月22日
平林孝裕大学宗教主事・国際学部教授、多賀敏行大使、木本圭一国際学部教授、井上琢智学長、池田裕子、神田晴香さん（ラトビア大学への元交換学生）、ペーテリス・ヴァイヴァルス大使、ルース・グルーベル院長、上野慶三さん、河田俊郎さん（神学部学生、元神戸市立森林植物園技官）、神余隆博副学長、神田健次学院史編纂室長・神学部教授、伊藤正一国際学部長

フスキス（Girts Valdis Kristovskis）、2011年8月31日」。"Juko Ikedai" と、自分の名がラトビア語表記され、しかも与格に変化しているのが嬉しかった。

感謝状贈呈の後、大使は改めてこう明言された。「私はオゾリンの後任です。私の仕事はオゾリンがしていたことを引き継ぐことです」。当然ながら大使の中ではラトビアという国は1918（大正7）年の建国以来ずっと存続している。日本でオゾリンの存在を確認することは、それを証明することでもあると私は思った。

２日にわたって関西学院で行われた行事に大使と共に参加されたダナさんは、お帰りになる前､私にこうおっしゃった。「今回の訪問を大使は心から楽しみにしておられました。実際、大使は本当に嬉しそうです。私はずっと大使と一緒にいて､そばで見ているからよくわかります。関西学院は大使にとって特別な場所なのです」。

ラトビア外務大臣からの感謝状

感謝状を手に記念撮影、2011 年 10 月 20 日
この時も、グルーベル院長はラトビア国旗の色に合わせたスーツで歓迎された。
後列
平林孝裕大学宗教主事・国際学部教授、藤井和夫国際教育・協力センター長・経済学部教授、伊藤正一国際学部教授、野村宗訓（むねのり）産業研究所所長・経済学部教授
前列
井上琢智学長、オレグス･オルロフスさん、池田裕子、ペーテリス･ヴァイヴァルス大使、ダナ・ルダーカさん、ルース・グルーベル院長

11　アーボルティニャ国会議長の来日

2012（平成24）年2月下旬、参議院国際部から電話を受けた。ラトビアからソルヴィタ・アーボルティニャ（Solvita Āboltiņa）国会議長を迎え、3月8日に京都迎賓館で歓迎夕食会を開催するので出席してほしいとのことだった。参議院からの電話は井上学長にもあったため、迎賓館には学長の公用車で向かった。

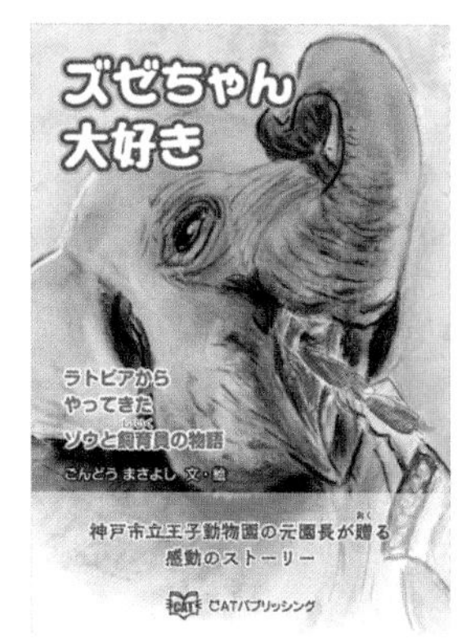

迎賓館では、まず「藤の間」で記念撮影が行われた。夕食会は午後7時に始まった。ラトビア側10名、日本側11名が掘り炬燵式の座卓に向かい合って座った。大使館からは、ヴァイヴァルス大使とダナさんが出席された。食事中の会話は英語、日本語、ラトビア語、ロシア語が飛び交った。私の正面に座られたグンダ・レイレ（Gunda Reire）国会議長室長は、阪神淡路大震災後、神戸市民を励ますためリガ市から神戸市立王子動物園に贈られたアジア像ズゼの話を私にされた。「私はリガ時代のズゼを知っているのよ。ズゼは元気にしていますか？」、「ズゼってとっても可愛い名前でしょう？」等々（苗木の養生でお世話になった元園長の権藤さんが2021年3月に絵本『ズゼちゃん大好き』を出版された。権藤さんからご寄贈いただいた絵本は、初等部と聖和キャンパスの「おもちゃとえほんのへや」に置かれている）。

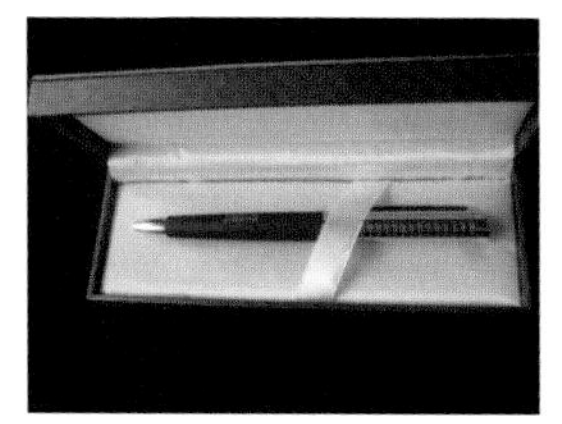
ラトビア国会のボールペン

アーボルティニャ国会議長はラトビア語で挨拶された。本国外務省から同行されたオレグスさんがそれを日本語に通訳された。その中で、関西学院におけるオゾリンの働きを掘り起こし、紹介したこと、日本・ラトビア国交樹立90年記念植樹苗木贈呈式を行ったことに対する謝意が表明された。さらに、国会議長は日本側出席者一人一人の席を回り、畳にきちんと座って、感謝の言葉と共にプレゼントを渡された。私はラトビア国会（サエイマ Saeima）のペンをいただいた。そして、「このペンを使って、これからもオゾリンやラトビアのことを紹介してください」と言われた。

食事が終わって、私とダナさんとリンダ先生が楽しくおしゃべりしていると、ヴァイヴァルス大使から声をかけられた。「女性は皆、ラトビアン・レッドがお似合いですね」。この特別な日のため、ラトビア国旗の赤を意識して、ダナさんは赤いジャケット、リンダ先生は赤いショール、私は赤いワンピースを身に着けていた。

参議院主催アーボルティニャ国会議長歓迎夕食会、2012年3月8日
京都迎賓館「藤の間」での記念撮影
前列
天江喜七郎関西日本ラトビア協会会長、池田裕子、渋谷實内閣府迎賓館長、エドワルズ・スミルテーンス国会議員(対日友好議員連盟会長)、ペーテリス・ヴァイヴァルス駐日大使、ソルヴィタ・アーボルティニャ国会議長、アンドレイス・クレメンティエヴス国会副議長、東郷武在大阪名誉領事、井上琢智関西学院大学学長、リンダ・ガルワーネさん
後列
ダナ・ルダーカ駐日大使館二等書記官　グンダ・レイレ国会議長室長、リーガ・アマタ国会儀典部上席顧問、ウジス・バンベ国会議長外交顧問、オレグス・オルロフス外務省経済連携促進課二等書記官、井高育央参議院国際部長
(参議院国際部提供)

１２　ラトビア訪問

2014（平成 26）年８月末から９月初めにかけて、念願のラトビア初訪問が実現した。神戸とリガの姉妹都市提携 40 周年記念行事出席のため、関西日本ラトビア協会企画のツアーに参加したのである。

８月 30 日朝、関西空港を発ち、ヘルシンキを経由し、初日はリトアニアの首都ビリニュスに泊まった。翌 31 日、ビリニュスからカウナス、シャウレイを経て陸路ラトビアの首都リガに向かった。午後５時国境通過。いよいよオゾリンの国である。

リガは活気溢れる美しい街だった。1991（平成 3）年の再独立後、ソ連時代に受けた傷や汚れを落とし、街や建物を元の姿に戻す努力が続けられてきたそうだ。道行く人に、私はオゾリンの姿を探し求めた。似た人に会えるかもしれないと思った。オゾリンも見たであろう古い建物の前ではしばし足を止めた。

ダウガヴァ川とリガ大聖堂
聖ペテロ教会の塔からの眺め。
（2014 年９月５日、池田裕子撮影）

ラトビア人の表情が私には新鮮だった。難しい顔をしている人が多かった。歴史的に関西学院とつながりの深いアメリカ南部の町や村を訪ねた時、すれ違う人は私に微笑みかけてくれた。見知らぬ私に親しげに声をかける人も多かった。ラトビア人の態度は、そうしたアメリカ南部人とは大いに異なっていた。だが、冷たくされているとは感じなかった。「一見甚だ感じが悪く……」と『文学部回顧』に紹介されているオゾリンとの共通点が感じられ、嬉しかった（「資料 5」参照）。

人々の表情のほかに私がラトビアを実感したのは、９月２日早朝、けたたましい非常ベルの音にたたき起こされた時である。寝ぼけ眼の耳に早口のラトビア語とロシア語のアナウンスが飛び込んできた。正確な意味はつかめなかったが、装置の誤作動のようだった。観光客として英語だけで用が足りていたので、この時ホテルの部屋で耳にしたラトビア語とロシア語は、自分がオゾリンの国にいることを骨の髄まで感じさせてくれた。

リガでは、久元喜造神戸市長一行と共に、リガ市長歓迎夕食会、神戸市紹介展オープニング式典、オープン間もない国立図書館見学、日本大使主催昼食会等の行事に参加した。それらは普通の観光旅行では味わえない特別な経験だった。9月3日夜の行事を最後に、6日午後、ヘルシンキ発の帰国便に合流するまで、私は関西日本ラトビア協会の一行から離れ、リガで2日半別行動した。その中で特筆すべきは、外務省訪問である。

9月4日午前9時半、私はホテルを出発し、外務省に向かった。6年前に外務省の資料を使ってオゾリン論文を執筆されたシルヴィヤ・クリジェヴィツァさんと10時にお会いすることになっていた。外務省前の公園を歩いていると、花束を抱えた人の姿が目に付いた。花束はカールリス・ウルマニス（Kārlis Ulmanis）像に向かっていた。

ウルマニス（1877-1942）は、ラトビア独立後、最初の首相を務めた人物である。オゾリンが1921（大正10）年に神戸で出版した『琥珀の國』の表紙に、そのイラストが使われている。立派な銅像の前に立った私はすぐにピンと来た。その日はウルマニスの137回目の誕生日だったのである。

カールリス・ウルマニス像
（2014年9月4日、池田裕子撮影）

『琥珀の國』
国立国会図書館デジタルライブラリより

1940（昭和15）年6月、ソ連がラトビアに最後通牒を突きつけて占領した時、ウルマニスは大統領だった。国民に呼びかけた最後の演説を私はYouTubeで聞いたことがあった。「私は自分の場にとどまります。みなさんは、みなさんの場にとどまってください」。この言葉に、今もラトビア人は涙するという。オゾリンもきっとラジオで聞いていただろう。一月後、ウルマニスは逮捕され、追放された。そして、2年後の9月に亡くなった。埋葬場所は未だ不明とされている。

外務省では、シルヴィヤさんとの面会に英語通訳官が同席された。シルヴィヤさんは英語の読み書きはされるが、会話はされないと前もってお聞きしていた。しかし、ようやく会えたという互いの思いに通訳は必要なかった。シルヴィヤさんは、歴代外務大臣や外務省の建物の歴史について説明してくださった。外務省の建物は1913（大正2）年に建てられたそうだ。つまり、オゾリンも見ていたことになる。当初は1階が銀行で、上階は住居だったそうだ。そこには、ウルマニスも住んでいたという。

シルヴィヤさんとの対面（外務省）、2014年9月4日
（池田裕子所蔵）

ラトビア外務省の建物紹介誌

昼に別の予定を入れていたため、一旦外務省を出たが、ヴァイヴァルス前大使にお会いするため、午後3時に私は再び外務省に戻った。公園のウルマニス像に捧げられた花束は数を増していた。

ヴァイヴァルス前大使は、3階の執務室で私を迎えてくださった。

3日前の夜、大ギルドホールで開催されたリガ市長歓迎レセプションで1年ぶりの再会を喜び合ったが、その時は出席者が多く、ゆっくりお話しすることができなかった。

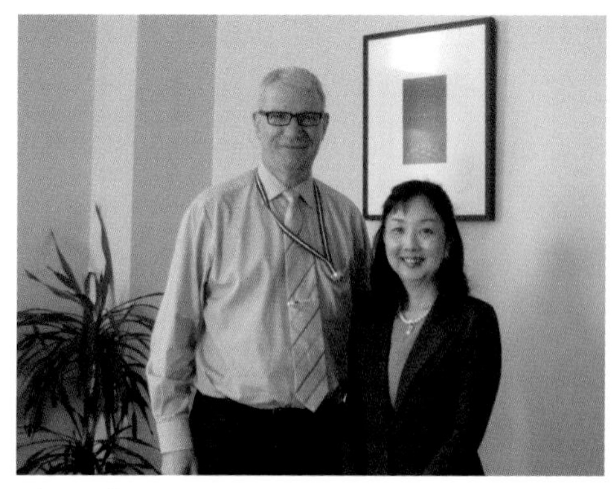
ヴァイヴァルス前大使との再会（外務省）、2014年9月4日
（池田裕子所蔵）

私が関西学院でオゾリンの存在に気付いた16年前、オゾリンに注目する人は私の周りにいなかった。その10年後、オゾリンの後任とも言えるヴァイヴァルス初代駐日大使に出会ってから、私の世界は大きく広がった。それは人間関係に限らない。オゾリンを通して見る世界や歴史は、それまでと違って見えた。関西学院に残る古い資料も、オゾリンの目で眺めると、別の姿が浮かび上がる。そのことをヴァイヴァルス大使は身をもって私に教えてくださった。その意味で、大使は私にとってオゾリンであり、特別な存在だった。大使にとっても、オゾリンが教えた関西学院は特別な学校だったと思う。大使館開設という大役を担って来日し、全日空ホテルに滞在されていた時、時差ボケのため朝早く目覚められたそうだ。不安な思いで窓から眺めた東京の朝焼けが忘れられないと語っておられたことがある。オゾリンも日本で似たような思いを抱いた日があっただろう。ソ連時代、リガに一軒だけ外国の書物を置いている書店があったそうだ。外の世界の出来事を知るには、そこで売られている英語の本を読むしかなかった。鉄のカーテンの外側のことが知りたくて、独学で英語を学んだと話された。ラトビアが独立国家だった頃の話は、家の中でお祖母様から何度も聞かされたそうだ。

2009（平成21）年に関西学院大学がラトビア大学と学生交換協定を締結することができたのは、橋渡しをしてくださった大使のおかげである。関西日本ラトビア協会は、ラトビアから関西学院大学に来る交換留学生のために、2015（平成27）年度より奨学金を出している。

オゾリンとはラトビア語でオークの意味だから、関西学院に記念樹を植えるならオークが良いとおっしゃったのも大使だった。オゾリンが紡ぎ始めた細い糸は、85年の空白期間を経て、後任のヴァイヴァルス大使に託された。その糸の端が関西学院に残されていたことを私は心から嬉しく思う。

このラトビア初訪問により、日本で知り合ったオレグスさん（ご自宅に招き、夕食をご馳走してくださった）、リンダ・ガイビセラさん（Linda Gaibisela）たちと再会できたのも大きな喜びであった。また、一人で街を歩いていた時、スウェーデン門でクアクレ（ラトビアの民族弦楽器）を演奏している女性がいた。立ち止まって耳を傾けていると、「さくらさくら」を弾いてくれた。日本からの観光客が少ないリガで（実際、アジア人はほとんど見かけなかった）、私が日本人であることに気付いてくれたのだ。演奏終了後、私は「パルディエス」（ありがとう）と声をかけた。ラトビアを訪問したことで、私はオゾリンにさらに近づけたように感じた。

１３　ペンケ大使の関西学院訪問

2013（平成25）年8月、ペーテリス・ヴァイヴァルス初代駐日大使の後任、ノルマンス・ペンケ（Normans Penke）大使が着任された。翌年10月14日、関西学院を訪問され、第56回国際学部連続講演会「ラトビアのサクセスストーリー：可能性と歴史への挑戦」（Latvia's Success Story: Challenging Odds and History, 経済学部・商学部・国際学部・EUIJ関西共催、在大阪ラトビア共和国名誉領事館、関西学院大学産業研究所協力）でお話しくださった。これは、関西学院創立125周年記念行事のひとつでもあった。同大使が日本の大学で講演されるのはこれが初めてと伺って、感激した。

当初、講演会は英語（通訳なし）で行われる予定だったが、石橋民生名誉領事（東郷武氏の後任）が日本語逐次通訳を付けてくださった。そのため、会場の図書館ホールは超満員（120名）になった。

講演会終了後、ペンケ大使にオゾリン記念樹をご覧いただいた。関西学院をあとにされる時、「どうもありがとう」と日本語でおっしゃって、私の手を強く握り締められた。

さらに同月30日には、ユリス・ポイカーンス（Juris Poikāns）EU東方パートナーシップ担当特命大使を迎え、EUIJ関西（欧州委員会の資金援助により、2005年に設立された神戸大学、関西学院大学、大阪大学からなるコンソーシアム）主催「欧州東方パートナーシッププセミナー」“Current challenges of the process of the European integration”が関西学院会館で開催された。この時、オレグスさんもラトビアから同行された。

第56回国際学部連続講演会、2014年10月14日
ノルマンス・ペンケ大使

第56回国際学部連続講演会チラシ

ユリス・ポイカーンス大使と記念樹、2014年10月31日
ポイカーンス大使、池田裕子、オレグスさん

ノルマンス・ペンケ大使との記念撮影、2014年10月14日
後列
鷲尾友春国際学部教授、杉山直人国際学部長、ホルガー・ブングシェ国際学部教授、神余隆博副学長、
前列
伊藤正一副学長、村田治学長、ノルマンス・ペンケ大使、ダナ・ルダーカさん、池田裕子

14　カルニエテ元外相の来日

2015（平成27）年2月19日、サンドラ・カルニエテ（Sandra Kalniete）欧州議会議員（元外務大臣）を迎え、EUIJ関西セミナー講演会"In Difficult Times: EU, Eastern European and Russian Relations"が関西学院会館で開催された。「私がここに来たのはオゾリンが教えていた学校だからです。オゾリンについてはマダム池田が研究されています」と言って、カルニエテさんは話を始められた。講演全体は淡々とした語り口ながら、ロシアとプーチンに対する批判に溢れていた。「政治家は楽観的であってはならない。私はリアリストです」とおっしゃって、私たちに届けられている情報や映像はロシア政府の操作を受けたものだと訴えられた。その指摘と論調は、90数年前のオゾリンと同じだった（"The Conservatism of Latvia," *The Japan Weekly Chronicle*, January 20, 1921）。

講演会終了後、「今日は本当にありがとう。お会いしたいとずっと思っていました。私はあなたに会いに来たのよ」と握手を求められた。

京都に宿泊されていたカルニエテさんがご主人と共に関西学院に到着された時、まずキャンパスをご案内し、冬枯れのオゾリン記念樹の前で記念撮影した。「この木をペーテリスが植えたのね。日本で大きく育つよう願っています」と感慨深げに見つめられた。「日本に住むあなたがどうしてラトビアやラトビア語に関心を持ったのか、不思議でならないわ」とおっしゃるカルニエテさんに、「ラトビア語を初めて耳にした時、その美しい響きに魅せられました」とお答えしたところ、「いいえ、世界で一番美しいのは日本語だと私は思うわ」と、断言された。

昼食会場（オハラホール）には、こっそりオゾリンの写真を飾っておいた。写真に気付かれたカルニエテさんは、「なんて強い顔でしょう。オゾリンは強い人だったに違いないわ。オゾリンの家族の消息については、あまり情報がないのよね？」と言われた。

カルニエテさんはご著書（訳：黒沢歩）『ダンスシューズで雪のシベリアへ　あるラトビア人家族の物語』(*AR BALLES KURPĒM SIBĪRIJAS SNIEGOS*) と *Song to kill a giant: Latvian revolution and the Soviet Empire's fall* を大学図書館に寄贈するためお持ちくださった。お預かりした 2 冊の本は、実際の重量以上に重く感じられた。

私より少し年長のカルニエテさんは、ラトビア人を両親としてシベリアでお生まれになった。出生の時から「終身追放の身」だった。スターリンの死後、「自由なソ連人」となり、ようやく両親の故郷リガで暮らせるようになった。1989（平成元）年には「人間の鎖」を率先し、ラトビアの独立運動を主導された。私が世界の動きを遠くに感じながら日本で呑気に暮らしている間に、この人は一体どれほどのことを経験されてきたのだろう。その一部を垣間見た私は、目の前で穏やかに淡々と語られる姿に心揺さぶられた。と同時に、周囲の人をすっぽり包み込んでしまう温もりに魅かれた。ラトビアには凄い政治家がいると思った。

EUIJ 関西セミナー講演会、2015 年 2 月 19 日
サンドラ・カルニエテ欧州議会議員

カルニエテ欧州議会議員ご夫妻とブングシェ教授（時計台前）、2015 年 2 月 19 日
ホルガー・ブングシェ（Holger Robert Bungsche）国際学部教授、サンドラ・カルニエテ欧州議会議員、ご主人のアンシス・レインハルズさん（Ansis Reinhards）

カルニエテ欧州議会議員にサインをいただく、2015 年 2 月 19 日
サンドラ・カルニエテ欧州議会議員、池田裕子、岡部芳彦神戸学院大学経済学部教授（ウクライナ関係の番組や記事でよくお見かけします）

★ホルガー・ブングシェ国際学部教授とラトビアの関係★

2008 年、ヴァイヴァルス大使を初めて関西学院にお迎えすることになった時、産業研究所長の福井幸男先生（商学部教授）からお電話をいただきました。「うちのブングシェさんはドイツ人だけど、お父さんはラトビア育ちなんですよ。だから、大使の講演会にぜひとも協力させてほしい」。以来、ブングシェ先生（2010 年から国際学部教授）には、大使やラトビア関係者を関西学院にお迎えする度にお世話になりました。それだけでなく、先生ご自身も学生を連れて、大使館を訪問されています。

2016 年 2 月 17 日、大和ハウス大阪ビルで行われたラトビアトークサロン（関西日本ラトビア協会主催）で、「独立からの 25 年：ラトビアの経済発展と EU との関係」というタイトルで先生にお話しいただきました。その時、ラトビア育ちのお父様の想い出を語られました。

子どもの頃、「キミのお父さんのドイツ語はおかしい。ドイツ人じゃないみたい」と友だちから指摘されたことから、先生は父親（Harry Bungsche, 1920～2011）がラトビア育ちであることを知ったそうです。1 歳から 20 代までラトビアで育ったお父様にとっては、ラトビアが母国で、ラトビア語が母国語だったのです。ラトビアには親戚も大勢住んでいたそうです。

ソ連がドイツ系バルト人をラトビアから追放した時、お父様は自らの意思でラトビアに残りました。しかし、ソ連軍に捕えられ、ベルリンに戻っていた両親からドイツ政府への必死の嘆願により、ようやくドイツに送還してもらうことができました。ソ連軍に捕まった理由や、そこでどのような扱いを受けたかについて、お父様は生涯口にされなかったそうです。それだけでなく、家族の前でラトビア語を使ったことは一度もなく、ラトビアの話をすることさえ、ほとんどなかったそうです。

ラトビアがソ連から独立すると、お父様は 50 年ぶりにラトビアに帰り、かつて住んでいた家がそのままの姿で残っていることを確認されました。弁護士に頼んで、その家を取り戻す努力もされたそうです。そして、ドイツに戻らなかった親戚の消息を訪ね歩かれたそうです。

ラトビアの話をお父様と一度もしなかったことを今になって残念に思うと、先生はおっしゃいました。

先生のお話を伺って、幕末から明治期にかけて、英国の外交官として活躍したアーネスト・サトウ（Ernest Mason Satow, 1843～1929）の父親がリガ出身であることを思い出しました。英国大使を務めていたサトウは中禅寺湖を気に入り、1896 年、その南岸に山荘を建てました。その山荘は、2008 年まで英国大使館別荘として使われてきましたが、その後、栃木県の所有となり、2016 年 7 月 1 日から英国大使館別荘記念公園として公開されています。

１５　イヴァルス教授と堀内教授

2015（平成27）年7月23日、リガ教員養成教育経営大学のムチス・イヴァルス教授（Dr. Muzis Ivars）と奥様ズィエディーテさん(Ziedīte)をお迎えした。協定校である兵庫教育大学に招かれたイヴァルス先生を関西学院にお連れしたいと井上前学長(兵庫教育大学監事)から連絡を受け、実現した。

限られた時間であったが、学内の関係者が集まってランチをご一緒し、キャンパスをご案内した。その時、イヴァルス先生が最も関心を示されたのは、ラトビアから贈られた記念樹と日露戦争戦捷記念碑(「学院探訪56」参照）だった。戦捷記念碑の前で、「東郷か！」と歓声を上げられる姿を見て、イヴァルス先生とオゾリンが重なった。オゾリンは、旅順陥落（1905年1月2日）を知った日のことを『琥珀の國』にこう書いている。「あの喜ぶべき夕を記憶してをる。此の夕の歓喜は実に日本人以上のものであつたと言ひ得られる」。旧院長室(第7章「奉安庫が残る旧院長室」参照）にご案内した時、そこに飾られているベーツ第4代院長の写真とイヴァルス先生のお顔が良く似ているので驚いた。もし、関西学院が学校の歴史を映画化するなら、ベーツ先生役はイヴァルス先生にお願いしたいと思った。

兵庫教育大学でイヴァルス先生を受け入れられたのは堀内孜教授だった。堀内先生とラトビアとの関係は、国際交流基金が2000（平成12）年にラトビアから招聘した教授と半年間、共同研究されたことから始まったそうだ。その後、研究のため何度も訪問される中、バレエに注目され、ラトビア国立オペラ・バレエ団のプリンシパル、ヴィクトリア・ヤンソネさん(Viktorija Jansone)を応援されるようになった。2017（平成29）年3月14日には、関西日本ラトビア協会が主催するラトビアトークサロンで、「ラトビアの教育～教員養成と教育行政から～、及びラトビアバレーの魅力」というタイトルでお話しくださった。ところが、その翌月、末期の食道がんが見つかり、余命半年の宣告を受けられた。それでも、化学療法により体調が安定すると、個人的にヴィクトリアさんを日本に招かれ、7月9日には38名の会員をもってファンクラブを立ち上げられた。子どもの頃、バレエを習っていた私は喜んで入会し、近い将来、堀内先生と一緒にラトビアでバレエを観たいと思った。先生は、会報『ヴィクトリア通信』を発行され、バレエ鑑賞のためラトビアにも足を運ばれていたが、残念なことに、2021（令和3）年6月25日、ご逝去された。

イヴァルス教授を迎えて、2015年7月23日
前列
池田裕子、ムチス･イヴァルス教授、ズィエディーテさん、井上琢智前学長
後列
永田雄次郎学院史編纂室長・文学部教授、今津屋直子教育学部教授、ホルガー・ブングシェ国際学部教授、神崎高明経済学部教授

ラトビアトークサロンの堀内孜教授、2017年6月15日
（池田裕子撮影）

１６　様々な交流

オゾリンの存在が明らかになったことで、ラトビア関係の様々な行事が行われた。

（１）合同演奏会

・COSMOS（リガ大聖堂少年合唱団出身のアカペラグループ）と関西学院グリークラブによる合同演奏会、2008年11月9日、宝塚ベガホール

・リガ女声合唱団と関西学院グリークラブによる合同演奏会、2016年4月6日、豊中市立アクア文化ホール

リガ女声合唱団と関西学院グリークラブ、2016年4月6日
（上野慶三氏提供）

（2）チャペルトーク

ウギス・ナステヴィッチさん（Ugis Nastevics, ラトビア大学で開催された第14回日本語弁論大会優勝者）が経済学部チャペルで、「キリスト教とラトビア神道の共存」について見事な日本語でお話しくださった。

ウギス・ナステヴィッチ氏によるチャペルトーク、2015年6月15日

（3）ランバス演奏会

ウズマニーブ（クアクレ：溝口明子さん、1999年社会学部卒業、ヴァイオリン：秦進一さん）による、「クアクレとヴァイオリンによるラトビア伝統音楽の調べ」がランバス記念礼拝堂（西宮上ケ原キャンパス）で開催された（第210回：2017年11月9日、第214回：2018年11月8日）。溝口さんは、須磨でラトビア専門雑貨店SUBARUを経営されている。

ウズマニーブによるランバス演奏会、2017年11月9日
（池田裕子撮影）

１７　神戸ゆかりの美術館への協力

2016（平成28）年11月29日から翌年３月26日まで、神戸市の神戸ゆかりの美術館で「神戸ゆかりの芸術家たち　素描コレクション展　美しきリガ風景」が開催された。その中で、「異人館の画家」として知られる小松益喜が前年神戸と姉妹都市になったリガを1975（昭和50）年に訪れた際に描いたスケッチが展示されることになり（前期12点、後期10点）、描かれた場所の特定に協力してほしいと、学芸員の金井紀子さんから依頼を受けた。近々大使館を訪問する予定だった私は、ダナさんに協力をお願いしてみるとお返事した。ダナさんは快くお引き受けくださり、後日、描かれた場所を英語とラトビア語でご教示くださった。

２年後の11月15日、「小松益喜の中国・ロシア関係展」に小松の別のリガスケッチ４点を調べて展示したいと、金井さんから再び連絡を受けた。既にダナさんは帰任されていたので、後任のエギヤ・エグリーテさん（Egija Eglīte）に事情を説明し、描かれた場所の特定にご協力いただいた。スケッチには地名が記されていたが、“Korpuss 8”（コーポラス８）だけで通りの名が不明のこともあって、苦労されたようだ。

半世紀近く前のリガの街のスケッチを神戸の美術館が所蔵していて、大使館の協力により描かれた場所が明らかになったことを知ったら、オゾリンはどんなに喜ぶだろう。

１８　大使館と同窓の交流

大使館との交流は同窓の間にも広がった。ペンケ大使時代の2016（平成28）年６月３日、ダナさんをお招きし、東京丸の内キャンパスのランバスホールで、K. G. E. S. S. 同窓会東京支部主催第10回英語サロンが開催された。ダナさんは“Latvia Now, Friendly Ties with Kwansei Gakuin”というタイトルでお話しくださった。

K. G. E. S. S. 同窓会東京支部主催第10回英語サロン、2016年6月3日
前列左から4人目ダナ・ルダーカさん

翌年7月3日にペンケ大使の後任、ダツェ・トレイヤ・マスィー（Dace Toreija-Masī）大使が着任された。3代目にして、初の女性大使だった。早速、高島実さん（1971年文学部卒業）、高田弘治さん（1980年経済学部卒業）と共に10月17日に大使館を表敬訪問した。新大使にご挨拶し、ダナさんにご講演いただいたお礼を申し上げ、今後の交流の可能性について意見交換した。

新大使を表敬訪問、2017年10月17日
高島実さん、高田弘治さん、ダナ・ルダーカさん、ダツェ・トレイヤ・マスィー大使
（池田裕子撮影）

ダナ・ルダーカさん送別会、2018年8月13日
同窓会東京支部のメンバーも招待されました。
高島実さん、池田裕子（写真所蔵）、三浦一男さん、ダナ・ルダーカさん、高田弘治さん、佐藤一雄さん

2018（平成30）年10月2日、トレイヤ・マスィー大使のご好意により、第18回英語サロンが大使館で開催された。佐藤一雄さん（1965年文学部卒業）の名司会のもと、大使による基調演説に続き、エギヤさんによる講演が行われた。日本とラトビアの共通点や、お祖母様の生涯とラトビアの苦難の歴史を重ね合わせたエギヤさんの解説は大変興味深いものだった。民族楽器クアクレが紹介されると、エリーザ・ムラーネさん（Elīza Murāne）が実際に演奏してくださった。最後に、全員でラトビア建国100年をお祝いし、ラトビアの名酒ブラックバルサムとラトビア風軽食をいただいた。

K. G. E. S. S. 同窓会東京支部主催第18回英語サロン、2018年10月2日
前例中央の3人：エギヤ・エグリーテさん、ダツェ・トレイヤ・マスィー大使、エリーザ・ムラーネさん

2019（令和元）年8月23日、東京の駐日欧州連合代表部（ヨーロッパハウス）で「人間の鎖30周年記念イベント」が開催された。トレイヤ・マスィー大使から招待を受け、三浦一男さん（1965年経済学部卒業）、高田弘治さんと共に出席した。この時、ラトビア大使のほかに、パトリシア・フロア（Patricia Flor）EU大使、ゲディミナス・バルヴオリス（Gediminas Varvuolis）リトアニア大使、アルゴ・カングロ（Argo Kangro）エストニア代理大使の姿もあった。ラトビア大使、リトアニア大使、エストニア代理大使の3人は、30年前の「人間の鎖」（バルトの道）に参加されていた。オゾリンがラトビアの文部大臣を務めているとの『文学部回顧』の記述が間違いであることを教えてくださった志摩園子先生のご講演 “Historic Significance of the Baltic Way through the Eyes of a Japanese” もあって、大変有意義な3時間だった。

人間の鎖30周年記念イベント、2019年8月23日
中曽根弘文参議院議員（日本ラトビア友好議員連盟会長、日本リトアニア友好議員連盟会長）、EU大使、リトアニア大使、エストニア代理大使、ラトビア大使
（池田裕子撮影）

１９　トレイヤ・マスィー大使の関西学院訪問

話は少し遡るが、トレイヤ・マスィー大使は、着任の翌年２月９日、関西学院を訪問された。この時、ご提案を受けた「融合の建築」(Latvia, Architecture at Convergence) 展が、５月７日から18日まで、神戸三田キャンパスのアカデミック・コモンズで開催された。14日に総合政策学部で加藤晃規教授による公開授業（「都市デザイン論」）が行われた時、大使は東京から駆けつけて授業に出席し、ご挨拶くださった。その模様が展示会場で受けたインタビューと共に、サンテレビ「情報スタジアム４時！キャッチ」で放送された。

関西学院西宮上ケ原キャンパスを歩くトレイヤ・マスィー大使、2018年２月９日
田淵結第16代院長、ダツェ・トレイヤ・マスィー大使、ルース・グルーベル第15代院長

2019（令和元）年12月３日、上ケ原で大学主催の特別講演会 "Latvia's Century"（「ラトビアの100年」）が開催され、大使にお話しいただいた（共催：経済学部、産業研究所、学院史編纂室、協力：在大阪ラトビア共和国名誉領事館）。「人間の鎖」からちょうど30年になるのを記念し、ラトビアの歴史に焦点を絞っていただいた。大使は英語で講演されたが、日本語通訳（メディアテック経営管理部、増

田良治さん）付きであったこともあり、会場となった第５別館３号教室には、学生だけでなく、卒業生や一般の方も含め約500名が集まった。この集客の陰には、ラジオ関西代表取締役社長の桃田武司さん（1980年社会学部卒業）のお力添えもあった。桃田さんは、同社のネットニュースサイト「ラジトピ」（2019年11月19日）で、講演会の案内だけでなく、関西学院とラトビアの歴史的関係について、オゾリンの写真を使い自らご紹介くださったのである。

関西学院大学特別講演会 Kwansei Gakuin University Special Lecture

Latvia's Century

ラトビアの100年

ダツェ・トレイヤ＝マスィー
駐日ラトビア共和国特命全権大使
Dace Treija-Masī,
Ambassador of the Republic of Latvia to Japan

日時：12月3日（火）13:30-15:00
Tuesday, December 3, 2019
場所：第５別館 ３号教室（西宮上ケ原キャンパス）
Room 3, Lecture Hall 5, Nishinomiya Uegahara

一般参加歓迎・事前申し込み不要。Free admission. No reservation is required.
講演は英語で行われます（日本語通訳あり）。
The lecture will be given in English with Japanese interpretation.

Dace Treija-Masī　2017年7月より現職。前職はラトビア共和国首相外交政策顧問。1992年、外務省入省。言語：ラトビア語、英語、ロシア語、フランス語。Ambassador Extraordinary and Plenipotentiary of the Republic of Latvia to Japan since July 2017. Before her current appointment, she was a foreign policy advisor to the Prime Minister of the Republic of Latvia. She began working for the Ministry of Foreign Affairs in April 1992. Languages: Latvian, English, Russian, French.

リーガ市庁舎広場 Town Hall Square in Riga

"Wherever you see a Christmas tree, please keep in mind that the first decorated tree was in Riga." (Riga City Council Foreign Affairs Office Japanese-language brochure)

photo : Leon Balodis

主催：関西学院大学 Kwansei Gakuin University 0798-54-6100

関西学院大学特別講演会チラシ

関西学院大学特別講演会、2019年12月3日
ダツェ・トレイヤ・マスィー大使と通訳の増田良治さん

ラトビア製低反射ガラスでつくられたジオラマ・カバー
大学博物館２階常設展示室

講演後、大使は大学博物館（時計台２階）にお立ち寄りになった。そこに常設展示されている原田の森と上ケ原のジオラマ・カバー（ラトビアのグローグラス社製低反射ガラスでつくられている）をご覧になるためだった。これは、ラトビア建国100年を記念し、株式会社大伸社取締役副社長の上平豊久さんがラトビアと縁の深い関西学院にご寄贈くださったものである（2018年7月24日）。残念ながら、お仕事の関係で上平さんには講演会にお越しいただけなかったが、その直前に思いもよらぬメールをいただいていた。上平さんがワシントン州ベルヴューを訪問された際、96歳のフローレンス・メトカフさんにお会いになって、関西学院と私の名前をお聞きになったそうだ。フローレンスさんのことは、第６章「上ケ原 ～カナダ人宣教師の子どもの記憶～」と「学院探訪53」で紹介しているが、関西学院のご出身でない上平さんが関西学院とラトビアの関係に関心をお寄せくださった上に、カナダ人宣教師の娘フローレンスさんともつながっておられたとは！　この世には、過去から未来へと続く見えない糸が張り巡らされているようだ。その糸に気付くかどうかで人生は大きく変わる。

２０　オゾリンが残した絆

2019（平成31）年２月１日、帝国ホテル大阪に高円宮妃久子殿下をお迎えし、関西領事団150周年記念ガラディナーが開催された。神戸港が開港され、国際貿易が始まると、神戸に外国の使節団が置か

関西領事団 150 周年記念ガラディナー（帝国ホテル大阪）、2019 年 2 月 1 日
石橋民生名誉領事、東郷武前名誉領事、池田裕子、金井雅孝秘書室長
（上野慶三氏撮影）

れた。当初は「神戸領事団」と呼ばれていたが、1959（昭和 34）年に「神戸・大阪領事団」と改名され、1984（昭和 59）年から「関西領事団」となった。在大阪ラトビア名誉領事の石橋さんのお計らいにより、このガラディナーに私も出席した。髪を夜会巻きにセットし、イブニングドレスを着て、オゾリンにエスコートされている気分だった。

350 名ほどの出席者が、孔雀の間に 10 人ずつ丸テーブルに座った。私のテーブルには、石橋名誉領事を中心に関西日本ラトビア協会関係者が座っていて、右隣りは前名誉領事の東郷さん、左隣は大和ハウス工業株式会社秘書室長の金井雅孝さんだった。金井さんは、同協会発足時、事務局をされていた。その後を継いだ甲斐丈晴さん（同社秘書課長）も出席されていた。終了近くになって、視線を感じ、隣のテーブルを見ると、関西学院大学特任教授のクラグストン先生（Mackenzie Donald Clugston, 元駐日カナダ大使）がおられた。大阪にカナダの領事館があった時、総領事をされていたことを思い出した。ディナー終了後、ご挨拶に行くと、クラグストン先生は満面の笑顔で私にこうおっしゃった。「関西学院からどなたが出席されているかと思っていましたが、あなたでしたか。池田さんは学院史編纂室で働いておられるから、誰よりもこの場に相応しいですね」。

考えてみると、私がクラグストン先生とお近づきになれたのもオゾリンのおかげだった。ラトビア大使館では、毎年11月に独立記念日を祝うレセプションが開催される。私も、オゾリンのご縁でご招待いただいている。そのレセプションで知り合った宮内庁関係者から、2012（平成24）年秋に着任されたクラグストン駐日カナダ大使が関西学院のことを話しておられたとお聞きした。同大使のお父様（Donald A. Clugston）は、宣教師として1956（昭和31）年9月から61（昭和36）年3月まで神学部で教えておられた（それ以前にも集中講義等を担当されている）。私は、「お帰りなさい！」と手紙を書いて、関西学院の最新情報と共に東京のカナダ大使館に送った。すると、すぐにお返事をくださった。「日本に戻って来ることができて感激しています。この素晴らしい国で大使を務められるのは大変光栄なことです。ご存知のように、父が関西学院大学で教えていましたので、私は関西学院に特別な思い入れがあります」（Email of December 10, 2012, from Mackenzie Clugston to Yuko Ikeda）。

関西学院の宣教師とその家族、1960年3月9日
マッケンジー・クラグストン大使は最前列左から7人目。お父様は後列左から5人目。お母様は中列左から4人目。2017年に核兵器廃絶国際キャンペーンICANがノーベル平和賞を受賞した時、受賞記念講演をされたサーロー節子さんの姿も見えます（中列右から2人目）。

2010（平成22）年の独立記念日のレセプションでは、クロアチア共和国のドラゴ・シュタンブク（Drago Štmbuk）大使とお近づきになった。同大使は、グリークラブが1919（大正8）年以来歌い続けてきた「ウ・ボイ」（「学院探訪57」参照）の関係で3度も関西学院を訪問されていたため、「関西学院の池田裕子さんです」と紹介された途端、お顔が輝き、話が弾んだ。

モントリオールにお住まいのベーツ院長ご令孫、アルマン・デメストラルさん（第1章「胸像の謎を追いかけて」、「学院探訪20」参照）との会話に、ラトビアが登場したこともあった。私がオゾリンのことを調べているのを知ったアルマンさんは、「ラトビアのヴィーチェ゠フレイベルガ（Vaira Vīķe-Freiberga）大統領がモントリオール大学の教授をしていたのを知っていますか？　彼女はカナダの大学を出ているのですよ」と、私に教えてくださった。

オゾリンは、カリフォルニア州の大学で学んでいたようなので、2016（平成28）年5月にカリフォルニア州からランバス・ファミリーの子孫ディヴィッド・シェレルツさん（David Sherertz,「学院探訪36」参照）が来日された時、オゾリンの話をしてみたところ、大いに興味を示された。ご帰国後、ディヴィッドさんはカリフォルニア大学バークレー校の卒業生の記録を調べ、1917年卒業生の中にオゾリンの名があったと教えてくださった。

*Ian Ozolin -------------- Jacobstad, Baltic Province, Russia

名前の前の * は、1916年12月22日に学士号（専攻は哲学）を取得したことを示すそうだ。"Jacobstad" は、現在のイェーカブピルス（Jēkabpils, ラトビアの首都リガとダウガウピルスの中間に位置する）である。当時、ラトビアの地名はドイツ語で呼ばれることが多かったので、それを英語表記したのだろう。ラトビア外務省のシルヴィヤさんの調査によると、オゾリンは、同地の商業学校で学んでいる。

2021（令和3）年、日本とラトビアが友好関係を結んで100年を迎えるのを記念し、大使館が100枚の写真を使って両国の歴史的関係をSNSで発信された。その中で、オゾリンのことも、学院史編纂室提供の写真と共に次のように紹介された。

日本で最初に信任されたラトビアの外交官は、ヤーニス・ブルトニエクスのペンネームでラトビアでは今も良く知られる作家ヤーニス・アンドレイス・オゾリンシュ（イアン・オゾリン）氏でした。同氏は神戸に住み、領事としての役割を担いながら、関西学院高等学部（現在の大学）において英語、英文学の教師として教壇に立っていました（1918-1921年）。

ラトビア本国でも、同年11月19日から翌年2月27日まで、リガ・ブルス美術館で特別展「ラトビアと日本：100年の友好関係、人物と遺品」が開催され、100年前にオゾリンが日本から持ち帰り、国立美術館に寄贈した七福神の小像等10点が展示された。この特別展の模様は、12月7日にラトビアテレビで放送され、学院史編纂室所蔵の写真（「資料7」参照）が大きく紹介された。国立美術館のウェブサイトには、オゾリンのことが次のように紹介されている。

オゾリンが持ち帰った寿老人小像
（リガ・ブルス美術館提供）

ヤーニス・アンドレイス・オゾリンシュ（1894-1959）は、ラトビア政府代表として、初めて日本関係の仕事をした人物です。1920年からは神戸のラトビア臨時政府外交官・領事代理を務め、日本の状況について外務省に幅広く報告し、ジャーナリズムや情報提供の仕事を行い、ラトビアと日本の貿易関係の促進に努めました。ラトビア民族の歴史や新しく建国されたラトビア国家に関する英語と日本語による著作は、大変貴重なものでした。オゾリンシュの教育活動や優れた人柄は、今も日本で忘れられてはいません。2011年10月、関西学院大学はラトビア人講師ヤーニス・アンドレイス・オゾリンシュ記念プレートを除幕し、ラトビアのシラカバとオークを植樹しました。

2022（令和4）年12月16日夜、在ラトビア日本大使館の今西貴夫さんから思いがけないメールを頂戴した。関西学院大学国連・外交統括センターから私の連絡先をお聞きになったそうだ。

「私は1989年に関西学院中学部に入学し、高等部を経て、1999年に関西学院大学総合政策学部を卒業しました。そして、2000年に外務省に入省し、いろんな部署や在外公館を経まして、今年10月に在ラトビア日本大使館に転勤になり、リガで勤務しております。ラトビア転勤を関学時代の先生方や友人に報告すると、総合政策学部の元教授より、ラトビアは関学ともつながりがあると教えてもらいまして、インターネットで調べて〔ラジオ関西の「ラジトピ」をご覧になったそうです〕100年以上前に関学で教鞭をとられたイアン・オゾリン先生のことを知り、長い交流の歴史があると驚きました。駐日ラトビア大使館にも以前勤務していた日本語が堪能なラトビア外務省のオレグス・イルギス〔Oļegs Iļģis, 東京の大使館から私に初めてお電話をくださったオレグス・オルロフスさん〕課長に初めて会った時にこの話をしたところ、彼も上ケ原キャンパスに行ったことがあり、池田様のお名前も言っていましたので、いつか私も直接池田様にご連絡したいと考えておりました。関学に10年間お世話になった者として、私も微力ながら関学とラトビア、日本とラトビアの関係発展に少しでも貢献できればと考えております。今後ともどうぞよろしくお願い申し上げます」。

総合政策学部を1999（平成11）年に卒業されたということは、同学部1期生である。記念植樹でお世話になったリガウッドジャパン代表の上野慶三さんのご子息、龍平さんも同学部1期生と伺っている。また、今西さんは、ドイツ大使や外務省欧州局審議官を歴任された神余隆博国連・外交統括センター長とも入省前からご縁があったそうだ。さらに、私が初めて東京のラトビア大使館を訪問した時（2008年3月11日）にお目にかかったグナ・レイマンドヴァさんが、現在、在ラトビア日本大使館のローカルスタッフとして働いておられることも教えていただいた。

オゾリンが残した絆は、様々な形で今も生きている。

オゾリンが関西学院に残した図書
大学図書館が原簿台帳を調べた結果、オゾリンが関西学院に残した図書が 92 点（寄贈 39 点、購入 53 点）あることがわかりました（2012 年 12 月 7 日現在）。これ以外に紛失・亡失図書が 10 点あると考えられるそうです。大学図書館職員の山崎冨美子さんは、残されている図書をワゴンに集め、私に見せてくださいました。(2012年6月23日、池田裕子撮影)

オゾリン寄贈を示す図書ラベル
Nouveau Traité de Versification Française (Charles Le Goffic et Edouard Thielin, Masson et Cie, Editeurs, 1903) に貼付されています。

自由の記念碑
ラトビア共和国の首都リガにある記念碑（高さ 42m）。国民の寄付により（恐らくオゾリンも）、ロシアのピョートル大帝像の跡地に建立されました（1935 年 11 月 18 日完成）。台座正面に“Tēvzemei un Brīvībai”（祖国と自由に）と刻まれています。ラトビア人にとっては、ソ連に併合されている間も国家独立の象徴であり続けました。(2014 年 9 月 5 日、池田裕子撮影)

資料5

教え子が語るオゾリン

◆J. A. Ozolin ラトビア共和国人、外国人だが非常に正確な英語を話しそれでアメリカには二年程しか滞在せられなかったそうである。精力主義を奉ずる人で寒中水泳も時々舞子の浜でしられたことがある。

「教授短評」、『高等学部商科卒業アルバム』、1922年

◆又変り者のオゾリン氏（I. Ozolin）の来られたのは一九一八年九月である。
オゾリン講師の逸話はあまりに多い。
ラトビアの貧しい家に生まれ大根を噛りつゝ国境を越えてラトビアのリガ大学卒業後アメリカに渡つて、こゝで畑教授と相知り学院へ来られる事になつたといふ経歴の人。だからその英語たるや独乙なまりでわかりにくい事甚だしかつた。
眉は連なり、丈低くゝ色は白かつたが一見甚だ感じが悪く、言葉がドイツなまりの英語と来てるからこいつア困りもの。が性質は至つて無邪気、いつもムキになつて学生と喧嘩し、そうかと思ふと一緒に肉もつゝかうといふ。昼食はいつも学生食堂で学生と一緒に並んで味噌汁や漬物をも食べ、カレーライスにさては玉子丼といふ工合い、日本箸もうまく扱ひ、冬でも海へ入られたといふから余程の変り者たるを失はない。（葉氏談）街に出るとよく学生に奢つて下すつて、劇、詩の方面に関して学生の眼を開いてくだすつた人。語学大会もオゾリン講師によつて劇らしくなつたといふ事である。今ラトビアの文部大臣をやつてゐられる〔この情報は不正確〕といふから大したものだ。（一九二一年七月職を辞す）（畑氏、村上氏談）

「オゾリン氏の事どもその他」、『文学部回顧』、1931年、24-25頁

◆友情と愛と勉学と詩的生活……或は寄宿舎の書斎に、さては学院山の上に、又はオゾリン教授の宅に、彼ら〔文学部第5回生＝1923年卒業生〕は各自の生活を深めつゝ、麗はしくも床しいクラスを作つてゐた。

「5　床しきクラス」、『文学部回顧』、1931年、53頁

◆私が一年であつた時〔1917年〕の夏休みのこと、畑先生が一人の露西亜人を伴れて寮へ来られた。そして休暇中或寮生の室を借りて滞在することゝなつた。一露西亜人と云ふのは後に文科で英文学の講義をせられたオゾリン氏であつた。私がオゾリン氏を知つたのは即ちこの時である。
在寮中は朝晩Y.M.C.A.にて英語と露語の会話を教へてゐた。非常に精力家で勉強家であつた。毎夜Y.M.C.A.から帰つて来ると一時二時、時には三時頃までも勉強していた。これには居残りの寮生達は驚いてゐた。氏は未だ日本に来

てから日が浅いので日本語を知らなかつた。寮生達はつとめて近代的（?）な言葉（日本語）を教へたから堪らない。氏は教わつた言葉を直ちに男女の区別なしに使用して話しかけた。それで幾度も滑稽が演ぜられた。斯くして休暇中残留の寮生達は氏を中心にして面白い日を送ることが出来た……。

中村清「啓明寮生活と文科の人々」、『文学部回顧』、1931 年、314 頁

◆語学大会は毎年続けられて大正八年十二月に第五回語学大会が開かれオゾリン教授監督の下に「銀三十両」を演じて大好評を博した。

『関西学院高等商業学部二十年史』、1931 年、79 頁

◆さしあたり思ひ出すのはオゾリン先生である。何でもバルト海沿岸のエストニアあたりの生れで、各国を流浪してアメリカに渡り、加州大学（?）で畑歓三先生と知り合つて、それが縁で学院へ来たといふ若い教師であつた。我々のクラスで英詩や英文学史を受け持つたが、時には人生哲学といふような講義もしてくれた。非常な熱情家で口角泡を飛ばし卓を叩いて、まくし立てるといふ講義振りであつた。しかも我々のクラスは全部で三人だつたのである。或る時近所の銭湯に行つたら、湯槽の中にでつぷりと肥つた小柄の西洋人が入つてゐるので、先づ驚いたが、それがオゾリン先生であると知つて二度びつくりした。とはいへ先生は別に人生哲学を学ぼうとして浮世風呂に来たのではなく、単に汗を流しに来たことは余りにも明白であつた。

由木康「浮世風呂のオゾリン先生」、『母校通信』第 5 号、
1950 年 10 月、12-13 頁

◆あの当時の高等〔学〕部は四年制ですからね。その他の専門学校は三年制ですからね。四年制という高商部に対抗したんでしょうね。新制大学以上のものです。立派な方がおられましたね。小さなひょこひょこと歩く、ヤンエイ・オードリン、チェコスロバキアの方で、大正十三年から十四年、シベリア出兵で、白系ロシア人で日本に逃げて来たんです。冬でも夏と同じ服を着ておられましたね。又、自分で国旗をあげていましたね。あの人は、今英語の発音符号がありますね。あれで教えていましたよ。ヤンエイ・オードリン、この方は、会話を教えておられました。又五、六ケ国ほぼ歩いておられたので、たいていの事を知っておられましたね。

「青木先生に聞く」、関学の歴史研究会（座談会）1968 年より

◆もうひとり忘れられない教師にロシア人オゾリンがある。彼はカリフォルニア大学で畑歓三と学友であった縁故から神戸に流れてきて、いつしか関学の講師に

なったという人で、年齢からいえば学生より少し上くらいの青年であり、私たちには英詩や英文学史の講義をしてくれた。非常に熱情的な男で、わずか数名の少クラスで、あたかも大演説をするかのように、こぶしをふりあげ、足をふみならし、口角泡を飛ばして論ずるさまは、全くものすごいほどであった。
この人の感化で私はブラウニングに興味をもつようになり、この詩人の全集（ケンブリッジ版）を相当の高価で手に入れただけでなく、卒業論文もブラウニングの人生観を取り上げるに至ったほどである。
オゾリンは関学の近くに下宿していたので、時々、銭湯で一緒になり、文字どおり真っ裸でつきあうこともできた。しかし、彼はまもなく嵐のように日本を去り、ヨーロッパに帰ってしまった。

由木康『出会いから出会いへ－ある牧師の自画像－』、教文館、1976年、51頁

◆オゾリン先生は四年生のクラスでブラウニングを教えておられたが、特に許しを得て、三年生であったが、その組に出席させてもらった。同級生の目には、不愉快なこととしてうつったかもしれない。

曽根保（口述）『ある英語教師の記録』、曽根翼、1982年、114頁

◆関西学院ではどこの大学にもあるように、一年に一度は英語劇が催された。オゾリン作の『銀三十』と言うユダがキリストをローマ兵に売る場面だが、英語がよく、参加学生の熱心さもあって好評を博した。〈略〉
二、三ヶ月前、私の初めての翻訳『琥珀の国』（大正十年発行）が関学図書館に保存されているのが解かり、友人に図書館まで出向き写真を撮ってもらい、そのはしがきをゼロックスしてもらったが、この一冊を個人で持っている人は未だに見当たらない。
オゾリン教授はラトビアのリガ出身だが、赤色ロシアを嫌ってアメリカに渡り、東部から西部へバイオリンを抱えて流しなどし、汽車のただ乗りの常習犯ともなって南カリフォルニアに辿り着き、南加大学の美術科に入学し、卒業と同時に関学に来られた人で、十六ヶ国語の言葉が話せるという語学の天才だった。私は招かれて舞子公園万世園の御宅で同居する事になった。舞子駅から西灘駅までの定期乗車券を買ってもらったばかりでなく、行き届いた御世話で通学が出来た。汽車の中は四、五十分で乗客も少なかったから、ロシア語を教えてあげようと言われたが、私は大学へ行けば第二外国語として独仏語をとるのが普通だから、独語を教えてもらう事を頼んだ。舞子公園の家は目の下に松原を見下ろし、明石海峡を越えて淡路島の灯台を眺め、景色としては須磨や明石とは比べ物にならぬ程美しいので一人部屋に座っていても、空行く雲、青い海を頻繁

に行き交う外国汽船、裏山の鳥の声、眼が覚めてから日暮れまで詩情を誘うものばかりだった。夜は下の東海道線の列車の音がたまに聞こえるぐらいだから、ブラウニングの詩を読んだり、近所に住む神戸女学院学生の女の子と仲良しになったり、青春が一杯と言うのはこんな事だったろうと思う。オゾリン教授のブラウニングの詩の講義も当時の私の心にぴったり合致するようで面白かった。今、関学正門前で買ったブラウニング詩集〔書名略〕を開けてみると習った詩には書き入れまであって懐かしい。

向山義彦「ブラウニング研究者　曽根保の自伝」、
梅光女学院大学『英米文学研究』34 号、1998 年、231-233 頁

◆当時の学校名は、関西学院高等〔学〕部商科と文科でした。四十人クラスが四つで商科、少ない学生数でした。ESS という名前はありましたが、役員も何もなく単なる愛好家の集まりでした。
年一回の学院記念日に英語の短い芝居を演じ、カナディアン・スクールの子供達に大いに受けた位のものです。当時この学校は、学院北側の裏門を出た所にありました。米国から着任したラトヴィア出身の英文学教授が書いてくれた作品を上演したこともあります。

福西潤「1921 年卒業生 活動報告：思い出」、
『関西学院大学英語研究部（ESS）100 年史』、1998 年、43 頁

「血涙録」と評された岩橋武夫（オゾリンの教え子、日本ライトハウス創立者）著『動き行く墓場』（1925 年刊行）に登場する「英文学を講ずる若いバタビヤ人」は、オゾリンのことかもしれません。

原田の森のハミル館

上ケ原のハミル館、2016 年

1920 年 1 月 27 日から 1922 年 11 月 25 日に文学部校舎が落成するまで、日曜学校のために建てられたハミル館（1918 年 12 月 29 日献堂式）が文学部専用校舎として使われました。1929 年のキャンパス移転に伴い、ハミル館は上ケ原に移築され、現在は文学部総合心理学科の心理学研究室として使われています。

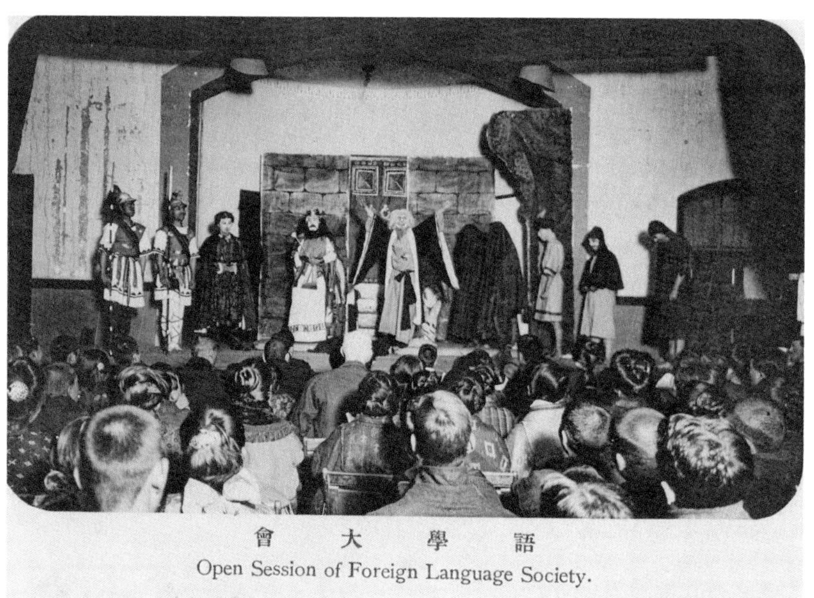

語學大會
Open Session of Foreign Language Society.

第5回語学大会、1919年12月13日
英語劇「銀三十」の一場面と思われる。
(『高等学部商科卒業アルバム』1920年)

関西学院高等学部文科で国漢文と歴史を教えた村上博輔（1865〜1926）の日記にもオゾリンが登場します。

大正八（一九一九）年

七月六日（日）　曇後晴
　午後三時よりオゾリン氏送別会ニテカフェー、ブラジルに往ク。祝賀式ニテ雑踏甚シ。花電車七台出ル。

七月七日（月）　晴
　朝十時オゾリンヲ送ラント波止場に往ク。逢ハズ。

大正十（一九二一）年

二月九日（水）　曇
　？？ノ話オゾリン氏

六月六日（月）
　講話オゾリン

六月二十七日（月）晴
　講話オゾリン

九月十二日（月）　雨
　今日ヨリ授業始ル。オゾリンノ代リニ蘇州大学ニ居タポーラックトカイフ人来ル。

資料 6

宣教師が語るオゾリン

◆『文学部回顧』(1931 年)

Professor Ozolin was a source of great interest and amusement to the students. He was widely read and had brilliant mind but was somewhat erratic in disposition. Our personal relations were very good but there were numerous difficulties with the students. Professor Henry Barnett was of a very different type. Quiet, gentlemanly, he seemed to me a fine representative of the South. I believe that he is now head of a college in America and Professor Ozolin is reported to have risen to some position of influence in Latvia.

H. F. Woodsworth, "The Recollections of Our Literary College," p. 283.

(翻訳)

オゾリン教授は学生の関心の的で、大いに学生を楽しませた。実に博学で、輝かしい知性の持ち主であったが、一風変わった性分だった。私たちの人間関係は大変良好だったが、学生との間には数々の困難が生じた。ヘンリー・バーネット教授はまったく異なるタイプの人物だった。物静かで、紳士的で、南部を代表する人物のように思われた。彼は今アメリカの大学の学長になっていると思う。オゾリン教授もラトビアで影響力ある地位に上り詰めていると聞いている。

H. F. ウッズウォース「文学部の想い出」、283 頁

Harold Frederick Woodsworth (1883-1939)
カナダ・メソヂスト教会宣教師。1908 年に YMCA の英語教師として来日。1913 年に関西学院に着任し、高等学部文科で英文学を講じた。文学部長(専門部)、法文学部長(旧制大学)を務めた。

◆ T. H. ヘーデンの日記(エモリー大学所蔵)

Kwansei Gakuin, Sept. 15, 1918

The young Latvian, Jan A. Ozolin, who being employed in the school as a teacher of English for a year, beginning with September, is temporary occupying my guest room, but taking his meals dorm at the Gakusei Kwan. He could find no suitable place to stay.

(翻訳)

1918 年 9 月 15 日、関西学院

英語教師として、9 月から 1 年間本学に雇われている若いラトビア人、ヤン A. オゾリンは、我が家の客間に一時的に滞在しているが、食事は学生寮でとっている。彼は、住むのに良い場所を見つけることができなかった。

Kwansei Gakuin, Nov. 23, 1919

We shall probably try to get Mr. J. A. Ozolin as temporary substitute for Bro. W. A. Davis. This is not yet certain.

（翻訳）

1919年11月23日、関西学院

私たちは、W. A. デイヴィスの一時的な代わりとして、J. A. オゾリン氏を雇用しようと考えている。これはまだ確定ではない。

Kwansei Gakuin, Dec. 14, 1919

Last night, the Kwansei Gakuin gave its annual public entertainment by the Foreign Language Society. I believe they call it that. It was creditable and interesting, and some of the work was excellent. They gave several short plays in English, and all in Chinese, with speeches, music by the Glee Club etc. etc. in between. The most effective play was one called "Thirty Pieces of Silver." It was written by Mr. Ozolin, and he trained the young men. The exercises were held at the Y. M. C. A. and lasted from 6 to 11 pm.

（翻訳）

1919年12月14日、関西学院

昨夜、関西学院で年に一度の語学大会（そう呼ばれていると思う）が開催された。それは称賛に値するもので、興味深かった。素晴らしい作品があった。英語と中国語による短い劇がいくつか上演され、その間にスピーチやグリークラブによる演奏などがあった。最も素晴らしかったのは、"Thirty Pieces of Silver"（銀三十）という劇だった。これはオゾリン氏が書いたもので、彼が若者を鍛えた。YMCAで行われ、午後6時から11時まで続いた。

> Thomas Henry Haden (1863-1946)
> アメリカ・南メソヂスト監督教会宣教師。1895年に来日し、多度津、中津、広島、岩国で伝道に従事した後、1896年から関西学院神学部で新約聖書緒論、釈義、社会学などを講じた。神学部長を務めた。

★オゾリンについての口頭発表（池田裕子）

- 研究報告「ラトビア人教師イアン・オゾリンを探して」、神戸外国人居留地研究会&大阪川口居留地研究会合同研究会、2013年7月13日、大阪女学院
- 講演「ラトビア人青年イアン・オゾリンと関西学院」、関西日本ラトビア協会ラトビアトークサロン、2014年12月18日、大和ハウス大阪ビル
- 講演「関西学院の真実：ラトビア人教師イアン・オゾリンが紡いだ糸」、関西学院同窓会東京支部三日月会、2022年10月8日、関西学院同窓会銀座オフィス

資料7

記事が語るオゾリン

◆現在文科の四年では露国の青年ヲゾリン氏が「英国詩歌変遷の問題」や「詩の原理」等を講じ……。

「学生界」、『読売新聞』、1919年2月1日

◆オゾリン氏　リトアニアの人で英文学に造詣深い同氏は過去一年間文科教授として熱心教鞭を執られ英文学と云ふ物が始めて解りかけたと文科生を感嘆せしめた同氏は任期盡きて学生の留任懇願も功を奏せず満州へ向け出発された。

『関西学院同窓会報』第2号、1919年8月10日

◆退職者並新任礼拝主事に就て

高等商業学部講師辞職　　ヤン、エー、オゾリン君

……オゾリン君は第一学期末辞職せられたり。

最近の欧州大戦乱を母に持てる新興国ラツトビアの領事オゾリン君が、高商部の講師として数年間学生に与へられたる紳士的感化と学術上の知識とは多大の感謝に値するものなるに、此回の辞任本国リガ市への帰郷は深く惜みて氏を送ると共に新建国の為に斯新人の安健と努力を祈る。

『関西学院学報』第1号、1921年7月25日

教員室のオゾリン
右から2人目：H. F. ウッズウォース、4人目：イアン・オゾリン
(『高等学部商科卒業アルバム』1919年)

訃報

ジョン・ブルトニエクス、作家、65歳で死去
ギター音楽の専門家、ラトビア、日本、アメリカで哲学を教えた

作家で元哲学教授のジョン・ブルトニエクス[*1]（155 East Thirty-fourth Street）は、9月28日[*2]、心臓発作のため自宅で亡くなった。65歳だった。

ブルトニエクス氏は、ラトビア難民として居住していたドイツから合衆国に、7年前に移住した。*The Guitar Review* 誌の専属記者で、コラム「ギター・オン・ディスク」を担当。また、イギリスの国際クラシックギター協会の *Guitar News* 誌の専属記者も務めた。

クラシックギター協会のメンバーであるブルトニエクス氏は、クラッシック音楽と楽器の専門家で、学会や音楽学校で頻繁に講演を行った。

ラトビアで教育を受け、カリフォルニア大学バークレー校でも学位を取得。のちに同校で教鞭を執った。さらに、日本の神戸の大学[*3]とラトビアのリガの大学でも教えた。

最近出版された最新作 *The Origin of Guitar*（ギターの起源）は、ブルトニエクス氏の執筆である。同氏は、*The Secret of Cremona* （クレモナの秘密）と *The Song of Songs*（雅歌）も執筆した。

ご遺族は、妻エルヴィラ（Elvira）と娘アグネス（Agnes）・ブルトニエクス嬢。

The New York Times, Oct. 6, 1959

＊1　離日後、オゾリンは、来日前アメリカで使っていたブルトニエクスの名で作品を発表していた。
＊2　ラトビア側の資料によると、1894年2月14日に生まれ、1959年9月27日に亡くなっている。
＊3　「日本の神戸の大学」とは、原田の森にあった関西学院高等学部（文科・商科）のことである。

イアン・オゾリン（Ian Ozolin）
ヤン・A・オゾリン（Jan A. Ozolin）、ヤーニス・アンドレイス・オゾリンシュ（Jānis Andreijs Ozoliņš）、ヤーニス・アンドレイス・ブルトニエクス（Jānis Andreijs Burtnieks）、ジョン・ブルトニエクス（John Burtnieks）、これらはすべて関西学院で教えていたオゾリンのことです。

A Century of Latvian Diplomacy

2023（令和 5）年 3 月 31 日午後、駐日ラトビア共和国大使館から、ラトビア国旗のリボンが結ばれた本が送られてきました。本には、私の労をねぎらうズィグマールス・ズィルガルヴィス（Zigmārs Zilgarvis）大使の手書きメッセージが添えられていました。

本の内容は、25 人以上の外交官と外交関係者が 1919 年から 2019 年までのラトビア外交を振り返ったエッセイ集（623 頁）で、執筆者の中には、サンドラ・カルニエテ（Sandra Kalniete）、グンダ・レイレ（Gunda Reire）、ノルマンス・ペンケ（Normans Penke）等、懐かしい方々のお名前がありました。

書影

ズィルガルヴィス第 4 代駐日大使
大使館で開催された 104 回目の独立記念レセプションで挨拶される大使。
（2022 年 11 月 17 日、池田裕子撮影）

第5章

アメリカ合衆国

城崎進学長とカーター前大統領

アメリカ合衆国のカーター第 39 代大統領(在任:1977-81)は、辞任直後の 1981 年 9 月 6 日、関西学院千刈セミナーハウスを訪問しました。カーター前大統領には、関西学院大学から名誉学位が授与されました(千刈セミナーハウス礼拝堂)。

カーター前大統領歓迎の旗

James Earl "Jimmy" Carter, Jr. (1924-)

学院探訪 41

アメリカ合衆国大統領と関西学院

アメリカの南メソヂスト監督教会により創立された関西学院の歴史をたどると、思いがけないところで、アメリカ合衆国大統領の名が登場することがあります。

最初に思い起こされるのは、第16代エイブラハム・リンカーン(Abraham Lincoln, 1861-65)です。南軍兵士として南北戦争で戦ったJ. C. C. ニュートン第3代院長は、リンカーンの肖像画の付いた新聞を部屋に飾っていました。また、ニュートンがジョンズ・ホプキンス大学大学院でH. B. アダムズ(Herbert Baxter Adams)教授の指導を受けていた時、後に第28代大統領となったウッドロウ・ウィルソン(Thomas Woodrow Wilson, 1913-21)が同教授のもとで博士号を取得しました。学院史編纂室には、同大統領の小さな胸像が残されています(「学院探訪 23」参照)。なお、ニュートンの名ジョン・コールドウェル・カルフーン(John Caldwell Calhoun)は、第6代ジョン・クィンシー・アダムズ(John Quincy Adams, 1825-29)、第7代アンドリュー・ジャクソン(Andrew Jackson, 1829-37)両大統領時代の副大統領の名に因んで付けられたものです。

それから、第22代、24代大統領を務めたグロバー・クリーブランド(Grover Cleveland, 1885-89, 93-97)は、創立者W. R. ランバスの母方の親戚に当たります。第26代セオドア・ルーズベルト(Theodore Roosevelt, 1901-09)時代の副大統領チャールズ・フェアバンクス(Charles Fairbanks)が1909年に来神した際、吉岡美国第2代院長の話す洗練された英語に驚嘆したという逸話も残っています(「学院探訪 47」参照)。

近いところでは、第39代大統領ジミー・カーター氏(Jimmy Carter, 1977-81)を千刈セミナーハウスにお迎えし、主日礼拝を守ったことをご記憶の方もいらっしゃるでしょう。それは、大統領辞任直後の1981年9月のことでした。カーター氏には名誉博士号が授与されました。

カーター前大統領を迎える久山康理事長・院長、1981年9月6日
千刈セミナーハウス

学生と語り合うカーター前大統領、1981年9月6日
中国訪問の帰途、関西テレビの招きを受け来日したカーター前大統領は、千刈セミナーハウス屋上庭園で「若さとは何か」について、学生100人と対話しました。

学院探訪 42

人知れぬ苦労

中国や日本に派遣された宣教師の子どもの多くは、家庭内で両親から教育を受けて育ちました。しかし、学校教育も必要との考えから、ある年齢に達すると、家族と離れて単身海を渡り、故国の学校に入学するのが常でした。そんな子どもたちには人知れぬ苦労がありました。

関西学院創立者ウォルター・ランバスの妹ノラ（Nora）は、1874年に11歳で帰国しました。テネシー州ナッシュビルのD. C. ケリー（David Campbell Kelley）家に大学生の兄と共に下宿し、学校に通うことになったのです。敬愛する9歳年上の兄が一緒とはいえ、両親と離れての異国での生活は心細いものでした。しかも、兄の靴下の穴かがりという骨の折れる仕事まであったのです。父や母、上海の家、中国の友だちのことを思い、ノラは一晩に何度も泣きながら眠りにつきました。

1895年まで関西学院で教えていたT. W. B. デマリー（Thomas Walter Bascom Demaree）の長男ポール（Paul）は、1910年にテネシー州マッケンジー（McKenzie）の高校に入学しました。当時一家は松山に住んでいました。帰国にあたり、神戸の中国人テーラーで父親が誂えてくれた洋服は、生地も仕立ても申し分ないものでした。ただ、デザインがいささか流行遅れでした。登校したポールは着ている服のことでからかわれました。「これは神戸の中国人テーラーが仕立てたアメリカンスタイルの服だ」。ポールが言い返すと、「お前は日本人か？　中国人か？」と囃し立てられました。「どちらでもない。僕はアメリカ人だ。僕が日本人に見えるのか？」。「見えるさ。こいつは『ジャップ』だ。ジャップ・デマリー！」。

以来、大学を卒業するまでポールはそう呼ばれ続けました。それは、ポールにとって不愉快ではなく、むしろ嬉しいことでした。自分が皆に受け入れられた最初のしるしだったからです。

ウォルター・ランバスの妹ノラと弟ウィリー（ロバート）、1871年頃
ウォルターのすぐ下の妹ネティは、南北戦争のためアメリカに帰国中、猩紅熱（しょうこうねつ）で亡くなりました。

宣教師の子どもたち（有馬）、1890年頃?

吉岡美国の留学

関西学院神学部教授に任命された吉岡美国は、1890年からアメリカに留学することになりました。留学先は、創立者W. R. ランバスの母校ヴァンダビルト大学神学部（テネシー州）でした。

そこで吉岡は尹致昊（ユンチホ）と親交を結びます。上海の中西書院（Anglo-Chinese College）で学んでいた尹は、南メソヂスト監督教会宣教師W. B. ボネル（W. B. Bonnell）、Y. J. アレン（Young John Allen）の尽力により留学していました。ランバスを通じ日本で既に顔を会わせていたと思われる2人は、信仰や世界情勢や結婚観について語り合い、時には激論を戦わせました。尹は日記の中で吉岡の人柄と英語力を高く評価しています。その吉岡から牧師ではなく政治家になると予言された尹は、祖国に戻って朝鮮の独立運動に身を投じました。しかし、日本の敗戦後、その親日的態度が批判を浴び、自ら命を絶ったと伝えられています。

吉岡の1級下にはS. E. ヘーガー（Samuel Eugene Hager）が学んでいました。ヘーガーは宣教師となって来日し、関西学院で普通学部長を務め、吉岡の病気療養中は院長代理を兼任しました。また、1年遅れで留学した関西学院神学部生政尾藤吉は、神学から法律に専門を変え、後にシャム政府の法律顧問を務めるなど活躍しましたが、公使として赴任中のバンコクで客死しました。

彼らの前には、宋嘉樹（耀如）も学んでいます。宋は、映画にもなった「宋家の三姉妹」の父親です。帰国後、上海で聖書の印刷に関わったことから実業界に転じて財をなし、子どもたちをアメリカで学ばせました。そして、長女靄齢（あいれい）が孔子の末裔を名乗る財閥の御曹司孔祥熙（しょうき）、次女慶齢が孫文、三女美齢が蒋介石と結婚したのです。

数々の出会いを重ね、2年間の留学生活を終えた吉岡は、関西学院第2代院長に就任しました。

ヴァンダビルト大学留学中の吉岡美国、1891 年または 1892 年
吉岡は前列右から 2 人目。後列左端に S. E. ヘーガーの顔も見える。

Vanderbilt University Nashville, Tenn. Main Building
本館は 1905 年に焼失しました。その後、塔を 1 本にして再建され、現在はカークランド・ホールと呼ばれています。
The Comet, 1892（吉岡美国遺品）より

学院探訪 44 「公明正大」とヴァンダビルト大学

「公明正大」は、創立当初から関西学院が大切にしてきた精神です。ある時、試験問題を板書した普通学部の西川玉之助はこう言いました。「若し質問が有れば、今訊きなさい。私はこれから魚釣りに出かけ、教室に居らぬから。而して答案の出来た人は私の卓の上に積んで置き静かに退席しなさい。最後になつた人は、答案を一纏めにして、私の宅へ持つて行き、妻か女中に渡して置いて下さい」。その日の豊漁に気を良くした西川は、このやり方を続けました。1899 年から 1901 年まで普通学部で学んだ永井柳太郎（のちに政界入りし、大臣を歴任。「学院探訪 6」参照）が卒業後進学した早稲田大学でこの話をした時、大ボラだと言って信じてもらえなかったそうです。

2013 年 10 月にヴァンダビルト大学（テネシー州）を訪問した時、これとよく似た話を耳にしました。数学を教えていたサラット（Madison Sarratt）教授は、試験に際し、1 年生にこう言ったそうです。「今日は二つの試験を行う。一つは三角法、もう一つは正直さ。どちらも合格してほしいが、どちらか不合格になるなら、三角法にしてほしい。三角法を落とす善人はこの世に大勢いるが、正直さの試験に通らない善人は一人もいないからである」。1875 年に行われた最初の定期試験以来、ヴァンダビルト大学はこの精神を大切にしてきたそうです。同大学は、関西学院を創立した W. R. ランバスの母校です。西川も、1887 年から 88 年にかけ、フェローとして在籍していました。

では、関西学院で試験中、不正行為が見つかった学生はどうなったでしょうか。商科教授の東（あずま）晋太郎（「学院探訪 8」参照）が歌を詠んでいます。「カンニング故逐ひだす子を泣きつつも『さよなら』といひし部長なりけり」。

ヴァンダビルト大学を訪れた吉岡美国、1914年5月下旬
関西学院第2代院長の吉岡美国（中央）が母校ヴァンダビルト大学を22年ぶりに訪れた時、アメリカ在住の教え子が集まり、懐かしいウェスレー・ホール入口で記念撮影しました。

普通学部卒業生と教員、1913年
2列目左から6人目に吉岡美国、7人目に西川玉之助
背後の蘇鉄は上ケ原キャンパスに移植されました。今も高中部礼拝堂前で元気に育っています。2008年7月7日、この蘇鉄が株分けされ、宝塚の初等部にも植えられました。

学院探訪 45 松山から来た転校生

関西学院に野球チームができると、S. H. ウェンライト（Samuel Hayman Wainright）普通学部長は用具を提供し、グラウンドに出て自らノックしました。試合の応援にも駆けつけましたが、それは相手チームとの喧嘩が絶えなかったからです。判定を巡って議論することが多かったため、野球選手は「弁舌の徒」であることが求められました。

1897年9月、畑歓三が愛媛県尋常中学校から転校してきました。畑の尋常中学入学は、夏目漱石の赴任と同じ年でした。ですから、小説『坊つちゃん』に描かれた出来事の多くは、畑にとって周知の事実だったそうです。松山時代から野球をしていた畑は、神戸で初めてカーブを投げた投手として知られています。それは、1898年に行われた乾行(けんこう)義塾（現・聖ミカエル国際学校）戦でのことでした。のちに第5代院長を務めた神崎驥一はこう語っています。「相手はこの畑投手の球（カーブ）が打てない。どうしたわけなのだろう、緩い球だから打てないのだろう、バットの振りを遅くして打てと義塾選手はいろいろ検討したものだ。ところがネット裏？からみていた義塾選手があの球は曲がるぞ、皆気をつけろ……と初めてカーブに気が付いたという思い出がある」。

勉学の面では、畑は数学に強い関心を持っていました。しかし、関西学院の教授法が前校の「山嵐」とは全く異なっていたため、興味を失くしてしまいました。代わりに、何をするためこの世に生を受けたのか、真剣に考えるようになりました。後年、関西学院の教師となった畑は、技量では劣らないのに神戸高商に勝つことができない庭球部のために、“Noble Stubbornness”（品位ある不屈の精神）という言葉を考案しました。現在、これは体育会全体の標語になっています。

原田の森の“Noble Stubbornness”
「この日を永久に忘るる勿れ、大正９年６月13日」。神戸高商に２度目の敗北を喫した日、庭球部主将、朝長正男は日記にこう記しました。秋になると、庭球部顧問、畑歓三（前列中央）が考案した標語“Noble Stubbornness”（出典：John Dryden）がコートの金網に取り付けられました。（『高等学部商科卒業アルバム』1921年）

西宮上ケ原キャンパスの“Noble Stubbornness”
1977年３月、総合体育館竣工の日、記念碑の除幕式が行われました。（池田裕子撮影）

アイゼンブルグ少年のレプタ

ブランチ・メモリアル・チャペル（現・神戸文学館）は、原田の森時代の関西学院を象徴する建物として知られています。チャペルには、建築資金の大部分を提供したヴァージニア州リッチモンドの銀行家ジョン・ブランチ（John Branch）の名が付けられました。関西学院創立に当たり、大きな助けとなったのは、同氏の父トーマス（Thomas）の遺産でした。独立したチャペルが必要になった時、普通学部長 S. H. ウェンライト（Samuel Hayman Wainright）は、創立者 W. R. ランバスと共に息子のジョンを訪ね、協力を求めたのです。

チャペルの献堂式は 1904 年 10 月 23 日に行われました。建築資金について、ウェンライトはこう述べました。「日本を訪れたこともない、またこれからも訪れることのないアメリカの友人が、チャペルの完成に手を差し伸べてくれました」。その陰にはある少年の話が伝えられています。

チャペル建築のための寄付をウェンライトがミズーリ州モンティセロ（Monticello）の教会で求めた時のことでした。会衆から何の反応も得られない中、8 ～ 9 歳の少年、ヘンリー・アイゼンブルグ（Henry Isenbourg）が立ち上がり、夕刊を売って得た小遣いから 50 セントを差し出しました。少年にとって 50 セントは大金で、この行動に感動した会衆から多額の献金が寄せられました。その後、大学に進学し、銀行に就職したヘンリーは、ミシシッピ川で汽船事故に遭い、命を落としました。他の乗客を助けた後、自らは老朽化した船と運命を共にしたと伝えられています。

1957 年 2 月、ミズーリ州の大学に留学していた高等部の西尾康三教諭がこの少年の父親を探しあてました。ニューロンドンに健在だった父親は、息子が関西学院のために小遣いを捧げた教会や通った小学校、そして、無残にも若い命を奪ったミシシッピ川を案内してくれたそうです。

ブランチ・メモリアル・チャペル（創立35周年記念絵葉書）
ミズーリ州シェルビーの教会堂を模したと伝えられています。

アイゼンブルグ少年
献金した当時のアイゼンブルグ少年【右】の写真が『母校通信』第35号（1966年4月）に掲載されています。（西尾康三教諭提供）

学院探訪 47 「日本一の英語」と「文学部の宝」

関西学院創立初期の日本人教師には留学経験者もいて、英語の達者な人が多かったようです。中でも、第２代院長を務めた吉岡美国の英語は日本一と言われました。その英語力を伝える逸話があります。

セオドア・ルーズベルト（Theodore Roosevelt）大統領時代に副大統領を務めたフェアバンクス（Charles Fairbanks）が 1909 年に来日した時、神戸高等商業学校（現・神戸大学、跡地には神戸市立葺合高等学校があります）で講演会が開催されました。講演終了後、神戸高商校長の水島銕也（てつや）と関西学院院長の吉岡が英語で謝辞を述べました。その時、吉岡の英語があまりに垢抜けしていたので、「日本でこのような洗練された英語を聞くとは期待しなかった」とフェアバンクスが驚嘆したそうです。その発音については、学校近くにあった耶山堂で注文する時、アメリカ人並みの発音で “orange cider” と言うので、全く通じなかったと教え子が書いています。戦後、占領軍が来た時、吉岡は自宅の門前に英語の木札を掲げました。そこには、英米人で困っている人があれば、遠慮なくこの家にお入りください……という意味の言葉が書かれていたそうです。

吉岡とは対照的に、決して英語を使わない教師もいました。神学部、普通学部、文学部で漢文を教えた村上博輔です。ドイツ語で日記を書き、英文学書を自由に読みこなし、フランス語もできた村上は、「人格、学識共に群を抜いて優れてゐた近来稀に見る大人物であった」と『文学部回顧』(1931) で紹介され、「文学部の宝」とまで称賛されています。広島で W. R. ランバスから受洗した村上が、宣教師に対し英語を使うことなく、悠々と日本語だけで押し通す姿は、吉岡とは別の意味で学生の目には痛快に映ったことでしょう。

ブランチ・メモリアル・チャペル（内部）
吉岡美国（左端）と村上博輔（左から6人目）。1904年10月23日に献堂式が行われた同チャペルは、現在神戸文学館として使われています。

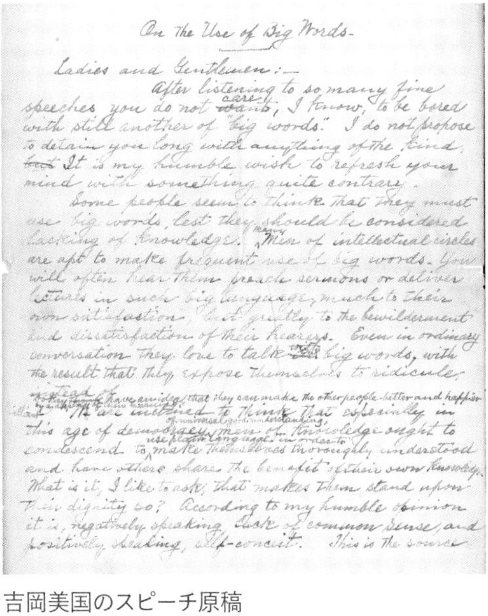

On the Use of Big Words.

Ladies and Gentlemen:—
After listening to so many fine speeches you do not care, I know, to be bored with still another of "big words." I do not propose to detain you long with anything of the kind, It is my humble wish to refresh your mind with something quite contrary.
Some people seem to think that they must use big words, lest they should be considered lacking of knowledge. Many men of intellectual circles are apt to make frequent use of big words. You will often hear them preach sermons or deliver lectures in such big language, much to their own satisfaction, but greatly to the bewilderment and dissatisfaction of their hearers. Even in ordinary conversation they love to talk big words, with the result that they expose themselves to ridicule.
We are inclined to think that especially in this age of democracy men of knowledge ought to condescend to make themselves thoroughly understood and have others share the benefit of their own knowledge. What is it, I like to ask, that makes them stand upon their dignity so? According to my humble opinion it is, negatively speaking, lack of common sense, and positively speaking, self-conceit. This is the source

吉岡美国のスピーチ原稿

★村上博輔（1865-1926）が残した日記の中から関西学院に関する記述を抜き出したものが『村上博輔日記（抄）』として、ご遺族から関西学院に寄贈されています（『関西学院史紀要』第6～10号、12～21号に翻刻版掲載）。日記には、宣教師の名が漢字で記されていることもあります。
米都：ベーツ
卑我：ヘーガー
平伝：ヘーデン
腕強：アームストロング
阿武須土倫：アームストロング

学院探訪
48

国際感覚

「太平の眠りを覚ます上喜撰たつた四杯で夜も眠れず」と歌われた黒船来航から60年以上経った1917年12月4日、「四杯」の一隻、サスケハナ号の乗組員だったキャプテン・ハーデー（Captain William Howard Hardy）が原田の森の関西学院を訪れました。ペリー（Matthew Calbraith Perry）提督と共に日本を訪れた最後の生存者と言われた81歳のハーデーは、翌5日、高等学部南側広場で1,300人もの聴衆を前に講演しました。日米修好通商条約調印後、幕府は新見正興（豊前守）を正使とする使節団をアメリカに派遣しましたが、その際副使を務めた村垣範正（淡路守）の随行員だった皆川菊陵が原田の森に駆けつけました。講演が終わり、両者が感慨深く握手を交わす姿を聴衆は感動の面持ちで見守ったと伝えられています。

数カ月にわたり各地で熱烈な歓迎を受けたハーデーは「日本滞在中、アメリカに対する非難の言葉は一言たりとも耳にしなかった」と、*The New York Times* に書き送りました。

関西学院がこのような機会に恵まれたのは、アメリカとカナダの教会が経営に関わっていたのも一因でしょうが、神戸港に近いという地の利も看過できません。卒業生でもある畑歓三教授（「学院探訪45」参照）はこう述べています。「……ここに住む者は著しく国際意識を覚醒されたものである。吾等も原田の学舎から神戸港を見下して、英米仏独以下其他の国々の貿易船を眺め一々船名迄も覚えて居たものであつた。休日にはボートを漕ぎ出して外国船訪問を行つたりした。まだ米国から木材を積んだ大帆船が頻繁に来る頃であつたが、或る年のクリスマスの前日に此帆船の一つを訪問し船長の妻君から非常な歓待を受け御馳走になつて帰つた事などあつた。かういふ事情に刺戟されて学生の気分は著しく国際的となり若輩ながら思ひを海外に馳する者少なくなかつたに相違なく……」。

キャプテン・ハーデーによる講演、1917年12月5日
小野善太郎礼拝主事（通訳）、キャプテン・ハーデー、T. H. ヘーデン神学部長

南メソヂスト監督教会と西川玉之助

1936（昭和 11）年は、関西学院を創立したアメリカの南メソヂスト監督教会が日本伝道を開始して 50 周年の記念すべき年でした。最初に派遣された宣教師は、W. R. ランバス（Walter Russell Lambuth）、J. W. ランバス（James William Lambuth）、O. A. デュークス（Oscar Adolphus Dukes）でした。11 月 1 日から 3 日にかけて、記念行事（礼拝、大祝賀式、永眠者記念会、聖別会聖餐式、青年学生大会、日曜学校生徒大会、音楽礼拝ページェント、記念晩餐会）が盛大に執り行われました。

11 月 1 日に神戸中央教会（現・神戸栄光教会）で行われた祝賀式で、出席者を驚かせる出来事がありました。S. H. ウェンライト（Samuel Hayman Wainright）から南メソヂスト監督教会のムーア監督（Bishop John Moore）に 5,000 円もの大金（現在の貨幣価値に換算すると約 1,000 万円）が贈呈されたのです。それは、それまでの自分自身と日本に対するミッションの働きに感謝し、西川玉之助が用意したものでした。

西川玉之助（1864-1954）は、8 年間のアメリカ留学から帰国した 1898（明治 31）年

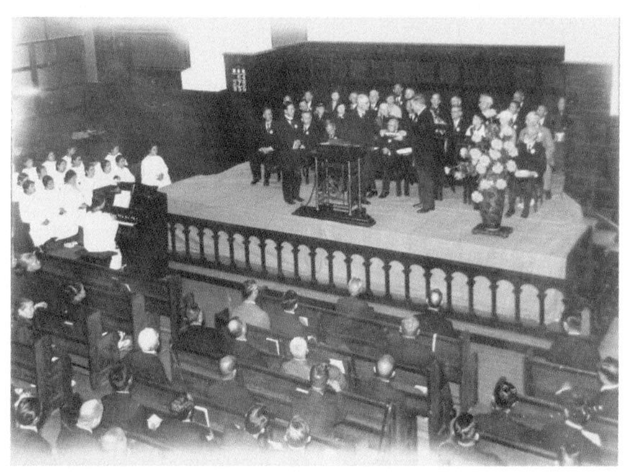

米国南美以教会日本宣教五十年祝賀式（神戸中央教会）、1936 年 11 月 1 日

ページェント「汝往け」（神戸中央教会）、1936 年 11 月 1 日
S. M. ヒルバン作、児玉国之進訳

J. W. ランバス墓前礼拝（小野浜墓地）、1936 年 11 月 2 日

に関西学院普通学部教授となり、英語を担当しました。1905（明治 38）年、日露戦争で出征し、通訳官として徴用されました。1912（大正元）年、再び関西学院に招かれ、1915（大正 4）年 6 月まで教鞭を執り、普通学部長（1915 年 2 月に名称変更してからは中学部長）を務めました。そのユニークな試験のやり方は、「学院探訪 44」で紹介した通りです。退職後、日沙商会取締役となり、実業界で活躍しました。

『関西学院六十年史』（1949 年）に、西川は「古い時代の関西学院」と題する回顧録を寄稿しています。そこには、明治時代の関西学院の師弟関係や、英語教育、カナダの教会との合同経営が始まった当初の軋轢が紹介されていて、大変参考になります。

関西学院を離れた西川については、鈴木商店関係の資料に登場することがあります。同商店の親睦組織、辰巳会の会報『たつみ』に、伊藤博文を暗殺した安重根との交流が紹介されていました（第 3 号、第 39 号）。

西川が通訳官として徴用されていた 1909（明治 42）年 10 月 26 日、ハルピン駅頭で伊藤博文が暗殺されました。その 39 年後の 8 月 8 日、安からもらった掛け軸を見せながら、西川は沢村亮一に次のような話をしたそうです。

> 安が逮捕され、旅順で裁判にかけられることになった時、関東庁から委嘱され、その面倒をみた。安はカトリック信者だった。世話になったお礼に、安から一幅の掛地をもらった。そこには、「庸工難用連抱奇材　庚戌三月 於旅順 獄中 大韓国人 安重根書」と書かれ、手形が押されていた。
>
> ある日、安の孫が訪ねて来て、祖父の絶筆を見せてくれと頼まれた。軸を拡げると、懐かしげに吸い付くように眼を細め、最後に黙祷して立ち去った。

西川の死後、この遺墨は韓国政府に寄贈されたそうです。ソウルにある国立中央博物館のウェブページに、「キュレーターお薦め収蔵品」として、この文字が書かれた安の墨蹟が紹介されています。

ベルシェ先生撮影のカラースライド

ミズーリ州での調査にご協力くださったアン・ケネディさん（Dr. Ann B. Kennedy,「学院探訪 29」参照）のお父様フランシス・ベルシェ先生（Dr. Francis B. Belshe）は、1953（昭和 28）年から翌年にかけて、関西学院大学文学部で教育学史、米国思想史を教えられました。先生が約 1 年の日本滞在中に撮影された数多くのカラースライドを拝見すると、70 年前の日本が鮮やかに蘇ります。

この貴重な写真が、そのほかの資料と共にアンさんから学院史編纂室に寄贈されたのは、2014（平成 26）年 1 月のことでした。

広島大学

原爆ドーム

原爆投下からわずか 8 年後の広島を訪問されています。

紙芝居（仁川五ケ山町）
日本の子どもたちの日常生活も撮影されています。

第6章

カナダ

ディーフェンベーカー首相と小宮孝第9代院長、1961年10月29日

John George Diefenbaker
(1895-1979)

カナダのディーフェンベーカー第18代首相（在任：1957–63）は、1961年10月29日に関西学院を訪問し、ランバス記念礼拝堂（西宮上ケ原キャンパス）で礼拝に参列しました。これを記念し、首相のサイン入り肖像写真がカナダ大使館から関西学院に贈られました。

学院探訪49　関西学院とカナダ

アメリカの南メソヂスト監督教会が1889年に創立した関西学院の経営に、カナダのメソヂスト教会が加わったのは1910年のことでした。日本のオタワへの公使館設置が1928年、カナダの東京への設置が翌29年であることを考えると、関西学院とカナダの間には、国同士の外交関係以上に長い歴史があると言えるでしょう。

初代駐日公使ハーバート・マーラー（Herbert Marler）は、9月に着任すると、早くも11月末には関西学院を訪れています。『関西学院新聞』によると、C. J. L. ベーツ院長の紹介により、中央講堂で「国際的大講演会」が行われました。実は、戦後の話になりますが、ベーツ自身もカナダ政府から駐日大使の打診を受けていたことを、教え子であり、初代高等部長を務めた河辺満甕（みつかめ）（「学院探訪52」参照）が明かしています。河辺によれば、ベーツの態度の特徴は「寛大、人格尊重、調和、協力」だったそうです。

両国間には不幸な時代もありました。カナダのドイツへの宣戦布告は1939年9月10日でしたが、参戦を決めた下院議会において、唯一人立ち上がり、いかなる戦争も悪であるとの信念を感動的な言葉で訴えた議員は、関西学院大学法文学部長を務めたH. F. ウッズウォース（Harold Frederick Woodsworth）の兄でした。

長らく関西学院の理事を務めたダニエル・ノルマン（Daniel Norman）の長男ハワード（Howard）、次男ハーバート（Herbert）兄弟の存在も忘れることはできません。兄は宣教師となって関西学院大学神学部で教えました。外交官になった弟は共産主義者との疑いをかけられ、1957年にエジプトのカイロで痛ましい最期を遂げました。その時、関西学院には新聞記者が詰めかけたと伝えられています。

1961年には、国賓として来日中のディーフェンベーカー（John George Diefenbaker）首相が関西学院を訪問しました（「学院探訪54」参照）。

ハーバート・マーラー初代駐日カナダ公使とベーツ院長、1929年11月26日または27日

時計台の時計にまだ針がありません。学生5人が発起人となり、時計が設置されたのは、1933年3月でした。（アルマン・デメストラル氏所蔵）

ノルマン一家、1939年

中央の男性が「長野のノルマン」と言われたダニエル、左端は長男ハワード、4人目は次男ハーバート。（アルマン・デメストラル氏所蔵）

学院探訪 50

マッケンジーとガントレット

カナダのメソヂスト教会は1873年に日本伝道を開始しました。その第2陣として、1876年に来日したC. S. イビー（Charles Samuel Eby）は、1885年の休暇帰国の際、日本で英語教師が求められていることを学生たちに訴えました。その声に応え、1890年末までに16名の若者が日本の土を踏んだと言われています。彼らは正規の宣教師とは異なり、必要な経費を自給して活動しました。その中に、1887年に来日し、のちに関西学院の理事を務めたD. R. マッケンジー（Daniel Rial McKenzie）がいます。金沢の第四高等学校（現・金沢大学）で英語とラテン語を教えたマッケンジーは日本語の上達が早く、1890年には正規の宣教師となるよう要請を受けました。日露戦争が始まると「金沢育児院」を開設し、戦死した兵士の家族の救済に務めました。と言うのは、金沢に司令部が置かれた第九師団は、開戦4カ月後、乃木希典率いる第三軍に編入されて旅順総攻撃に加わり、甚大な被害を受けたからです。日露戦争で石川県が受けた人的被害は、一家族当たり平均一人にもなりました。

マッケンジーと親しかったのが、イビーの求めに応じ、1890年に来日したイギリス人、エドワード・ガントレット（Edward Gauntlett）です。パイプオルガンの名手として知られたガントレットは山田猪九子（恒子）と結婚しました。そして、第六高等学校（現・岡山大学）に赴任中の1901年、恒子の弟、山田耕筰を岡山に呼び寄せ、音楽を教えました。その後、関西学院で学び、東京音楽学校に進学した耕筰は、ドイツ留学を経て、世界的作曲家になりました。音楽だけでなく、英習字、速記術、エスペラント語、卓球もガントレットから学び、「吸水紙のように、義兄の与える何でもを吸収した」と書いています。そのガントレットにエスペラント語を紹介したのは、マッケンジーでした。

金沢育児院、1905 年?
D. R. マッケンジー夫妻が 1905 年 7 月に開設した「金沢育児院」は、「梅光児童園」(写真提供) となって、今も金沢の地で続いています。

学生時代の山田耕筰
山田耕筰は、1902 年から 1904 年まで関西学院普通学部で学びました。
1933 年に誕生した校歌「空の翼」は、山田の作曲です。

「空の翼」楽譜（部分）

「財務長官」と呼ばれた男

カナダのメソヂスト教会が関西学院の経営に参画した1910年、2人のカナダ人宣教師、C. J. L. ベーツとD. R. マッケンジーが着任しました。この2人は、それぞれ異なった立場で、関西学院の発展に大きく貢献しました。

ベーツは、2年後に開設された高等学部（文科・商科）の責任者となり、高等学部のために“Mastery for Service”を提唱しました。現在、この言葉は関西学院全体のモットーになっています。さらに、1920年から40年まで第4代院長を務めました。一方のマッケンジーは、関西学院の財政基盤を整えると、1913年3月に開催された日本メソヂスト教会東部年会で「中央ミッション」の任を受け、東京に移っています。しかし、20年以上にわたり、理事として関西学院を支えました。1935年に74歳で亡くなり、東京の青山霊園に眠っています。

ベーツより16歳年長のマッケンジーは、イビー自給バンドの一員として1887年に来日し、金沢の第四高等学校（現・金沢大学）で英語とラテン語を教え、高い評価を得ていました。1891年に日本年会の正式メンバーとなり、日露戦争中は金沢に育児院を創立しました（「学院探訪50」参照）。数字に強く、抜群の財務能力を生かして伝道局の仕事を発展させ、「財務長官」と呼ばれました。P. G. プライス（Percival Gardiner Price）は、来日した際、マッケンジーが港に迎えに来てくれた時のことを書いています。皆がお喋りに夢中になる中、マッケンジーは荷物のあとを追い、数を確認し、正しく運ばれるのを見届けていたそうです。

アメリカの教会との合同経営を積極的に推し進めた「財務長官」マッケンジーと教育者ベーツは、関西学院にとってどちらが欠けてもならぬ車の両輪でした。

D. R. マッケンジー
(アルマン・デメストラル氏所蔵)

D. R. マッケンジーの娘エセル(Ethel)と乳母、1898年
(ポール・ウィリアムズ氏所蔵)

着物贈呈式、2018年12月20日
ベーツチャペル(上ケ原キャンパス)で、D. R. マッケンジーの娘エセルの金沢時代の着物が孫息子ポール・ウィリアムズさん(Dr. Paul Williams)から大学博物館(館長:河上繁樹文学部教授)に寄贈されました。曾祖父の生涯に関心をお持ちのポールさんは、そのあとを継ぎ、関西学院大学でカナダ研究客員教授を務められました。

ポール・ウィリアムズさんと田中敦学院史編纂室長、2019年12月23日
学院史編纂室が管理する旧院長室のために、九谷焼の恵比寿像と大黒像のご寄贈を受けました(第7章「奉安庫が残る旧院長室」参照)。

学院探訪 52 「炎のランナー」を支えた友情

1924年のパリ五輪陸上400mのイギリス代表エリック・リデル（Eric Liddell）の金メダルの陰には、のちに初代高等部長を務めた河辺満甕（みつかめ）の友情がありました。その詳細を、河辺の死後出版された著書『千里山の声』（1971年）が教えてくれます。

1919年に高等学部（文科）を卒業した河辺は、留学先のエディンバラ大学でリデルと親しくなり、その隣室に移り住みました。宣教師の両親のもと、天津で生まれたリデルは、大学のラグビーチーム主将を務める街の英雄でした。1923年のある日、リデルからパリ五輪100mのイギリス代表に選ばれたことを告げられた河辺は、自身の短距離選手としての経験を生かし、練習を手伝い始めます。河辺の手元のストップ・ウォッチが何度か世界記録を示したことは、2人だけの秘密でした。

ところが、翌年春、リデルは出場を辞退しました。競技が日曜日に行われることがわかったからです。驚いた河辺は、「君が日曜日に走って勝ったら、それでもう神の栄光をあらわすことになるではないか」と、翻意を促しました。しかし、信仰心篤いリデルの決意は、岩のように固かったのです。

6月、リデルは平日に行われる400mに欠員が出たことを知り、出場を申し出ます。それからパリに出発するまでの2カ月間、死に物狂いで練習に取り組みました。河辺はパリに同行し、世話を続けました。予選を突破したリデルは、「カワベ君、どうか僕のために祈ってくれよ」と言って、決勝に臨みました。

決勝がスタートしました。200mまではリデルがトップです。しかし、そのあとが続かないことを知っていた河辺は一心に祈りました。すると、信じられないことが起こりました。失速するどころか、300mあたりからむしろ加速し、一着でゴールしたのです。47秒6という世界新記録でした。栄冠を目の当たりにした河辺はこう書いています。「わたしは信仰の力、神の援助、精神力の奇跡を信じます」。

高等部長時代の河辺満甕
河辺は、1940年12月、カナダに帰国するC. J. L. ベーツ第4代院長から "Keep this holy fire burning." の言葉を託された教え子の一人でした。戦後、新設された高等部の初代部長に就任した河辺を恩師夫妻（写真）が見守っています。
（『高等部卒業アルバム』1952年）

高等部校舎送別のつどい、1989年7月22日
高等部新校舎と高中部礼拝堂が9月1日に竣工し、高等部は7日の始業式から新校舎での活動を開始しました。それに先立ち、旧高等部校舎（旧制中学部校舎）送別のつどいが開かれ、旧制中学部同窓、高等部同窓、元教員など800名が集まりました。
この時、旧校舎前に植えられていた「白木桜」の移植と記念碑の移動も行われました。

学院探訪 53

クリスマスキャロル

クリスマスの季節になると、関西学院グリークラブによるクリスマスキャロルを楽しみにされる方も多いことでしょう。かつては、宣教師館周辺もグリークラブのキャロリング先のひとつでした。訪問を受けた宣教師とその家族は、学生たちの心遣いに感謝し、日本を去った後もその美しい歌声を忘れることはありませんでした。

長年文学部長を務めたカナダ人宣教師 H. F. ウッズウォース (Harold Frederick Woodsworth) の次男ディヴィッドさん (David) は、グリークラブのお気に入りは「もろびとこぞりて」"Joy to the World" だったと教えてくださいました。"the world" の発音に難があったことまで懐かしんでおられました。また、父親がクリスマスに必ず歌うのは「ウェンセスラスはよい王様」"Good King Wenceslas" だったそうです。

戦前の中学部で教えていたカナダ人宣教師 M. M. ホワイティング (Melvin Mansel Whiting) の長女フローレンスさん (Florence) は、クリスマス・イブの想い出をこう記しています。「宣教師館が 10 軒並んでいました。私たちの家は 6 番です。最初は、遠くでかすかに聞こえるだけでした。歌声が段々大きくなってきました。とうとう、我が家に来ました。ちょうど私の部屋の窓の外に！　部屋は 2 階だったので、学生さんがよく見えました。夜遅かったけれど、私はベッドから飛び出し、窓に駆け寄りました。『メリークリスマス！　ホワイティング先生のお嬢ちゃん』。グリークラブのお兄さんはそう言って私に手を振り、歌い始めました」。フローレンスさんも学生たちの英語の発音が不正確だったことを指摘しています。しかし、そのハーモニーの美しさはこの世のものとは思えませんでした。ベッドに戻った小さな女の子は、寒空に最後の音が吸い込まれるまで、身じろぎもせず耳を傾けたのでした。

上ケ原キャンパス、1960年頃
右端に外国人住宅（宣教師館）が10軒並んでいます。2023年現在残っているのは、手前から6軒。

宣教師館のクリスマス、1938年頃
手前の男性と左端の女性がウッズウォース夫妻。

★戦時中、宣教師館は日本人に貸し出されました。1942年から48年にかけて、4号館で暮らした杉原俊一さん（中津病院副院長）は、その時の想い出を書いておられます。「衣にも食にも貧しく、最も暗く厳しい世相であったその時期を、心の故郷としていま一番懐かしく思い起こさせるほど、その地は不思議な魅力を持っていたのであろうか」（『なかつ』第23巻第3号、1997年3月20日）。

学院探訪 54 東京オリンピックとカナダ親善演奏旅行

1964年10月10日から24日まで、アジア初となる第18回オリンピック競技大会が東京で開催されました。関西学院からは、陸上競技、飛込競技、馬術、サッカー、バレーボール、レスリングに11名が出場しました。「東洋の魔女」と呼ばれた女子バレーボールチームを率いた大松博文監督は、関西学院排球部時代、「左手によるタッチ攻撃と右手によるスパイクを見事に使い分け」た名選手だったと、かつてのチームメイト末尾一秋教授が紹介しています。

この時、全国吹奏楽コンクールで2年連続優勝した応援団総部吹奏楽部がオリンピックで賑わう日本を後にしました。カナダ選手団派遣のための特別機を利用し、カナダ親善演奏旅行に向かったのです。3年前に関西学院を訪問したディーフェンベーカー首相への答礼の意味合いもあったようです。こうした各国選手団派遣機を利用したチャーター計画がオリンピックを前に次々に申請されましたが、日本の航空運賃体系を乱すとの理由から却下されました。関西学院の申請だけが、外務省、運輸省の好意により唯一の例外として認可されたと『母校通信』は伝えています。

吹奏楽部が乗った飛行機は羽田からモントリオールまで12時間半で飛びました。民間機としての世界最長記録だったそうです。ベーツ第4代院長の母校であるマギル大学を皮切りにバンクーバーのブリティッシュ・コロンビア大学まで、バスで移動しながら23回の演奏を行い、各地で歓迎を受け、マスコミにも大きく取り上げられました。さらに、アウターブリッヂ（Howard Wilkinson Outerbridge）第7代院長との再会、前年亡くなったベーツ院長の墓参りを果たし、オリンピック閉会式の夜遅く無事帰国しました。

ディーフェンベーカー首相の訪問、1961 年 10 月 29 日
関西学院を訪問したカナダのディーフェンベーカー首相と小宮孝第９代院長（左端）。小宮院長の奥は堀経夫学長。ランバス記念礼拝堂前。

『弦月』第 8 号、1965 年 4 月
吹奏楽部によるカナダ親善演奏旅行の演奏日誌が、応援団総部発行の『弦月』第 8 号（1965 年 4 月）に掲載されています。それによると、一行は、モントリオール空港に到着するなり、報道陣のインタビュー攻めにあったそうです。「現地の日本人の話では『これほどJAPANという言葉〔を〕テレビやラジオで聞いたのは〔初〕めてだ』とのこと。……マギール大学の昼食会に招かれ、総長と学長の二人そろっての挨拶を受ける。二人そろって挨拶されたのはマギールの歴史始まって以来。マギール対トロント大学のフットボールの試合を観戦に行った学生たちはインターミッションに紹介され、満場の拍手を受ける……」。

学院探訪 55

吉田松陰の脇差し

1929年、カナダ人宣教師H. W. アウターブリッヂ（Howard Wilkinson Outerbridge）の長男ラルフ（Ralph）は、医学を学ぶためカナダに帰国しました。離日前、ラルフは父の教え子藤田威和男の自宅に招かれ、日本刀の見事なコレクションを見せてもらいました。ラルフ自身も日本刀の収集を趣味にしていたからです。記念に一振りの脇差しを贈られました。以来、この脇差しは世界中どこを旅する時もラルフと共にありました。

外科医となったラルフは、1979年のある日、バンクーバーの自宅書斎の壁に飾られた脇差しに目を留めました。すっかり色褪せた錦織の鞘はその古さを物語っています。鞘内部の黒い綿の裏打ちはほとんど朽ちていました。その時、内側に何か白いものがあることに気付きました。慎重に取り出してみると、絹地に「吉田松陰好作造　松陰差料　記念品　……藤田家宝」の文字が見えました。

驚いたラルフは、これが事実ならこの脇差しは私有すべきでないと考えました。そして、その真偽が検証されました。松陰が米艦に乗り込んだ際、小舟に置き忘れた脇差しは後日、松陰に返還されました。それが藤田家に伝えられたのは、兵庫県知事、伊藤博文を通してのことだったそうです。しかし、確かな史料は見つからず、「伝吉田松陰の刀」と鑑定されました。

1988年6月8日、脇差しは松陰生誕の地でラルフの手から小池春光萩市長に返還されました。その時、日本で生まれ育ったラルフは日本語でこう挨拶しました。「松陰は幕府の禁制を犯して日本を出国し、世界に雄飛しようとはかりました。その夢は残念ながら果たせなかったわけでありますが、はからずもその刀がカナダ人青年である私に託され、世界の五つの大陸を訪れることになったわけであります……」。松陰斬首から129年後のことでした。

H. W. アウターブリッヂとその家族 、1928 年
右より、長男ラルフ（17 歳）、妻エドナ（Edna, 42 歳）、次男ビリー〔ウィリアム〕（Billy［William］, 2 歳）、長女ドロシー（Drothy, 16 歳）。3 人の子どもは皆、日本で生まれました。アウターブリッヂは、戦後、新制大学の初代学長を務め（1948-51）、1954 年からは関西学院第 7 代院長を務めました。

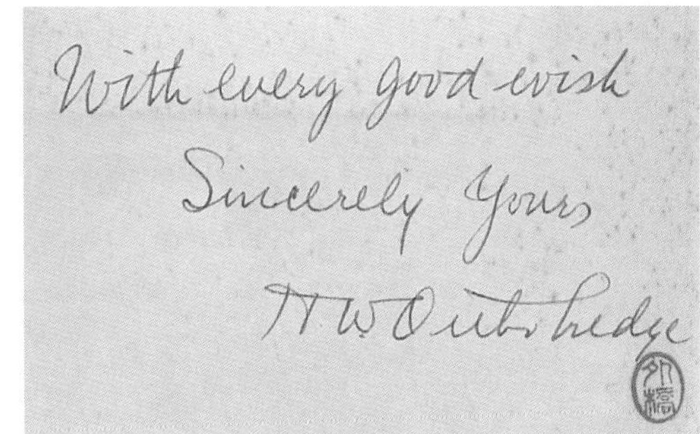

H. W. アウターブリッヂの書と印鑑
日本語が堪能な H. W. アウターブリッヂは、書を嗜み、「外橋英一」と名乗りました。

原田の森
～カナダ人宣教師の子どもの記憶～

ディヴィッド・ウッズウォース、1999年9月29日
（池田裕子撮影）

戦前の関西学院で文学部長（専門部）、法文学部長（大学）を務めたカナダ人宣教師H. F. ウッズウォース（Harold Frederick Woodsworth, 1883-1939）は、4人の子どもに恵まれた。1999（平成11）年にカナダを訪問した時、その末っ子のディヴィッドさん（David Edward Woodsworth, 1918-2010）にモントリオールでお目にかかった。ディヴィッドさんは80歳だった（「学院探訪53」参照）。

以来、メール交換が続いた。いつも英語だったが、簡単な日本語で書いてほしい、ただし漢字は使わないで、と頼まれたこともあった。

2010（平成22）年6月23日、ディヴィッドさんが白血病治療のため入院されたとの連絡をお嬢様のメアリー・ワグナーさん（Mary Wagner）から受けた。退院して自宅に戻ったらメールするとのことだった。ところが、8月15日、ご子息のパトリックさん（Patrick Woodsworth）から悲しい知らせが届いたのである。

> 父ディヴィッド・ウッズウォースが、昨日、モントリオールのセント・メアリー病院で安らかに亡くなりましたことを深い悲しみの中、お知らせします。91歳でした。（略）
> 私は、あなたが父と親しくしてくださっていたことを存じています。父の死をあなたに個人的にお伝えするよう、父は言い残しました。私たちの大きな喪失感を共有していただけることと思います。
> 長い人生を通し、関西学院を思い、関西学院に関心を持ち続けたことが、父の大きな満足と幸せの源であったことも知っておいていただきたいと思

います。私自身も、高校生だった1958（昭和33）年、父と一緒に関西学院を訪問しました。
ご存知のように、父はカナダにおける社会福祉の理論と実践の真のパイオニアの一人であり、モントリオールにあるマギル大学の社会福祉スクール教授、およびディレクターとして長年にわたり活躍しました。その貢献が認められ、退職の際、名誉教授の称号を授与されました。
父は、関西学院とのつながりを非常に深く、絶えず感じておりました。関西学院関係者に自分の死を知らせてほしいと望んでおりました。父の訃報を平松［一夫］学長にお伝えくださいますようお願い申し上げます。

生前、ディヴィッドさんは、ベーツ第４代院長が描いた油彩画「宮島」、ベーツ院長のアカデミックガウン（「学院探訪20」参照）、神原浩のエッチング（第７章「奉安庫が残る旧院長室」参照）等を関西学院にご寄贈くださった。

「宮島」C. J. L. ベーツ（油彩）

私の方からディヴィッドさんにお送りして一番喜ばれたのは、お父様のお墓の写真だった。お父様は、1939（昭和14）年に関西学院で亡くなったため、東京の青山霊園外人墓地に眠っておられる。

青山霊園は、明治維新の功労者や文学者、芸術家、政治家等、著名人のお墓が数多くあることで知られている。犬養毅、大久保利通、尾崎紅葉、北里柴三郎、後藤新平、志賀直哉、乃木大将、松岡洋右、宮田輝、森有礼……。忠犬ハチ公のお墓もある。その中に、120区画の外人墓地があり、江戸時代末期から大正期に来日し、日本の近代化に貢献した人々が眠っている。日本の紙幣・切手印刷の基礎を確立したキヨッソーネ（Edoardo Chiossone）、近代水道の父パーマー（Henry Spencer Palmer）、近代窯業育ての親ワグネル（Gottfried Wagner）……。教育の近代化に貢献した宣教師のお墓も多い。関西学院に関係したカナダ人宣教師として、ディヴィッドさんのお父様以外にも、D. R. マッケンジー（Daniel Rial McKenzie, 1861-1935）、R. C. アームストロング（Robert Cornell Armstrong, 1876-1929）、A. P. マッケンジー（Arthur Pearson McKenzie, 1889-1960）のお墓がある。だから、東京出張の折、私は時間を作ってお参りするよう心がけていた（「学院探訪 24」参照）。

カナダ合同教会墓碑（青山霊園）
（2019 年 11 月 21 日、池田裕子撮影）

宣教師の子として、原田の森と上ケ原で育ったディヴィッドさんから教えていただいた話で忘れられないのは、原田の森の宣教師館とキャンパスの様子である。カナダでお会いした時、ベーツ院長のことは畏まって「ドクターベーツ」と呼んでいたが、その夫人のことは愛称で「ハティおばさん」と呼んでいたと、子どものような笑顔で語られた。メールに懐かしい想い出を書いてこられることもあった。2002（平成 14）年 3 月 2 日付メールにあったニュートン第 3 代院長の想い出は、『学院史編纂室便り』第 17 号（2003 年 5 月 10 日）で紹介した。

以前お話ししたことがあったかもしれませんが、私にはこんな想い出があります。ジョン・ベーツ・ジュニア（ベーツ院長次男）かロバート（同三男）が、関西学院のキャンパス周辺のタンポポを私に摘ませ、ニュートン夫人の所に持って行かせました。なぜなら、花を摘んで持って行くと、ニュートン夫人はクッキーをくれると言ったからです。本当に親切な人たちでした。

2005（平成 17）年 4 月 16 日付メールに添付されていた文章にも、子ども目線の記憶が生き生きと描かれていた。今となっては貴重な記録なので、日本語に翻訳し、紹介しておきたい。

ウッズウォース夫人聖書研究会（高等学部）、1915 年頃
母の胸に長女メアリー、父の胸に長男ケネスが抱かれている。

カナダメソヂスト教会宣教師とその家族、1922 年
前例左から５人目に長男ケネス、その横に次男ディヴィッド（この写真の中で最年少）、次女シルヴィア、右から５人目に長女メアリー。

原田の森の想い出

ディヴィッド・ウッズウォース

幸いなことに、私は父の休暇帰国中にキングストンの祖父母の家で生まれました。２人の姉と兄は皆、日本で生まれたので、のちに入国管理局で大変な目に遭いました。私が生まれてすぐ、父がコロンビア大学で勉強している時、兄と私は数カ月間ニューヨークに連れて行かれました。その意味で､私はニューヨーカーと呼べるかもしれません。

おそらく1919年の夏だったと思います。私たちは全員日本に戻り、アメリカの南メソヂスト監督教会と共同でやっていた学校のキャンパスの一番上の、円柱が何本か立つ、大きな黄色い木造住宅に引っ越しました。 そこは、私たちの前に住んでいた人の名前から、「アームストロング」館として知られていました。こうして、宣教師の家族が休暇から戻ると、休暇の順番が来て空いた家に入居していたのです。しかし、私にはこの家がキャンパスで一番良い家に思えました。おそらく、南部のプランテーション・ハウスをモデルにしたのでしょう。上にも下にも、正面に広いベランダがありました。外には広い前庭があり、キャンパスの周りの道路に通じる階段がありました。隣家との仕切りはなく、それぞれの庭に高いモクレンの木がありました。私たちの庭には、キョウチクトウ、ツバキ、ヤシ、モミジ……。そして、玄関に続く階段の石の間にはクローバーが植わっていました。

学校の敷地全体は高い石垣で囲まれていました。片側にユーカリの巨木が何本かありました。香(かぐわ)しい実が落ちると、下の道を通る人たちに無作法に投げつけていました。キャンパス内にはクスノキがあり、その根っこを掘って「サッサフラス」と呼ばれる、クローブのような味のするスパイスを取り出し、噛んでいました。また、白松の大木もあり、登るのに最適でした。

学校に通うようになるまで、前庭とキャンパスが私の主な遊び場でした。ある日、蛇の芸で生計を立てていると思われる男がやってきました。実際は私の記憶とは違うかもしれませんが、小さな蛇を口に入れ、鼻から出すという芸をしているようでした。また、ある日、母が家の中でお茶会をしていた時、家の前の庭でカラスと話をしたことがあります。カラスは小さな木にとまり、私に向かって鳴きました。私は同じ言葉で答えるしかないと思い、本当に会話しているのだと確信しました。

裏手には使用人のための建物がありました。2階が使用人の部屋で、下は薪小屋と物置小屋でした。昔の南部の奴隷小屋をイメージしているのでしょうか。さらに、裏庭には屋根のある井戸、ビワの木、柿の木、朝顔の生け垣……がありました。

裏庭は、母やお手伝いさんの洗濯場でもありました。大きなピカピカの「カッパー」と呼ばれる桶があり、それで煮たり洗ったりすすいだりしていました。〈略〉

内部は、中央のホールがキッチンにつながり、その横に長い直線の階段がありました。ホールの右にリビングルームがあり、ベランダに面した出窓があります。ホールからこの部屋へはドアが1つあります。リビングルームの奥には、一度も閉じられたことのない、幅広の両開き扉の先にダイニングルームがあり、その奥には一段下がったところに、食器室の付いた横長のホール、そして、その奥にキッチンがありました。私は小説を読む時、よくこの部屋を想像の中で使っています。

リビングルームを挟んだ反対側には父の書斎があり、ここでいろいろと面白いことが起こりました。ひとつは、父の大きな革張りの椅子が置かれていて、私と姉はそれを滑り台のように使うことができました。ある日、友人のデランシー・ジョーンズ（Delancey Jones）と遊んでいたのは、この部屋のクローゼットの中でした。紙を見つけ、どうやったら火が点くか試したら面白いのではないかと思いました。幸いなことに、手に負えなくなる前に兄が見つけてくれました。

その奥が「プレイルーム」で、裁縫室やサンルームとしても使われる、広くて風通しと日当たりのよい場所でした。この部屋には、屋外に出るためのドアがついていました。母はこの部屋を裁縫室としても使っていましたが、私が4歳くらいの時に、読み方を教えてくれたのもこの部屋でした。 裏の廊下からこちら側にはトイレがありました。姉は洋式トイレだったと言います。しかし、私には、壁の高いところに鎖の付いた水洗便器があったにもかかわらず、和式で床に穴が開いていた記憶があります。穴に落ちるのがちょっと怖くて、助けが必要な時はお手伝いさんを呼んでいました。台所は広く、石炭を燃やすと思われる大きな黒いストーブがありました。暖房や料理に使う石炭は、毎年、馬が引く炭車で運ばれてきました。もちろん、料理人は炭火の火鉢を好んでよく使っていましたが。

正面の階段は印象的でした。上から下まで、長い一直線だったからです。洗濯カゴをソリに見立てて、あっと言う間に滑り降りるのが楽しみの一つでした。2階にも長いホールがあり、奥から手前へと続いています。ホールの正面には、2階のベランダに通じるフレンチドアがあり、リビングルームの向こうには、ベランダに通じる大きな窓の付いた両親の寝室がありました。私は両親の部屋にいるのが好きでした。暖かい季節には、白いカーテンが風を受けて美しく揺れ、冬にはブリキのバスタブが暖炉の横に置かれました。石炭と石油のヒーターで暖を取ることもできました。 部屋の側面にも窓があり、そこでブーツを履くためのボタン掛けを習ったものです。さらにその部屋には、ガラスのような目が付いて頭が垂れ下がった、母のミンクのストールと羽毛のボアがあったと思います。

ホールの向こう側に広いゲストルームがありました。イギリスの保育園の話を読むと、いつもその部屋を思い出します。おそらく、私が初めてピーターパンの話を聞いたのは、この部屋だったのでしょう。不思議な場所でした。奥に姉たちの寝室があり、その奥に浴室がありました。階段の先には、日本の木製の浴槽がありました。2階なのでお風呂を炭で沸かすことはできないけれど、電気ストーブがあって、とても危険だったと思います。そして、両親の寝室の奥が、私と兄が寝ていた部屋です。 私の掛布団にはウサギの絵が描かれていました。毎晩ベッドの横にひざまずいて、お祈りをしたものです。また、この部屋は、2度目の扁桃腺摘出手術、少なくともそれから快復したことを思い出させます。なぜなら、その時、母は私にアメリカの1ドル銀貨をくれたからです。それは、私に扁桃腺のことを忘れさせ、近いうちにホノルル、サンフランシスコ経由で再び「故郷」に向かって出発するのだという考えに、私を慣れさせるためでした。何もかもが、私にとって素晴らしい家でした。カナダで怒濤のような生活に立ち向かう前の幸せな時代でした。

ウッズウォース家と関西学院で働く卒業生
前列、ディヴィッドさん、ご両親（ウッズウォース先生ご夫妻）、姉シルヴィアさん。

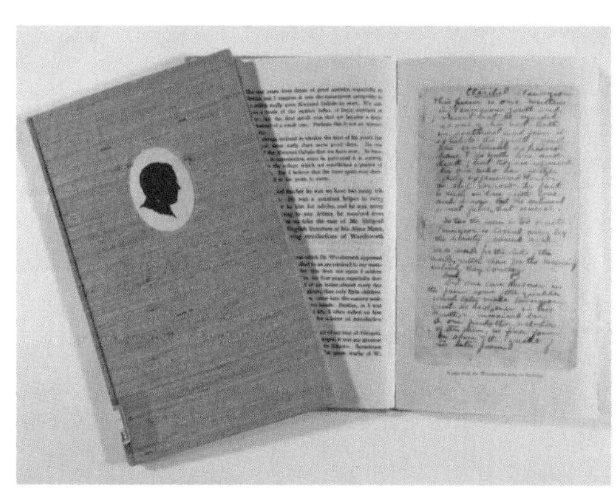

In Memoriam Harold Frederick Woodsworth D. D.
教え子の一人、寿岳文章（ディヴィッドさんの右後方）の編集により1952年に刊行された追悼集。

上ケ原
～カナダ人宣教師の子どもの記憶～

Why Japan in 1912? My missionary parents, Melvin & Olivia Whiting (private ed., 1989) は、戦前に関西学院中学部で教えていたカナダ人宣教師M. M. ホワイティング (Melvin Mansel Whiting, 1885-1955) の末っ子、フローレンス・メトカフさん (Florence Estella Metcalf, 1923-) がお書きになった本である。1912 (大正元) 年9月28日に来日されたフローレンスさんのご両親は、1920 (大正9) 年に関西学院に派遣されるまで、東京と長野で伝道活動に従事しておられた。この本には、ご両親の祖先のことから、ご両親が日本伝道を志した理由、原田の森・上ケ原での生活、カナディアン・アカデミーでの学校生活、宣教師の避暑地として知られる野尻湖の様子等が生き生きと描かれていて、大変興味深かった。

M. M. ホワイティング一家、1931年
宣教師館 (上ケ原) の玄関前で
夫婦と3人の子ども (長男ロバートRobert Harvey、次男メルヴィンMelvin Lloyd、長女フローレンス)
(アルマン・デメストラル氏所蔵)

2006 (平成18) 年秋、元宣教師の奥様であるマクシン・バスカムさん (Maxine Colbert Bascom, 1924-2015, 第2章「曾孫を探して」参照) とフランシス・ブレイさん (Frances Norine Bray, 1915-2013) を訪ね、アメリカ西海岸 (ワシントン州とカリフォルニア州) に行くことになった。この時も海外出張費の捻出に苦労した。学院史編纂室長の辻学商学部助教授は、共同研究の研究員10名に事情を説明し、総合研究費を使用しないよう頼まれた。幸い、全員から快諾を得ることが

できて、私の出張が実現したのである。辻先生がつくってくださったせっかくの機会を利用し、この興味深い本の著者にもお会いしようと私は考えた。バスカム夫人を訪ねてタコマに行くことを著者のフローレンスさんにお知らせすると、ご親切にも、私をシアトル・タコマ空港で出迎え、ご自宅に泊め、翌日マクシンさんの所まで連れて行ってあげましょうと、お申し出くださった。フローレンスさんがお住まいのベルヴューとタコマは車で40分ほどしか離れていないそうである。

こうして、2006年10月26日、私は本の著者にお会いすることができた。その時、フローレンスさんは83歳だった。4人の子どもを育て上げ、5年前にご主人を亡くされてからは一人暮らしとのことだった。毎年、近くのコミュニティ・カレッジに留学する日本人学生のホームステイを引き受けておられた。また、ベルヴュー市は大阪の八尾市と姉妹都市提携を結んでいるが、その姉妹都市委員会の委員として長年活躍してこられた。お会いした時は、委員長の重責を担っておられた。さらに、シアトル近郊の日系企業に日本から3-4年ごとに派遣されてくる駐在員の妻たちに、英語やアメリカ文化や料理を教えておられた。

実際にお目にかかると、ほかにも日本に関するご著書のあることがわかった。

・*A Peek at Japan*, Metco Pub., 1992.

　元々は、アメリカの子どもたちの日本理解を助けることを目的に書かれたものであるが、大人にも十分役立つ。日常の挨拶から文字、日本の祭りや歌から日常生活に至るまで、イラストと共にわかりやすく紹介されている。

・*Scientia Clavis Successus, Knowledge is the key to successful service*, private ed., 1998.

　ご自身が学ばれたカナディアン・アカデミーの歴史を卒業生たちから寄せられた想い出の言葉と共にまとめられたもの。写真も掲載されている。中でも、占領下の日本に、通訳として来日された折に撮影された戦争の傷跡も生々しいカナディアン・アカデミーの写真は迫力がある。フローレンスさんはジープで関西学院も訪れ、黒く塗られたままの時計台の写真も撮影しておられる。さらに、戦前の歴史を中心にしたものも執筆されている（*The Canadian Academy, The History of Pre-Pacific War CA 1911-1942 with a Brief Overview of the Post-war of CA 1951-1998*）。

・*Hashioki, Japanese chopstick rests*, private ed., 2003.

フローレンスさんのご自宅の壁には、800個もの箸置きが飾られていた。この本では、収集された箸置きの写真と共に、その箸置きに関連する日本文化を紹介しつつ、ご自身の日本での経験を重ね併せて文章にされている。

原田の森生まれ、上ケ原育ちのフローレンスさんは、戦前の関西学院を大変懐かしそうに語られた。それだけに、占領下の日本に通訳として来られた時に見た日本の姿は衝撃的だったようだ。「私は、日本と日本人が大好きだった。日本人は、私にとって親しい友人だった。その日本人の目が変わってしまったの。戦争に負けた日本人が、通訳として再来日した私を見る時、それは征服者に対する眼差しだった……」。こう言ってフローレンスさんは言葉を詰まらせた。通訳として3年の勤務を終え、離日してから、ほんの数日間東京を訪れる機会があったそうだ。その時は、東京の変貌振りに驚かれたそうである。「今の関西学院は、私の知っている関西学院ではなくなってしまっているでしょうね」と寂しそうにつぶやかれた。

通訳のご経験があるとお聞きしていたので、日本語でお話しいただけるかと淡い期待を抱いていたが、「日本人をホームステイさせているので日本語厳禁」と、宣告されてしまった。そして、私の英語の発音の誤りを指摘し、聞き取れない単語や言い回しを私が理解するまで説明してくださった。その一方で、おいしい日本茶を入れ、玄米を炊き、ふりかけを用意するなど、日本からの長旅で疲れている私を気遣う実に温かいもてなしを受けた。

1986（昭和61）年には、関西学院の古い資料の収集に関心をお持ちだった社会学部の真鍋一史先生の訪問を受けられたことがあるそうだ。私がフローレンスさんのお宅を訪ねた時のことは、「アメリカ西海岸に3人の女性を訪ねて～フローレンスさん、バスカム夫人、ブレイ夫人～」（『学院史編纂室便り』第24号、2006年12月12日）

で紹介している。

2012（平成24）年、ご両親の来日100年を記念し、*A Centennial of Memories 1912–2012 "Dad, Mam and Me"*（private ed.）を出版された。お子さんやお孫さんに、自分たちと日本との関係を知ってほしいと願われてのことだった。その中に、2年前にグリークラブがシアトルに来た時のことも書かれていた。この時、アメリカツアーに先駆け、シアトルの教会で最初の演奏会が行われたようだ。子ども時代のフローレンスさんがグリークラブのキャロリングを楽しみにされていたことは既に紹介した（「学院探訪53」参照）が、それから70年ほど経っての感動的再会である。演奏終了後、立ち上がって挨拶された時、涙がこぼれたと書いておられる。隣の席には賀川豊彦のお嬢さんが座っておられたそうだ。

この最新のご著書の中から、関西学院が創立の地、原田の森を離れ、上ケ原に移転した頃のフローレンスさんの生活を取り上げ、紹介したい。

宣教師とその家族、1938年
フローレンスさんは前列左から4人目。

上ケ原での生活とカナディアン・アカデミーへの通学

フローレンス・メトカフ

1929 年、関西学院も神戸から約 30 キロ離れた神戸と大阪の中間地点にキャンパスを移しました。学校［カナディアン・アカデミー］から阪急電車に 30 分乗ると、私たちの小さな駅、仁川に着きました。

1929 年には、きちんとした黒い制服を着て、KG の三日月マークの付いた帽子を被った何千人もの若者が近くの神戸や大阪から電車で通ってきました。それは第二次世界大戦まで続きました。当時、父は中学部の英語の聖書史の先生でした。私たちも引っ越しました。寝室が４部屋もある大きな教師館が 16 棟ありました。日本人教師用に６棟、外国人宣教師用に 10 棟―カナダ・メソヂストの５家族とアメリカ・南メソヂストの５家族―でした。

新しい建物がまだ建設中でした。3 階建ての新しい建物の、ジグザグに組まれた竹の足場を登ったり降りたりするのは、ワクワク、ドキドキの経験でした。もちろん、私と友人たちは、夕方になって職人さんたちがいなくなるのを待たなければなりませんでしたし、親に見つからないよう気をつける必要がありました。水田地帯には小川や用水路の池があり、甲山の麓には大きく曲がった松の木が生えていました。山を登ったり、洞窟を探検したりするのが楽しみでした。

宣教師館は、新しくて大きくて、とても快適でした。2 階の私の寝室には、小さなポーチも付いていました。父の日本人生徒とその両親は、いつでも大歓迎でした。生徒たちは教室で宣教師から学ぶだけでなく、宣教師の家族や、ホワイティング家の非公式な夕べでも学びました。初期の宣教師、特に第二次世界大戦前の宣教師は、キリスト教のメッセージを言葉だけでなく、行動で伝えました。

〈略〉

玄関の外には、いつもウェルカムマットが敷かれていて、日本人生徒は昼夜を問わず、気軽に遊びに来ました。私の記憶では、両親の行動は派手ではなく、シンプルで誠実で、生徒一人一人、それぞれの人生を気遣うものでした。一人一人が大切で、命は尊い、両親の生活は、彼らの深い信念の表れだったのだと思います。

〈略〉

［カナディアン・アカデミーに通うため、］毎日、バスで甲東園駅まで行くか、自転車で１キロ半ほど離れた仁川駅まで行きました。切符売りの小屋の裏に自転車を停めました。鍵もかけずに。日本人は正直で、他人の持ち物を大切にすると信じていました。自転車が盗まれたことは一度もありませんでした。

日本人は外国人の子どもたちをどう見ていたのでしょう。時々、私たちはあまり良い振る舞いをしませんでした。電車が停車して乗客が乗り降りする時、乗客を押しのけて飛び降り、後ろの車両に走って、自動ドアが閉まる前に飛び乗ることがありました。乗り込もうとする乗客を押しのけて降りるのです。きっと多くの日本人は、「あの外国人の子どもたちは無礼だ」と思ったに違いありません。

そうです。恥ずかしい振る舞いをしていました。自動ドアが閉まる前に戻れないこともありましたよ。そうすると、次の電車まで10分も待たなければならず、学校に遅刻してしまいます。今日はどんな言い訳をしようか。昨日、先生になんて言ったかな。

〈略〉

上筒井駅［1920年に設けられた阪神急行電鉄（現在の阪急電鉄）の神戸側の終点］からカナディアン・アカデミーまでは、歩いて10分ほどでした。途中の道に漂っていた匂いを私は決して忘れないでしょう。大根畑の間のジグザグ道を進み、１メートル20センチ四方の穴を２つ通り過ぎました。その穴には畑に撒くための人糞と刻んだ藁が詰まっていました。雨を防ぐため、それぞれの穴、肥溜めには小さな藁の屋根がかかっていました。この文章を読むと、思わず鼻をつまんでしまうかもしれません。私はそうでした。しかし、これは命の循環の一部、物質のリサイクルで、野菜を大きく育てるのです。この種の施肥は「ハニーポット」とも呼ばれ、日本で急速に失われつつあります。トイレを計画的に空にすることは、日本経済にとって不可欠なことでした。屎尿（しにょう）は深い穴に注がれ、藁と混ぜ合わされて天然の肥料になりました。ひどい匂いでした。日本の耕作地は国土の16分の1しかありません。ですから、日本の農民は最も効率的な方法で作物を植え、適切な肥料を施さなければなりませんでした。もちろん、今は日本のほぼ全土に近代的な下水道が広がっています。では、ここアメリカはどうでしょうか。配管が通っていない「アウトハウス（屋外トイレ）」はまだあるでしょうか。あります！　今度、車で遠くの農場に行ってみてください。

学校から仁川に戻って、関西学院の新しいキャンパスや大きな宣教師館や庭で過ごすのは幸せでした。裏に小さな池があって、非常時のために水を溜めていました。池の周囲は約600メートルで、深さは1.8メートル、あまり魅力的な泳ぎ場ではありませんが、楽しく遊ぶには素晴らしい場所でした。底がぬかるんでいたので、滑り込む時は注意しました。池から出るには、苔で覆われた滑りやすい岩を登らなければなりませんでした。

カエルがたくさんいて、長さ10センチほどの、細長いアカハラサンショウウオもいましたが、私たちを煩わせることはありませんでした。正直言って、今書いているだけで、少しもぞもぞしています。

カエルといえば、春にはたくさんのおたまじゃくしが誕生しました。おたまじゃくしを集めて小さな瓶に入れ、その長いしっぽが奇跡のように消えていくのを眺めたものです。でも、足は一体どこから生えてくるのでしょう？　その後、特別なお別れの儀式が行われ、ぬるぬるとした生まれ故郷、裏の池に投げ戻されました。

池の向こうには竹やぶがあり、かくれんぼ（そうです。日本の子どもも同じ遊びをするのです）をするには絶好の場所でした。

山裾には小さな松の木があり、毎年春になると、斜面は白、オレンジ、ピンク、紫、赤のツツジのペルシャ絨毯と化します。日曜午後のいつものハイキングで、私は真っ先に走って、珍しい真っ赤なツツジを見つけようとしたものです。それらは小さいので、大きな茂みの下に隠れているのです。まるで宝探しでした。

上ケ原の宣教師館、1929年
広い庭のある洋館が10棟並んでいました。
(アルマン・デメストラル氏所蔵)

黒く塗られたままの時計台とフローレンスさん、1948年
時計台の背後にあった池は格好の遊び場でした。正面からの写真は326頁参照。
(アルマン・デメストラル氏所蔵)

フローレンスさん近影
ご著書の一部を翻訳して紹介したいと考えていることをお知らせすると、ご快諾のお返事と共に近影が送られてきました。

ベーツ院長の写真アルバム

2014 年 9 月 28 日、西宮上ケ原キャンパスの時計台が大学博物館として開館しました。関西学院創立 125 年記念事業のひとつでした。その 2 年前の夏にカナダを訪問した際、C. J. L. ベーツ第 4 代院長のご令孫アルマン・デメストラルさんに大学博物館開館の予定をお話しし、その展示に使うため、お祖父様が残されたご家族の写真アルバム 12 冊を貸してほしいとお願いしました。年が明けた 2 月末、モントリオールのアルマンさんから、アルバム以外の写真や日本から送られたカードも入った 2 箱の荷物が届きました。貸出期間は、当初 3 年間の予定でしたが、アルバム自体を大学博物館の展示に使うこともあり、結局 9 年もの長期にわたりお貸しいただきました。

アルバムの写真は、この本にも使わせていただきました。ここでは、初代駐日カナダ公使と初代在カナダ日本公使の写真をご覧ください。

昼食会で挨拶するハーバート・マーラー初代公使
主催は E. W. ジェームス（1889 年に神戸で生まれた英国人貿易商。神戸の垂水に邸宅が残されている）。ベーツ院長もどこかにいるはず。
（アルマン・デメストラル氏所蔵）

徳川家正初代公使を囲んで
左から 4 人目が徳川公使。ベーツ院長は左から 2 人目（後列）。
（アルマン・デメストラル氏所蔵）

第 7 章

戦争

旌忠碑、1963 年

1940 年 2 月 18 日、日清戦争以降の関西学院関係戦死者 168 名の名前が刻まれた旌忠碑の除幕式が執り行われました（西宮上ケ原キャンパス中央講堂東）。関西学院創立五十周年事業の一つでした。1963 年 7 月 9 日、関西学院を訪れたスタンフォード大学の学生 25 名は、旌忠碑に花輪を捧げ、黙祷しました。

現在の旌忠碑
（2022 年 4 月 25 日、池田裕子撮影）

学院探訪 56

ロシア人捕虜の子セネカ

司馬遼太郎の代表作『坂の上の雲』の舞台松山は、関西学院を創立したアメリカ南メソヂスト監督教会の伝道地です。そこに捕虜(俘虜)収容所が開設されたのは、日露開戦（1904年2月）からわずか一月後のことでした。捕虜への対応が行き届いていたため、「マツヤマ」と叫びながら日本軍に降伏してくるロシア兵が後を絶たなかったと言われています。人口3万の街に延べ6千人以上のロシア兵が送られました。捕虜の中には子ども連れもいたようで、「浜寺に3人、静岡、姫路、松山に1人の小児あり」との記録が残されています。

当時松山にいた宣教師は、数年前まで関西学院で教えていたT. W. B. デマリー(Thomas Walter Bascom Demaree)でした。デマリー家は、捕虜の子セネカ・ロモフ（Seneca Romoff, 8歳）を預かることになりました。セネカの父は、旅順で捕らえられた陸軍大尉でした。母親は既に亡くなっていたと思われます。言葉は通じなくても、子ども同士の遊びには何の支障もありませんでした。デマリー家の子どもたちは「戦争ごっこ」で撃たれた時のセネカの姿から、彼が実戦の場にいたことを知りました。

別れは突然やってきました。父親が迎えに来た時、セネカはパントリーに隠れました。デマリー家の子どもたちが見つけ出し、連れて来ました。父親が何か命ずると、セネカはデマリー夫人に駆け寄り抱きつきました。デマリー家の人々は涙を抑えることができませんでした。ところが、父の口から次の命が発せられるやいなや、幼いセネカはそのあとに従い、堂々と行進して行ったのです。その後の父子の消息は、まだわかっていません。

T. W. B. デマリー夫妻と4人の息子、1908年頃
（息子：ユージン、ケネス、ラルフ、ポール）
当初、真ん中の赤ん坊は末っ子のアリス（1910年生まれ）と考え、1911年頃の撮影として紹介したが、赤ん坊は伯父のケネスだと、アリスのご子息ラルフ・バーロウさんからご教示いただきました。

日露戦争戦捷記念碑
1909年3月10日、関西学院（原田の森）に日露戦争戦捷記念碑が建立されました。手前の石碑は、今も西宮上ケ原キャンパスにあります。

学院探訪 57

グリークラブの名曲「ウ・ボイ」

「ウ・ボイ」(U Boj, U Boj) は、日本最古の歴史を持つ関西学院グリークラブの演奏会に欠かせない名曲として知られています。この曲が伝えられた 1919 年 9 月、関西学院は原田の森 (現・神戸市灘区) にありました。シベリアを転戦していたチェコスロバキア軍が船の修理のため神戸に滞在した時、グリークラブが兵士たちと交流し、手に入れた 4 曲の中の 1 曲でした。以来、曲名が「前線へ」を意味すること以外、歌詞の言語さえ不明のまま関西学院だけの演奏曲として歌い継がれてきました。

1965 年 9 月、グリークラブは第 1 回世界大学合唱祭に招かれ渡米しました。ニューヨークのヒルトンホテルで開催された昼食会の席で陽気に騒ぐ南米の学生に触発され、グリークラブが「ウ・ボイ」を歌い始めた時、思いがけないことが起こりました。ユーゴスラビア連邦のスコピエ大学 (マケドニア共和国) の学生が立ち上がり、唱和したのです。「チェコ民謡」として半世紀近く歌い続けてきた曲が、実はユーゴスラビアの有名な歌劇の中の曲であることが判明した瞬間でした。「七つの国境、六つの共和国、五つの民族、四つの言語、三つの宗教、二つの文字、一つの国家」と言われたユーゴスラビア。「ウ・ボイ」はその中のクロアチア共和国の曲でした。

2008 年 9 月、関西学院グリークラブフェスティバルに招かれたクロアチア共和国のドラゴ・シュタンブク (Drago Štambuk) 駐日大使は、現役学生や卒業生と共にステージに立ち、「ウ・ボイ」を熱唱されました。2012 年 10 月、東京で行われた新月会 (グリークラブ OB 合唱団) リサイタルに招かれた後任のミラ・マルティネツ (Mira Martinec) 大使は、アンコール曲「ウ・ボイ」の演奏が終わるやいなや感極まって客席から立ち上がり、ステージに大きな拍手を送られました。実は、グリークラブが歌うクロアチア語の発音をどう思うか、両大使にこっそりお尋ねしたことがあります。「完璧です」。お二人はにこやかに太鼓判を押されました。

チェコスロバキア軍を迎えて、1919年9月15日
チェコスロバキア軍オーケストラと合唱隊による音楽会が関西学院で開催されました。兵士たちは、グリークラブだけでなく、蹴球部とも交流しました。(『高等商業学部卒業アルバム』1920年)

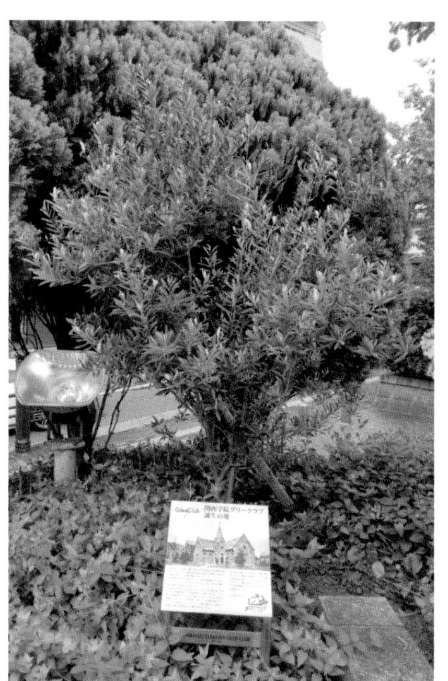

グリークラブ記念樹と記念プレート
2019年9月15日、関西学院発祥の地、原田の森に今も残る旧ブランチ・メモリアル・チャペル（現・神戸文学館）で、グリークラブ創立120周年、「ウ・ボイ」伝承100周年記念式典が執り行われました。2週間後、西宮上ケ原キャンパス中央講堂にクロアチア大使、チェコ大使、スロバキア参事官を迎え、グリークラブ120周年記念フェスティバルが盛大に開催されました。
神戸文学館前庭には、記念樹（オリーブ）が植えられ、記念プレートが設置されています。
(2022年4月22日、池田裕子撮影)

学院探訪58 天皇機関説事件と中島重教授

戦後、日本で接収された文部省思想局の秘密文書「各大学における憲法学説調査に関する文書」が米国議会図書館に保管されていたとの記事が、2006年12月20日の『神戸新聞』に掲載されました。この秘密文書は、1935年の「天皇機関説事件」をめぐり、19名の憲法学者を機関説支持の度合いに応じ3段階に分類したものです。最も危険視された「速急の処置が必要な者」8名の中に、同志社大の田畑忍、東大の宮沢俊義等と共に関西学院大中島重の名がありました。

この文書は国家権力による追及の厳しさを伝えています。「自分は機関説論者。学説に殉じるのは本懐だ」。4月上旬、検事の問い合わせにそう答えた中島は、一月後、言葉を変えました。「改説ではないが、自省して機関説を説かないことにした」。

そんな中島のことを後年、ある教え子はこう書いています。「『あんなヒトラーのナチズムはやがて歴史の審判の前に崩壊するであろう』とあの病身で痩躯な教授のキッと構えた眼光を今でもありありと想い出す」。さらに、西宮警察の特高が中島の授業の受講生のノートを手に入れようと働きかけていたとの噂もあったそうです。

中島と関西学院に対する追及の手は緩みませんでした。10月12日、文部省に呼び出されたC. J. L. ベーツ院長兼学長は、翌日の日記にその模様を記しました。「中島教授および憲法の授業について、赤間〔信義〕氏と十分話し合った。〔天皇〕機関説を教えないだけではもはや不十分、憲法の教師は『主権の主体は天皇である』ことを教えねばならないと同氏は言う」。天皇機関説を排除する第2次国体明徴声明が発表されたのは、その3日後のことでした。

新任大学教授招待会（宝塚ホテル）、1934年2月10日
中列左から2人目が中島重教授。C. J. L. ベーツ院長は前列右から4人目

高等商業学部／高等商業学校軍事教練

（『高等商業学部卒業アルバム』1930年）

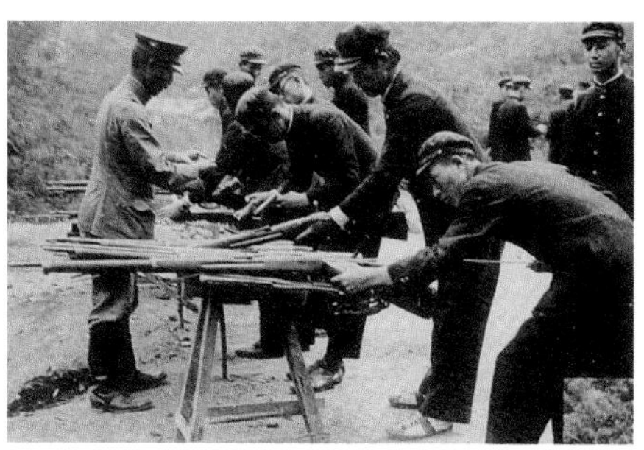

（『高等商業学校卒業アルバム』1941年）

学院探訪 59

敗戦間近の卒業証書

太平洋戦争末期の 1945 年 3 月、関西学院中学部は「教育に関する戦時非常措置方策」により、4 年生と 5 年生を同時に卒業させました。しかし、両者を 1945 年卒業生と一括りにするのは適切ではありません。前年 6 月 12 日から 3 年生以上の通年（勤労）動員が始まり、十分な授業が行われていなかったとはいえ、5 年生は曲がりなりにも規定の在学期間を満了していましたが、4 年生が授業を受けたのは約 3 年で、1 年の動員後、5 年生になることなく卒業させられたからです。また、1941 年入学生から服装が全国的に国防色の折り襟服、戦闘帽、脚絆に統一されたため、憧れの黒い制服、金色の三日月が光る関西学院独特の黒い丸帽、白脚絆を身に付けることもできませんでした。創立以来、関西学院の教育を支えて来た宣教師も入学前に全員帰国していました。

異例の卒業式は 3 月 27 日に行われました。その 2 週間前、13 日夜半から翌未明にかけての大阪大空襲で 50 万人が罹災、17 日未明には低空から神戸が空襲を受け、準備していた卒業証書が灰になりました。式で渡されたのは B5 判毛筆書きの仮卒業証書で、後日中学部事務室で大判の卒業証書と交換されたそうです。しかし、敗戦間近、連日連夜の空襲と戦後にかけての混乱の中、卒業証書を手にすることができた人はどの程度いたでしょうか。卒業式が行われたという記憶がない、卒業式の案内などもらわなかったとの声をこの年の卒業生からお聞きしています。

進学しなかった卒業生は、新年度になっても実務科生として学校の管理下に置かれ、学徒動員が続きました。8 月 15 日の玉音放送を経て、21 日に動員解除となり、実務科も解散したと思われますが、その実態は未だつかめぬままです。

中学部滑空部5年生卒業記念、1943年3月1日
3年生以上は関西学院中学部の制服・制帽姿で写っています。「開戦の年に入学し、敗戦の年に繰り上げ卒業させられた私は憧れの制服、制帽を身に付けることができませんでした」。そう語る池田忠詮（ただあき）さん（後列左から4人目、当時2年生、写真提供）は、卒業式と卒業証書の記憶もないそうです。

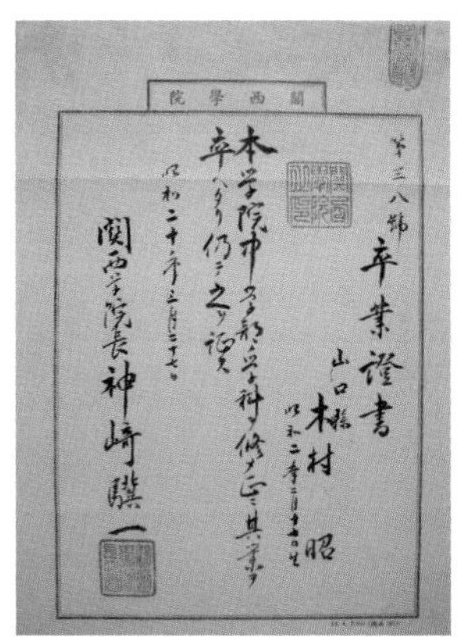

關西學院

第三八號

卒業證書

山口縣 木村 昭

本学院中学部ノ学科ヲ修メ其ノ業ヲ卒ヘタリ仍テ之ヲ證ス

昭和二十年三月二十七日

関西学院長神崎驥一

B5判毛筆書きの仮卒業証書

中学部軍事教練

ロシア兵捕虜
〜日露戦争〜

アメリカの南メソヂスト監督教会宣教師T. W. B. デマリー（Thomas Walter Bascom Demaree, 1864-1951）は、1889（明治22）年11月に来日した。来日のきっかけは、テネシー州のヴァンダビルト大学在学中に出会った日本人青年、「山口さん」だった。デマリーは、「山口さん」を通して、日本に関心を抱いたようである。デマリー家の先祖は、信教の自由を求め、1663年にフランスからオランダ経由でスタテン島に上陸したユグノーだった。父親は南メソヂスト監督教会牧師で、南北戦争後、ケンタッキー州に移り住み、巡回牧師として４つの教会を担当した。

来日後、デマリーは、初代神学部長を務めるJ. C. C. ニュートン（John Caldwell Calhoun Newton, 1848-1931）を助け、関西学院で教えた。そして、広島英和女学校（現・広島女学院）の教師、ガニア・ホランド（Gania Holland, 1871-1966）と出会い、1894（明治27）年７月10日に結婚した。ケンタッキー州出身のガニアは、関西学院の初代普通学部長、N. W. アトレー（Newton Willard Utley, 1860-1929）の従姉妹である。ガニアは、アトレーから日本の話を聞き、来日を決意したのだった。

関西学院神学部最初の卒業生と宣教師、1891年6月24日
N. W. アトレー、
J. C. C. ニュートン、
T. W. B. デマリー、
S. H. ウェンライト

長男ポール（Paul Holland Demaree, 1895-1976）誕生後、一家は神戸を離れた。成人したポールは高校教師となり、1941（昭和16）年から54（昭和29）年までカリフォルニア州のアナハイム・ユニオン高等学校（Anaheim Union High School）の校長を務めた。第二次世界大戦中、敵国となった日本の歴史や文化を生徒たちに知ってもらいたいとの思いから、ポールは自らの経験を語り始めた。日系人生徒が収容所に送られることになった時、全校生徒を集め、こう言った。「多くの点で、私はこの生徒たち以上に日本人です。なぜなら、私は神戸生まれだからです。この生徒たちはカリフォルニアで生まれました。私と同じアメリカ人です。お別れを言わなければならないことを残念に思います」（Letter of February 14, 2005, from Gania Demaree Trotter to Yuko Ikeda）。

晩年、ポールは、自らの前半生を1冊の私家本 *The Missionary Kid*（パパは宣教師）にまとめた。最後は、末期がんの苦しみの中、口述筆記で原稿に手を入れたと伝えられる。1977（昭和52）年に完成した本は、その10年後、ポールの娘ガニアさん（1927-2021）から学院史資料室（現・学院史編纂室）に寄贈された。2005（平成17）年2月、さらにもう1冊ご寄贈いただいたので、2冊目は大学図書館に置いてもらった。

本には、日露戦争中（1904-05）、一家が四国の松山にいた時の様子が生き生きと描かれている。ポールは9歳になっていた。松山には捕虜収容所が設けられた。松尾忠博編「松山捕虜収容所関係年表（抄）」（松山大学編『マツヤマの記憶：日露戦争100年とロシア兵捕虜』、成文社、2004年）によると、「松山俘虜収容所」が実際に発足したのは1904（明治37）年3月18日だった。翌年11月10日には、「捕虜総数2,164名。この員数以外に小児1名あり」と記載されている。この「小児1名」と

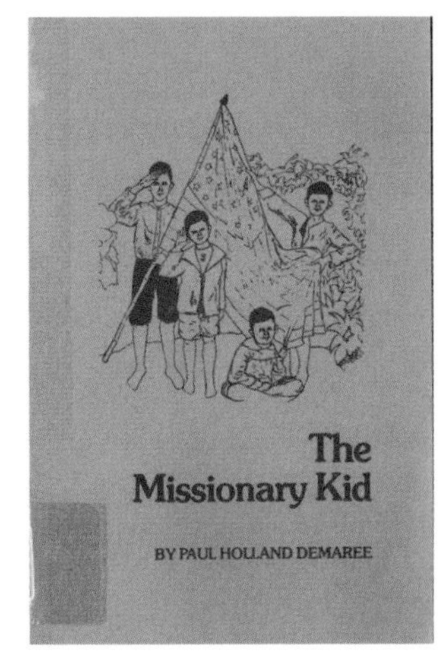

思われる８歳のセネカ・ロモフ（Seneca Romoff）も、ポールによる私家本の第４章に登場する（「学院探訪56」参照）。アメリカ人少年ポールの目を通して、戦争中の松山の様子やロシア兵との交流を振り返ってみよう。翻訳に当たり、原文にない章のタイトルと小見出しを付けた。なお、第２章に書かれている船旅の様子は、「20世紀初頭の宣教師デマリー父子の船旅（松山～神戸）－ *The Missionary Kid* より－」として、『学院史編纂室便り』第21号（2005年５月20日）で紹介した。ポールは「学院探訪42」にも登場する。

日露戦争と松山のロシア兵捕虜
（『パパは宣教師』第４章）

お手伝いさん

僕たちの家にはお手伝いさんがいましたが、それは僕たちが裕福だったからとは思っていませんでした。実のところ、それは伝道局の方針でした。父と母は二人とも宣教師として日本に派遣されていたので、伝道活動があらゆる仕事と時間の中で最優先されました。お手伝いさんがいたことで、両親は家事や所有物の管理から解放され、説教したり、教えたり、相談に乗ったりすることに、より多くの時間を費やすことができました。日本人の平均的な暮らしをするべきだと言う宣教師もいましたが、そう言う人たちもすぐにそれが間違いであることに気付きました。そんなことをしたら、伝道活動の時間を失うだけでなく、宣教師が「土地の風習をまねる」ことは馬鹿げていると考える日本人の尊敬をも失うことになったからです。

〈略〉

１日２回の礼拝が父と母の習慣でした。まず、お手伝いさんが中に呼ばれ、父が日本語で聖書の１節を読んで祈りました。それから、お手伝いさんは台所に行って、朝食をとり、僕たちの朝ご飯の支度をしました。お手伝いさんが台所で忙しくしている間、僕たちは家族の祈りの時間を持ちました。毎朝、僕たちの中で聖書を読める人がリーダーとなって、聖書を朗読して祈り、最後に皆で主の祈りを唱えました。

それから、食堂の自分たちの場所に座って、一緒に朝ご飯を食べました。

父が祈りをリードする時、父が何のために祈っているか、僕はいつも耳をそばだてて聞いていました。1904年初めのある朝、父は平和のため熱心に祈りました。日露戦争が終結し、平和な世が来ることを祈っていました。それを聞いて僕は少し混乱しました。日本人が正しいと信じるに足る理由を聞いていたし、日本の勝利を望んでいたからです。日本がロシアを打ち負かすまで戦争は終わるべきではありません。もちろん、日本が合衆国と戦っているなら、僕は違った態度をとっていたでしょう。僕はアメリカで暮らしたかったけれど、日本に反対する理由は何もなかったのです。

松山歩兵第二十二連隊

僕は、松山歩兵第二十二連隊に大変興味を持つようになりました。今も水をたたえている大昔の堀によって、街の他の部分から孤立している場所に陸軍の兵舎がありました。堀を渡る橋の一つは、僕たちの家からわずか4ブロックの所にあり、兵士の一団が1日に数回、通りを下って街の北の広場まで行進していました。通常、兵隊はラッパ吹きの音に向かって行進しました。ラッパ吹きは二つのグループに分かれ、自分たちが行進する時は交代で吹いていました。その日の学習課題を終えた時、僕はしばしば自転車で兵隊のあとをつけて、彼らの演習、特に実戦演習をスパイしたものです。避けられない戦争が日米間で起こった時、アメリカ軍に役立つ重要な情報を手に入れようと思っていました。

〈略〉

家に着いた時、僕は将来何になるか結論を出していました。僕は合衆国の軍人になります。一生懸命勉強して、ウエストポイント（陸軍士官学校）に入る試験を受け、士官になります。日米間に戦争が勃発するまでに、少なくとも大佐になります。日本語の知識があり、日本軍のやり方を熟知していることで、僕は大いに我が国の役に立ちます。戦争の英雄となり、その結果、合衆国大統領に選出されます。それが僕のゴールです。すべてとても筋が通っており、僕にはもっともなことと思われました。おそらく、僕の計画通りに進むでしょう。両親には打ち明けないことにしました。一度も口にしたことはないけれど、父や祖父のあとを継いで僕に説教者になってほしいと両親は思っていたからです。最初はがっかりするかもしれません。でも、僕の夢が叶った時、両親は僕を誇りに思うでしょう。それはちょうど、母が最近読んでくれたヨセフの物語（『旧約聖書』創世記 37 ～ 50 章）のようです。ヨセフの両親と兄たちは、ヨセフがエジプトの統治者になった時、エジプトにやって来てうやうやしくヨセフに頭を下げたのです。

ロシア兵捕虜

数日後、松山の商店街を自転車で走っていた時、髭のある白人の大男の 30 人もの一団が通りを歩いているのを見てビックリしました。全員軍服を着ていて、その内の何人かは身体の両側に刀を下げていました。一団の後ろには、肩に散弾銃をかけた日本人兵士がいました。一団は、青空市場や商店の売り物を見るため立ち止まり、時には一品、二品買い求め、また通りを歩き続けました。ロシア兵捕虜だと思いました。でも、ちっとも拘留所に入れられていませんでした。未だに刀を身に付けていました。その中の一人が僕に気付いてこちらにやって来ました。そして、フランス語とも思えない奇妙な言葉で僕に何か言いましたが、僕は頭を振ることしかできませんでした。「僕はアメリカ人です」と、胸を張って答えました。

「ああ、アメリカンスキー（アメリカ人）」と言ったので、僕はうなずきました。だけど、英語のわかる人がいないことは明らかでした。捕虜たちは僕に手を振り、そぞろ歩きを続けました。僕は急いで家に帰り、今見たことを両親に話しました。

「お父さん、あの人たちがロシア兵捕虜だとしたら、日本人はどうして街を自由に歩かせているの？　刀だって身に付けているんだよ」

「そうだよ、ポール。彼らはロシア兵捕虜だ。今日、私は市長と話をしたが、２千人のロシア兵捕虜が送られて来るらしい。捕虜の多くは負傷しているので、政府はその治療のため、仮設病院を建てているんだ。日本の当局者が、捕虜を親切に扱うキリスト教的精神を持ち合わせていることを知って、私は嬉しく思う。四国は小さいし、他の島から離れているので逃げ出すことは不可能だから、捕虜を自由にさせておいても安全なんだ。もし逃げ出そうとしても、日本人はだれも助けないだろうしね。彼らが身に付けている刀は本物の武器ではなく、装飾的な意味合いのもので権威の象徴なんだ。日本人は、昔の侍がおそらくそうしたように、ロシア人が切腹することを望んで、刀を身に付けさせたままにしているのだろうとニューウェル氏（Mr. Newell）は言っていた。だが、捕まって捕虜となったことでロシア人が面目をなくすことのないよう、日本人は帯刀を許しているのだと私は思う」

「お父さん、病院！　広場に建てているのがそうだよ。大勢の大工さんが働いていたもの。細長い建物の骨組みがもういくつかできていたよ。病院だと思う？」

「そうだろうね」と、父は答えました。「ポール、何が行われているか、そして何かわかるか、しっかり目を開けて見ていなさい」

「そうするよ。今すぐ自転車に乗って見に行ってもいい？」

「お母さんに聞いてごらん」

「お母さん、行ってもいい？」

「半時間ほどで晩ご飯よ。それまでに戻って来ることができるの？」

「うん、もちろん戻ってくるよ。だって僕はお腹が空いているんだもの」

広場まで、５～６分もかかりませんでした。人々は、工事中の建物でまだ働いていました。僕は自転車を飛び降りて、大工さんの一人に近づきました。何のための建物か尋ねましたが、その大工さんは知りませんでした。その他に何人か聞いてみましたが、今建てているのが何か知っている人は誰もいませんでした。とうとう、大工さんの一人が現場監督を教えてくれたので、僕は監督に質問しました。最初に、監督は僕がロシア人かどうか尋ねました。僕は胸を張って自分がアメリカ人であることを告げ、ロシア人である可能性を強く否定しました。そうすると、今建てているのは病院で、それは戦争で捕虜になったロシア人負傷者のためのものだと思うと教えてくれました。

僕は現場監督に感謝して、急いで自転車に乗って家に戻り、ちょうど家族が夕食の席に着く時間に帰宅しました。父が感謝の祈りを捧げるとすぐ、僕は言いました。「お父さん、僕は正しかったよ。ケガをしたロシア人のために広場に病院を建てているんだよ」

「それを聞いて嬉しく思う」と、父は答えました。「本当に元気が湧いてくるね。日本にはとてもいい医者がいる。彼らの多くは合衆国やヨーロッパで医学を学んだ。戦闘で傷ついた敵に対して慈悲深く振る舞い、できる限りの治療を施すのは、日本にとってもキリスト教にとっても素晴らしいことだ」

「私もそう思うわ」と、母が言いました。「それこそ日本人が計画していることだと思うわ。今日の午後、来客があったの。市長の奥様と市のお役人の奥様方だったわ。私に日露双方の病人と負傷者のお世話をする赤十字のメンバーになってほしいと頼みに来たのよ」

「承諾したの？」と、父が尋ねました。

「ええ、病人や負傷者の手当の仕方や、包帯の巻き方や、お医者様や看護師さんの手伝い方を教えてくれる授業に参加することにも同意したわ」

「それは素晴らしいことだね」と、父が温かい声で言いました。

「それだけじゃないのよ」と、母は付け加えました。「包帯が大量に必要になることがわかったので、あるグループをここに呼んで、午後の間、医療用に使う包帯を巻いていたの」

「僕たちは日露双方を助けているようだね」と、僕は気付きました。「だけど、僕はまだ日本に勝ってほしいな。それでも、ケガをした人に何かするというのは嬉しいことだけど」

「そうだよ」と、父が言いました。「私たちは、『敵を愛し、悪口を言う者に祝福を祈り、あなたがたを憎む者に親切にしなさい』というイエスの言葉を思い起こす必要があるね」

まだ３歳にもならない幼い弟のユージンが声を上げました。「僕、お医者様になる」

「良い子ね、ジーン」と、母は大きな声で言いました。「きっと立派なお医者様になるわ」

父は続けました。「満州を引き揚げる日本軍に天皇陛下が送られたメッセージを知っているかい？　『敵に遭遇したら、渾身の力でぶつかれ。だがその時、なおかつ敵を愛せ』天皇陛下は聖書をお読みになっているようだね」

その晩、僕はベッドに入って、僕がアメリカの兵士になったら、戦っている敵を愛することができるだろうかと考えました。

提灯行列

日露戦争は、日本軍の勝利に次ぐ勝利で進んでいきました。地元紙の号外によって勝利の報がもたらされると、いつも提灯行列でお祝いしました。群衆は、勝利の凱歌を歌い、万歳を叫びながら、ロウソクを入れた紙提灯を持って通りを練り歩きました。

そんなお祝いの最初の夜、僕と弟たちは外に出て、何をやっているのか門の所で見ていました。大勢の男性がお酒を飲んで酔っぱらっていることは明らかでした。その騒ぎに僕たちが加わったのは間違いでした。大声で万歳を叫んだため、群衆は僕たちの存在に気付きました。ロシア人だと叫ぶ人がいました。こちらに突進して来る若者がいました。僕たちのことを知っている人たちがアメリカ人だと大声で言ってくれて、騒ぎは治まりました。でも、僕たちは外国人です。何人かは、僕たちがロシア人だと言って、こちらにやって来ました。先頭の若者が僕のすぐそばに来て、僕の顔を軽く殴りました。別の子どもの父親は、群衆の後方から石を投げつけ、僕の腕に当たりました。大きな岩を持った酔っぱらいの若者が、僕にぶつかるほど近くまで群衆を押しやろうとしましたが、僕たちのことをおそらく知っている人たちによってうしろに引き戻されました。僕たちが味方で、ロシア支持者でないことを群衆がわかってくれなかったことに僕はがっかりして、弟たちを家に押し込みました。

翌日、父は警察に行って、この出来事を報告しました。警察は僕たちを守ると約束してくれましたが、夜、特に提灯行列の時は通りに出ないよう言われました。

それでも日中の外出は自由だったので、僕たちは満足でした。しかし、ある日、自転車に乗って帰宅すると、父と母が珍しいお客さんと一緒に客間にいることに気付きました。正装したロシア人士官が二人、両親の右に座っていました。そしてその反対側、両親の左には二人の日本人士官がいました。〈略〉すばやく身を隠し、何が起こっているか聞き耳を立てることにしました。会話が3カ国語で行われていることはすぐにわかりました。一人のロシア人士官がロシア語を話すと、もう片方が英語に通訳しました。父が英語を日本語に訳しました。それから日本人が日本語を話すと、父がその話を英語に訳し、今度はロシア人士官がその言葉を仲間に通訳しました。話を進めるには、やりにくく、困難な方法でした。しかし、お互いに理解し合い、同意に至りつつありました。それは、あるロシア人の少年に関することで、僕たちの家に来て一緒に暮らす可能性についての話し合いでした。これはワクワクする話だったので、僕はお客さんが帰るのを待ちきれなくなりました。それで、話の全容を知ることができたのです。

〈略〉

［母のいる］部屋に入った時、僕は言いました。「お母さん、僕が聞いた話は本当？　ロシア人の男の子が僕たちと一緒に暮らしに来るの？」

「そうよ、ポール。その通りよ。今日の午後、家にいらしたロシア人士官の一人は旅順で捕虜になったのだけど、8歳の男の子がいるの。捕虜の中に他に子どもはいないのよ。それで、日本の当局者は、父親がこちらにいる間、男の子を家で預かってくれないかと頼んできたの。どう思う？」

「それはすごいや。他の国の子と一緒に遊ぶのは面白いと思うよ。英語は話せるの？」

「いや、ロシア語だけだ」と、父が答えました。

「それじゃ、どうやって暮らしていくの？　僕たちがその子にしてほしいと思っていることをどうやってその子は知るの？」

「お互いにわかりあえる最善の方法をとるだけよ。身振り手振りで、私たちが何をどうするか示すの」と、母が提案しました。「同時に、その子からできる限りロシア語を学びましょう。その子も私たちから英語を覚えるでしょう」

〈略〉

「僕は、今、日本語と英語が話せる。もうひとつ外国語を覚えるのは楽しいと思うな」と、僕は言いました。

「そうね」と、母が言いました。「だれが一番先にロシア語を覚えるか競争しましょう」

「わかった、お母さん。僕はお母さんと競争するよ。お父さんも競争する？」

「いや、私はしない」と、父は言いました。「私はまだ日本語の修行中だからね」

セネカ・ロモフ

ロシア人の男の子は、翌日の夕食のあと到着しました。通訳を通して、男の子の名前がセネカ・ロモフであること、8歳であることがわかりました。さらに、時折父親が会いに来ること以外は何もわかりませんでした。帰る前に、父親は息子に何か言いました。男の子はパッと気を付けの姿勢になって、父親の指示を聞いていました。もちろん僕たちには何の話かわかりませんでした。それから、セネカが敬礼をして父親にさようならを言うと、すぐに立ち去りました。セネカが軍人と一緒に暮らしていたことは明らかでした。髪は短く刈り上げられていて、洋服は大人の軍服を切って小さくしたもののようでした。ブーツですら手作りのように見えました。何着か服を持ってきていましたが、どれも今着ている服と似たようなものでした。

その夜、母は僕たちのお風呂の順番を決めました。皆が浴室の隣の洗面所に入ると、弟のラルフとユージンに服を脱ぐよう言いました。セネカにも、身振り手振りで同じようにするよう言いました。セネカは何もしようとしませんでした。そこで、母はラルフとユージンの服を脱がせ、大きな日本の木製の浴槽に入れました。二人はお風呂の中でお湯をはね散らかして楽しそうに笑い始めました。母はセネカを連れて行って、浴槽の片側から中をのぞかせました。その途端、彼は服を脱ぎ捨て、二人の男の子と一緒にお風呂に入ったのです。もう十分と思って、母がセネカをお風呂から上げようとしても、あまりに楽しいので出たがりませんでした。弟たちが身体を乾かし、寝間着に着替えた頃、やっとセネカはお風呂から上がり、大きなタオルで身体を拭くことを母に許しました。持ってきていた服の中に寝間着らしいものはありませんでした。でも、母は何とか寝間着を手に入れ、着せました。それから、母はラルフとユージンをベッドに押し込み、彼らのお祈りを聞きました。驚いたことに、セネカもベッドに押し込まれることを許したのです。母はおやすみのお祈りを繰り返し、二人の息子にしたのと同じように、おやすみのキスをしました。セネカは嬉しそうにクスクス笑いました。それから、母は赤ん坊のケネスの面倒をみに行きました。僕は自分でお風呂に入りました。

翌朝、皆着替えをすませてから、セネカは僕たちのあとについて、朝のお祈りをすることになっている客間に行きました。彼は自分の椅子に座って、父の聖書朗読を聞き、それから椅子にひざまずいて祈りました。僕たちは両手を顔に当て、指の間からセネカが何をしているか見ながら、いつもの通り自分の椅子にひざまずきました。父が祈っている時、何が行われているかわからず、セネカは部屋を歩き回って、僕や弟たちの椅子をピシャッとたたいて回りました。母の横を通り過ぎ、それから父の所に遠慮がちに近づくのが見えました。父は祈りの言葉をとぎらせることなく、セネカを捕まえ、椅子に座らせ、お祈りが終わるまで押さえつけていました。そして、僕たちは全員で主の祈りを繰り返しました。翌朝、お祈りの間、彼は静かに座っていました。数日後には、僕たちと一緒に椅子にひざまずいて祈りました。

セネカが僕たちと遊ぶのには何の問題もありませんでした。すぐに、かくれんぼや石落としや簡易野球を覚えました。でも、彼のお気に入りは「戦争ごっこ」でした。僕たちは戦闘を想定し、木馬に乗って庭を駆け回り、おもちゃのピストルを撃ちました。セネカが「撃たれた」時、本当に撃たれたように倒れて地面に横たわったので、実際の戦闘の場で何度も本当に見たのだとわかりました。

ある朝、僕たちは朝ご飯にビスケットを食べました。母は、脱脂乳と重曹でビスケットを作ることを佐藤さんに教えていました。ビスケットは分厚い円形でした。それはセネカに旅順の砲塔を思い起こさせました。そこで、彼はビスケットのひとつにナイフを突き刺し、回転させました。「銃」は僕たちの方に順番に向けられ、「ブーン、ブーン、ブーン」と火を吹きました。撃たれた時、僕が床にバッタリ倒れたので、セネカはとても喜びました。だけど、ビスケットはものすごくおいしかったので、バターと自家製のイチジクのジャム、またはホランドお祖父さんがケンタッキーから送ってくれたサトウモロコシシロップを塗るとすぐになくなってしまいました。僕はジャムもシロップも両方とも好きだったので、どちらを塗るか選ぶことができませんでした。だから、いつも妥協して、一つのビスケットにどちらかを塗っていました。

病院訪問

母は赤十字のクラスに行って、包帯の巻き方を習ってきました。ある日、母は家に帰ると、僕が以前見た病院が完成し、今や負傷者でいっぱいだと教えてくれました。僕はセネカを自転車に乗せて、見に行きました。数棟の病棟が完成し、負傷者がいるのが見えました。病院の周囲には高い針金のフェンスが張りめぐらされていたため、近くに寄って見ることはできませんでした。僕は自分たちが見たことを母に報告しました。母は赤十字を通して、僕たちが病院を訪問し、庭にいっぱい咲いている花を患者にあげるという話をつけてきてくれました。病院を訪問する日、僕たちは午前中に200以上の花束を作りました。そして、午後、オルガンを運ぶ手押し車で病院に運びました。セネカも含め、僕たち全員で花を配りました。

僕たちが入口に到着した時、僕たちの仕事を遂行するため、英語を少し話すロシア人士官が任務に就いていました。彼は僕たちを二つの病棟に入れてくれました。それぞれの病棟に30人程いました。両側の壁に頭を向けてベッドが並べられ、真ん中は通路になっていました。僕たちはそれぞれのベッドに行って、花束を渡しました。負傷者の中にはセネカに気付いて、名前を呼ぶ人もいました。明らかに彼らは、僕たちが何者か尋ねていました。セネカは僕たちの方を指して、ロシア語で説明しました。ほとんどの人は座っていて、にっこり笑い、僕たちの頭を撫でてくれました。

二つの病棟で花を配り終わると、士官は僕たちを案内しながら言いました。「どうもありがとうございます。これで全部です」

母は声を上げました。「だけど、まだ他の病棟にも患者さんがいらっしゃいますね。その人たちはどうなりますか？」

「奥様、彼らは下士卒です。士官にはすべてお花をいただきました」

「私たちにとっては何の違いもありませんわ。皆さんに差し上げるのに十分なお花があるのです。他の病棟にもご案内ください」

「そうおっしゃるなら、そうしましょう。どうぞこちらです」

それから、僕たちは次の病棟に案内されました。病棟に入った時、士官は命令を下しました。ただちに、立てる脚のある人はベッドから降り、僕たちが花束を配っている間、ベッドの足下で気を付けをしていました。士官の病棟で僕たちが受けた歓迎は上品でしたが、ここでの歓迎ぶりは心温まるものでした。震える手で花束を受け取った時、多くの人は頬に涙を流していました。何を言っているのか僕たちにはわからなかったけれど、感謝の気持ちの表現には心がこもっていました。特に、僕たち男の子を見ることができたのが嬉しかったようです。ロシアに残した自分の子どものことを考えているのだろうと僕は想像しました。

これが初めての病院訪問でした。僕たちは、その後も何度か訪問しました。捕虜に対する日本人の慈悲深い扱いを父は殊の外喜びました。近代的な病院として十分に考えられているだけでなく、清潔で、医者は患者の要求に親切に応えました。日本人は床に寝ていたので、簡易ベッドの導入はとても快適でした。捕虜は最善の治療を受けたので、負傷者の多くは快復したと父は言っていました。

「自分の敵を親切に扱うキリスト教的精神を日本人が持ち合わせていることが本当に嬉しい」と、父が言いました。「お前たちもセネカを本当の兄弟のように扱い、同じ精神を見せてくれているね」

一緒に遊べる男の子がいることは愉快でした。家にセネカがいることは楽しいことでした。だけど、意思疎通は大変でした。僕たちはロシア語を学んでいなかったし、セネカはあまり英語を知らないようでした。

セネカとの別れ

ある日、僕が自転車に乗っている間にセネカがいなくなりました。僕が家に帰った時、母は言いました。「セネカと一緒だった？」

「ううん、僕は一人だった。家を出た時、セネカは杏の木に登っていたよ」

ラルフとユージンも彼を見ていませんでした。家の中や庭を捜しましたが、いませんでした。父が家にいなかったので、母は心配しました。

「昨日、街に連れて行ったのよ」と、母が言いました。「セネカは一人でそこに行ったと思う？　ポール、自転車に乗って探しに行ってちょうだい」

「わかった」と言って、僕は出発しました。遠くまで行く必要はありませんでした。きれいな色の戦艦を持って、通りを歩いて来るセネカに出会ったからです。

「どこでそれを手に入れたの？」と、僕は尋ねました。セネカは何かわかったらしく、にっこり笑って、街の方を指さして嬉しそうにしました。

「買ったの？」これは理解できませんでした。そこで、家の中に入れ、夕食の支度をしている母の所に連れて行きました。

「ポール、この玩具をどうやって手に入れたの？」

「知らないよ。だけど、セネカがお金を持っていたとは思えない」

「昨日、一緒に買い物に行った時、これを欲しがっていたのを今思い出したわ。お金を払わずに持ってきたのだと思うわ。返しに行かなくちゃ。ポール、一緒に来てちょうだい」

僕たち３人が門を出ようとした時、突然警察官が入ってきて、この家の子どもが玩具の船を盗んだという通報を受けたと母に言いました。母は警察官に状況を説明し、今それを返しに行くところだと言いましたが、警察官は僕たちを信用していなかったと思います。玩具屋さんまでついて来て、小さな船を返すところを見届けたからです。母はもう一度状況を説明しました。その時、店主は玩具をセネカにあげると言ってくれました。母は、男の子はロシア語しか話せないので言葉で説明ができないこと、行動で示すしか方法がないことを店主に説明して謝りました。それから僕たちは家に帰りました。しかし、店を出る前に、母はそれまでに覚えた唯一のロシア語を使いました。ちいさな戦艦を指さして言いました。「ニエット（ダメ）」

それから、彼の両手を包み、優しく叩いてもう一度言いました。「ニエット」

翌日、僕は貯金箱を壊して、小さな戦艦の代金の 15 銭を取り出しました。僕はセネカを連れて街に行き、どうやって玩具を手に入れるか教えました。買うことと盗むことの違いを理解してほしいと思いました。セネカは玩具を家に持って帰って、自慢げに母に見せました。僕がしたことを話すまで、母は本当に問題が起こったのだと思っていました。

「ポールは独立記念日のためにお金を貯めていたのでしょう？」

「そうだよ。でも、セネカにはレッスンが必要だと思ったんだ。僕はほんのちょっと花火を我慢すればいいだけさ。だって、セネカは玩具を一つも持っていないんだもの」

「ポール、とても良いことをしたわね」

理由はわかりませんでしたが、玩具の事件の数日後、別の取り決めが結ばれ、セネカは父親の元に返されることになったという知らせを受けました。ロモフ大尉は日本の別の場所に移送されると聞かされました。だから、翌朝 8 時にセネカが出発できるよう準備しておくよう言われたのです。

ロシア人は正教徒なので、男の子がプロテスタントに関心を持つようになってほしくないのだろうと父は言いました。ロモフ大尉は、ただ息子と一緒にいたかっただけだろうと母は考えました。いずれにせよ、僕たちはロシア人の遊び友だちを突然失いました。

母は小さなノートを手に入れ、僕たちの名前と住所を記録し、セネカと一緒に暮らせてどんなに楽しかったか、そしていつかまた会いたいと思っていることを書きました。セネカが英語を勉強して、いつか僕たちに手紙をくれることを母は期待していました。

翌朝、父親が迎えに来た時、セネカはパントリーに隠れていました。ラルフと僕がセネカを見つけ、父親の所に連れて行きました。父親はセネカに命令を下しました。セネカは母の元に駆け寄り抱きつきました。父親が次の命令を下した時、僕たちの目は涙に濡れていました。セネカは父親のあとを堂々と行進して行きました。それがセネカ・ロモフの姿を目にし、声を聞いた最後でした。

松山のロシア兵墓地
松山に収容された捕虜の数は延べ 6,000 人に達し、多い時は 4,000 人を超える捕虜がいたと言われています（当時の松山市の人口は 30,000 人）。墓地には、異国の地で生涯を終えたロシア兵 98 人が埋葬されていて、それぞれの墓碑は、祖国を望むよう北を向いています。
この墓地を松山市立勝山中学校の生徒たちは 1966 年頃より清掃してきました（現在は毎月第 2 土曜日午前中）。また、「ロシア兵墓地保存会」に属する「木曜会」のメンバー 8 名（元教師）も、毎月奇数週の木曜午前 10 時から清掃し、花を供えています。（2017 年 12 月 25 日、池田裕子撮影）

アメリカ兵捕虜
〜太平洋戦争〜

私の大学時代（関西学院大学商学部）の恩師、中村巳喜人先生（1917-2013）は、授業中や授業終了後の個人研究室で、時々戦争中の話をされた。その中に、50年近く経った今も忘れられない話がある。それは、太平洋戦争末期の東京で憲兵をされていた先生とアメリカ兵捕虜の交流である。

1941（昭和16）年、東京商科大学（現・一橋大学、指導教授・上田辰之助）を卒業された中村先生は、日本郵船に入社し、経理部で張り切って仕事に取り組んでいた。ところが、翌年11月、召集令状が来て満州に送られた。行き着いた先はソ連国境の虎林（こりん）、独立大隊一〇二部隊所属となった。それは、ノモンハンの敗残兵による臨時編成だったそうだ。「そこにはいったわれわれ初年兵は負け戦の悔（くや）しさの鬱積（うっせき）した彼らのサディズムの徹底的な餌（えさ）になった」、「新兵のうち、大学出は、たった二人」、「こんなところじゃ殺されてしまう」と書いておられる。実際、「狂ったように脱走兵が出た」そうだ。しかし、歩哨線を突破しても、その先には冬将軍が控えている。狼に襲われるか凍死するかである。それらを乗り越えても、ソ連の歩哨線がある。

この過酷な状況から抜け出すため、先生は不寝番の目を盗んで必死に勉強し、幹部候補生試験を受け、1944（昭和19）年1月、富士裾野の重砲兵学校に入学した。8月の卒業が近づくと、英語が堪能だったことから、特務機関を志願するよう勧められた。スパイになるのはイヤで断ったところ、原隊に戻されることなく待機命令が出て、やがて憲兵学校への転属が命じられた。こうして、終戦の半年前、赤坂憲兵隊付将校となった。

赤坂憲兵隊でも英語力が買われ、憲兵司令部から預かった捕虜の対応に当たった。空襲警報が発令されると、先生は捕虜の手錠を外したそうだ。空襲の中、手錠姿で逃げまどわせるのはあまりに不憫と考えたからだった。警報解除と共に、捕虜は間違いなく戻ってきた。他に行き場がないのだから当たり前である。こうして、先生と捕虜の間に友情が芽生えた。熱心なカトリック信者だったこともあり、ある空軍少佐とは、平和のため共に祈るようになった。

ある日、憲兵司令部から捕虜の身柄を引き取るトラックがやってきた。先生は、親しくなった少佐が弱っていることが気になり、最後にコーヒーを淹れてあげようと思った。あわてて部屋に戻り、当番兵にコーヒーをつくらせ、戻ってくると、既に捕虜は全員目隠しをされていた。仕方なく、目隠しのままコーヒーを飲んでもらったそうだ。少佐は久しぶりのコーヒーの香りに感激し、“There's a God here.”と囁いたそうだ。そして、「戦争が終わったら、ワシントン州の家に訪ねて来てくれ。一緒に酒を飲んで語り合おう」と言って去って行った。

この話を私が初めて聞いたのは、1年生の商学演習の時間だったと思う。1976（昭和51）年のことである。その時、先生は残念そうにこうおっしゃった。「その少佐の名を書き留めておかなかったから、覚えてないんですよ。でも、確か有名な詩人と同じ名前だったような気がする。ワーズワースだったか、ゴールズワージーだったか……」。

以来、30年以上、これは先生の作り話だと思っていた。と言うのは、この話のあと、先生はこう付け加えられたからだ。「英語の定冠詞と不定冠詞の使い分けは日本人にとって大変難しい。“God”には定冠詞（意味は「神」）と教わったと思うが、不定冠詞を伴う用例の一つとして“There's a God here.”（意味は「神のような人」）という例文を覚えておきなさい」。

ところが、これは本当の話だった。戦争中、千葉県上空でB29が爆撃され、捕虜となったアメリカ兵が数十年ぶりにその墜落地を訪れたという新聞記事を見たことがあると、ある日、中村先生は教え子の新宮賢一さん（1959年経済学部卒業、私にとってはゼミの大先輩）に話された。先生は、捕虜とご自分の関係を説明され、「新聞で見た捕虜は、私がコーヒーを淹れてあげた人かもしれない」とおっしゃったそうだ。

新宮さんが新聞社に問い合わせたところ、元捕虜を招いたのはPOW（Prisoner of War ＝戦争捕虜）研究会であることがわかった。長澤のりさんという女性がハワイを訪れた際、マウイ島の教会で元捕虜のロバート・ゴールズワージーさん（1917-2014）と知り合い、数年の交流の後、今回の招聘が実現したそうだ（このあたりの経緯を、新宮さんは「喜びの発見」と題し、書いておられる）。

調べてみると、2005（平成17）年4月18日と19日の『読売新聞』朝刊に、先生がご覧になったと思われる記事が見つかった。さらに、2007（平成19）年5月に鎌倉で行われたPOW研究会主催の「B29国際研究セミナー～空襲と連合軍捕虜飛行士をめぐって～」で、長澤のりさんが「B29機長ロバート・ゴールズワージーとの和解と交流」というタイトルで発表されていることもわかった。

その後、中村先生の話をお聴きになった長澤さんがゴールズワージーさんご本人に確認されたところ、先生が淹れたコーヒーを飲んだ捕虜ご本人に間違いないことがわかった。長澤さんから送られてきたゴールズワージーさんのメールを新宮さんは私に見せてくださった。そこにはこう書かれていた（Email of June 4, 2010, from Robert Goldsworthy to Nori Nagasawa）。

> 大森捕虜収容所に移送するトラックに乗せられる前にもらった一杯のコーヒーのことはよく覚えています。私は、一人で立てないほど弱っていました。中村という名前は記憶にありませんが、「あまり良いコーヒーではないけれど、これを飲めば元気が出ますよ」と、私に言ってくれた人のことを忘れはしません。魔法のコーヒーでした。熱くて、少し苦かったけれど、私に力を与えてくれました。

戦争末期で砂糖が不足していたため、コーヒーに砂糖を入れてあげられなかったと、授業中、確かに中村先生はおっしゃっていた。

2011（平成23）年1月、ゴールズワージーさんはご自身の体験を本にされた（Robert F. Goldsworthy, *Our Last Mission*, Fideli Pub. Inc.）。同じタイトルで、1948（昭和23）年にも私家本として出版されている。2011年版には、1997（平成9）年にご夫妻で日本を訪問された時のことが書かれている。つまり、中村先生が新聞でご覧になった2005（平成17）年以前にも元捕虜として来日されていて、その時の経験まで含めて “Our Last Mission” だったとの思いが感じられる。

ゴールズワージーさんは、ハワイで知り合った長澤さんに、ご自身が爆撃された場所やその時の状況調査を依頼されたそうだ。それらが明らかになると、53年の時を経て、「B29元機長を迎える会」による慰霊祭がふれあい公園（千葉県香取郡東庄（とうのしょう）町）で執り行われた。1944（昭和19）年12月3日に日本の零式戦闘機・飛燕（ひえん）に襲撃され、火傷を負いながらパラシュートで落下した地（千葉県神代（じんだい）村、現在は東庄町の一部）を再訪した時のことが本にはこう書かれている。「1944年、私はその道を歩きました。手は火傷し、ひどく孤独で怖かった。1997年、私はジーン（妻）の手を握って同じ道を歩きました。とても感慨深いものがありました」。

アメリカで本が出版された年の8月9日、日本では中村先生とゴールズワージーさんの話が、次の見出しで『神戸新聞』朝刊に大きく取り上げられた。

憲兵と捕虜　つないだ心
一杯のコーヒー「元気が出るぞ」　米男性「生き残る意志芽生えた」
2人の体験記で戦後66年経て交流

ほかにも、先生からお聞きして忘れられない話がある。憲兵時代、外事課長の勤務日誌に「明日、田中〔耕太郎〕博士を検挙する」の文字を見つけ、田園調布にある博士の自宅に駆けつけ、疎開者で大混雑する上野駅からご一家を逃がされた話は、戦後、同博士が文部大臣として教育基本法制定に尽力されたことを含め、強烈な印象となって残っている。当時、田中博士は東京帝国大学教授で、カトリック信者だったそうだ。東京商大時代、カトリック研究会をつくった中村先生は大変お世話になったそうである。また、御前会議の警護をしていた時の話や、戦後、マッカーサー元帥が厚木にやって来るとの報を受け、世田谷分遣隊長として先遣隊を迎えた時の話も鮮明である。

これらの話の多くは、ゴールズワージーさんの存在が明らかになる数年前に、先生ご自身の手で「キリスト教徒の戦争体験記」としてまとめられた（『過ぎ越しを生きぬいて―キリスト者の戦争体験記―』、カトリック大阪大司教区生涯養成委員会、2003年）。

最後に、恥ずかしながら、教え子として天国の恩師に告白しなければならないことがある。「一杯のコーヒーの話はよくわかりました。しかし、先生に教えていただいてから半世紀近く経ちますが、英語の定冠詞と不定冠詞の使い分けは、未だによくわかりません」。

中村巳喜人先生

上田辰之助先生ご夫妻のレリーフ
1978年、中村先生の東京商科大学（現・一橋大学）時代の恩師のレリーフがその住居跡（武蔵野市吉祥寺東町）に建立されました。表に刻まれた英文は中村先生がお書きになったそうです。大平正芳先輩を差し置いて恐れ多かったと、授業中、先生は語られました。
（2023年3月10日、池田裕子撮影）

奉安庫が残る旧院長室

旧院長室

かつて御真影が納められていた奉安庫が今も関西学院に残っています。奉安庫が設けられたのは、院長室でした。院長室は、1929(昭和4)年に関西学院が創立の地、原田の森から上ケ原に移転した時、C. J. L. ベーツ（Cornelius John Lighthall Bates）第4代院長の執務室として総務館2階に設けられました。以来、2004（平成16）年に新しい院長室が本部棟増築部分3階につくられるまで、歴代院長が使用してきました。最後に使われたのは、山内一郎第13代院長でした。

院長室に奉安庫が設けられた経緯を説明しましょう。この件で、関西学院が文部省から出頭命令を受けたのは、1936（昭和11）年8月の終わりでした。帝国大学、官立単科大学、官立高等学校・専門学校、高等師範学校には、既にその9年前に御真影が下付されていました。

出頭命令を受けたベーツ院長は、9月15日の夜行で岸波常蔵庶務主事と共に上京しました。そして、紀元節（2月11日）に間に合うよう御真影が下付されることになったと、10月9日の理事会常務委員会で報告しました。院長室に御真影を納める金庫を設置し、式典のために中央講堂の壇上を整えることになり、800円の予算（内、金庫費用400円）ですべての手配をする委員として、院長と副院長が任命されました。

1937（昭和12）年2月3日、関西学院に御真影が下付され、院長室に設けられた奉安庫に納められました。学院史編纂室には、その日から1940（昭和15）年12月20日までの「奉語日誌」が残されています。ベーツ院長は、その日のことを個人的な日記にこう記しています。

旧院長室に残る奉安庫
東側の壁面の左部分に扉（黒い金具）が取り付けられ、奉安庫が設置されました（左上）。木製の扉を開けると金庫が現れます（右上）。金庫の扉を開けると、さらに金属の扉があり（右中）、それを開けると桐の扉があります（右下）。左下は、最後の桐の扉を開けたところです。（安永順一氏撮影）

院長室にて奉護中。本日、天皇皇后両陛下の御真影が下付された。岸波先生と私は警察官と共に県庁に赴き、知事から御真影をいただいた。帰る道中ずっと、岸波先生は御真影を、私は勅語を高く掲げた。

全学生、全教員が道沿いに整列していた。これは日本人にとって大きな意味がある。その気持ちを共有できることを嬉しく思う。天皇は日本人の生活の中心である。天皇への忠誠心は、この国の最大の求心力だ。私たちはこの問題に対して否定的な態度をとるのではなく、この国家的象徴と並行して、積極的で活発なキリスト教のメッセージを発信していかねばならない。

戦後、GHQから出された神道指令（1945年12月15日）により、奉安殿（奉安庫）は廃止され、各校の奉安殿（奉安庫）が撤去されました。関西学院では、文部次官からの文書「御真影奉安殿の撤去について」（1946年6月29日）に対し、「儀礼的装飾を除き単なる金庫として使用致します」と神崎驥一第5代院長が回答しています（同年7月15日）。

こうして、残された奉安庫を研究者が調査に来られることがありました。しかし、「ベーツ先生の執務室を見学したい」との声が同窓から寄せられた10年ほど前、旧院長室は倉庫代わりに使われていました。

同窓の声に応えるため、井上琢智（たくとし）学長と共に大急ぎで部屋を片付け、掃除しました。そして、この部屋を最初に使ったベーツ院長にまつわる品々を運び込みました。その際、参考にしたのは、昔の写真と神戸女学院の院長室です。神戸女学院では、W. M. ヴォーリズ（William Merrell Vories）が設計した院長室が今も当初の目的で使われています。費用をかけずに、かつての雰囲気を少しでも取り戻したいと工夫しました。

2013（平成25）年4月27日の同窓会総会の折、高槻・島本支部の同窓を迎え、最初の見学会が行われました。この時、法学部客員教授としてカナダから来られていたアルマン・デメストラルさん（Dr. Armand de Mestral, ベーツ院長ご令孫）と、この部屋を最後に使われた山内一郎第13第院長が見学者を歓迎されました。翌年4月、旧院長室が学院史編纂室の管理となり、6月に床工事が行われました。

この部屋に足を踏み入れた方が洩れなく感嘆されるのは西側の窓からの眺めです。中央芝生と時計台と甲山が見えて、ベーツ院長の脳裏に焼き付けられた景色を今も目にすることができます。

旧院長室窓（西）からの眺め

小宮孝第9代院長時代、この窓の横にはベーツ院長の胸像が置かれていました（『商学部卒業アルバム』1962年）。現在、この胸像はベーツ・チャペル（関西学院会館2階）入口に移設されています（第1章「胸像の謎を追いかけて」参照）。

小宮孝第9代院長

ベーツ院長が使っていたと伝えられる大きなデスクには、先程紹介した日記のコピーのほか、日本を離れる前に卒業生に送った帰国挨拶状を置きました。文面から、教え子に対する愛情が切々と伝わってきます。

この部屋に奉安庫が残されていることから、教育勅語が納められた漆塗の箱（蓋に描かれた校章の三日月はなぜか反対向き）も置いています。中の教育勅語は、吉岡美国第2代院長の手によるものです。式典の時、カナダ人であるベーツ院長に代わり、吉岡名誉院長が教育勅語を朗読していたそうです。

教育勅語が納められた漆塗の箱

デスクに合わせた椅子は、ベーツ院長が使っていたものではありません。1929（昭和 4）年 6 月 7 日、天皇の使いとして、移転間もない関西学院に岡本愛祐侍従をお迎えしました。その時のおもてなしのセッティングの写真に、この椅子が写っていました。椅子の背上部には関西学院のエンブレムが彫り込まれています。写真の中で現存する唯一の家具でしたが、壊れて使用できない状態でした。旧院長室公開を機に、神戸の永田良介商店に修理をお願いしました。

岡本愛祐侍従を迎えるためのセッティング、1929 年

エンブレムが彫り込まれた椅子

旧院長室のデスク
（安永順一氏撮影）

マントルピースの上には、ベーツ院長が描いた水彩画“Matsushima Islands”(「学院探訪 13」に写真あり）を飾りました。2014（平成26）年９月に原田の森ギャラリーで開催された「関西学院大学絵画部弦月会創立 100 周年記念展」のため、この作品を OB 弦月会に貸し出したところ、美しく額装されて戻ってきました。費用は、画廊を経営されている白井良司さん（1981 年社会学部卒業）がご負担くださったそうです。

水彩画の両サイドには、原田の森の校舎が描かれたエッチングを飾りました。普通学部を卒業した神原浩（1892-1970）の作品です。卒業後、東京で絵の勉強をしていた神原は、「絵を描いても構いません」と、ベーツ高等学部長に呼び戻され、1912（明治 45）年開設の高等学部商科２期生として入学しました。しかし、商科の授業に興味が持てず、すぐに退学して海外（キューバ、スペイン、フランス）に渡りました。1923（大正12）年に帰国すると、母校の中学部と神戸女学院で美術を教えました。2022（令和 4）年、神原の作品を集めた特別展「海を渡った版画家たち～平塚運一と神原浩～」が神戸ゆかりの美術館で開催されました。

「海を渡った版画家たち～平塚運一と神原浩～」チラシ

反対側の壁には、学校の創立 125 周年を記念してお寄せいただいたケネディ（Caroline Bouvier Kennedy）駐日アメリカ大使とクラグストン（Mackenzie Donald Clugston）駐日カナダ大使からのメッセージが飾られています。

天井のデザインと照明器具は当時のものと思われます。天井はヴォーリズのデザイン画の通りですが、照明器具は長い年月を経て歪んでしまいました。

旧院長室の天井と照明
（安永順一氏撮影）

H. F. ウッズウォース
法文学部長

2015（平成27）年8月24日、この部屋に嬉しいご寄贈品をいただきました。ベーツ院長の片腕とも言えるH. F. ウッズウォース（Harold Frederick Woodworth）法文学部長が宣教師館で愛用されていた籐椅子2脚を、法文学部で民法を担当されていた石本雅男教授（1902-2003）のご遺族がご寄贈くださったのです。石本教授ご一家は、1939（昭和14）年2月6日に脳溢血のため亡くなったウッズウォース法文学部長のご遺族がカナダに帰国される際、椅子や食卓、食器等、愛着ある品々を譲られたそうです。ご寄贈くださった籐椅子について、石本教授のご次女、細田由紀子さんはこう語られました。

> もともと大きな椅子2脚、小さな椅子2脚と長椅子の5点セットでしたが、父は晩年小さな椅子ひとつだけを東京の私宅に運び、ずっと愛用いたしておりました。大きな椅子2脚を〔逆瀬川の旧宅に〕残し、それ以外は処分してしまいました。父の話では、ウッズウォース先生は大変大柄な方だったそうで、共にいただいた書斎椅子も巨大で重く、既に震災後に父が処分いたしました。〔この〕大きな籐椅子は、先生が来日遊ばした時に1脚持参され、日本の職人にコピーを作らせたとのことでした。

石本雅男教授ご一家
『法文学部卒業アルバム』
1939年

籐椅子
（池田裕子撮影）

由紀子さんにお目にかかった時、「私は、1977（昭和52）年に商学部で石本先生の民法を履修しました。とてもやさしい先生でした」と申し上げたら、大変驚かれました。石本教授は、1948（昭和23）年に関西学院大学から大阪大学に移られましたが、『大学要覧』によると、非常勤講師として、1986（昭和61）年まで商学部で民法を担当されています。石本教授は、1933（昭和8）年に京都帝国大学法学部で起こった滝川事件（滝川教授の学説が不当であるとして、文部大臣が大学の自治を犯し、同教授を免職する発令を出した）に抗議し、辞表を提出した一人でした。翌年開設される法文学部教授として関西学院大学から招聘を受けた時、「ここでは研究の自由は絶対に認めます。どうぞ思うように研究してください」と、ウッズウォース初代法文学部長から言われたそうです。

★大藤豊教授が語るベーツ院長と院長室の想い出

日独伊の三国同盟成立発表のあった日の午後、偶然、院長室の前を通ると、階段の所で呼び止められ“Japan made a great mistake.”とどなりつけるようにいう。こちらはいずれ何とかなるだろうぐらいに考えていたので軽くあいさつすると、「君達だまっている法があるか、何とかし給え。大変なことになるゾ」と繰り返された。そのとおり大変なことになったのである。

『母校通信』第38号、1967年、19頁

★2015年8月12日、読売テレビの番組「かんさい情報ネットten.」内の「GO!GO! 若一調査隊」で、奉安庫と旧院長室が紹介されました。

★法学部の高島千代教授は「政治学研究演習I」の関学フィールドワークとして、ゼミ生を連れ旧院長室の見学に来られます。この部屋に奉安庫が残されていることを知り、2011年からコースに組み入れられたそうです。

旧院長室に足を踏み入れ、心静かに耳を澄ませると、時代を生き抜いた品々が語り掛けてきます。

九谷焼の恵比寿像と大黒像
D. R. マッケンジーの遺品。曾孫のポール・ウィリアムズさん（Dr. Paul Williams, トロント大学名誉教授）が客員教授として3度目に来学された2019年、旧院長室のためにお持ちくださいました。マッケンジーは、1910（明治43）年にカナダのメソヂスト教会が関西学院の経営に参画した際、C. J. L. ベーツと共に最初に着任した宣教師です（「学院探訪50」、「学院探訪51」参照）。恵比寿像の左手首は、関東大震災で破損したと伝えられています。

感謝状
今次大東亞戰爭ニ際シ出動軍隊慰問ノ爲
恤兵金品ノ御寄附ヲ辱ウシ感謝ニ堪ヘス
茲ニ深厚ナル謝意ヲ表ス
昭和十八年十二月
陸軍大臣 東條英機
關西學院中學部
生徒一同 殿

陸軍大臣からの感謝状

関西学院創立七十周年記念
コーヒーカップとスプーン

迷彩色の時計台
戦時中は、時計台も迷彩色に。エンブレム、2 階外の手すり、階段手すりの装飾も取り外されました。戦後、エンブレムは 1949（昭和 24）年に、2 階外の手すりは 2010（平成 22）年に復元されました。
左の人物は田中基展さん（1947 年商経学部卒業）。1946 年撮影。

あとがき

「これまでに書いてきたものを集め、それに池田さんならではの経験を加えて本にまとめてほしい」。これは、生前、関西学院理事長をされていた平松一夫先生（関西学院大学名誉教授、元商学部教授）から何度も言われた言葉です。名誉教授の津金澤聡廣先生（元社会学部教授）からは、オゾリンを掘り起こしたことから始まったラトビア共和国との交流を本にするよう10年以上前から言われていました。残念ながら、2020（令和2）年12月2日に平松先生が、2022年2月19日には津金澤先生も天に召されました。残された私は、両先生からいただいたアドバイスを胸に、ようやくここまでたどり着きました。

集めたのは、関西学院広報誌『KG TODAY』に12年にわたって寄稿した写真入り短文「学院探訪」です。この連載は、「新年度から広報誌の内容を刷新し、オールカラーにして年6回の発行にするので、関西学院の過去の出来事や偉人等を写真1点と共に600字程度で紹介する原稿を書いてほしい」と、広報室の今村真（しん）さんから依頼を受け、2009（平成21）年4月から始まったものです。学校の歴史や先人のことをもっと知りたいとのご自身の思いを元に発案された企画だったそうです。1年後、その反響に手応えを感じられた今村さんは、「学院探訪」をまとめれば本にできると、浅野考平副学長に伝えたそうです。2010年4月の人事異動で今村さんは広報室を出られましたが、連載開始6年後に広報誌がリニューアルされた際には、「学院探訪」を広報誌の定位置（裏表紙）から動かさないよう古巣の広報室メンバーに念押しされました。結局、紙媒体としての広報誌が廃刊となった2021（令和3）年2月まで、連載は続きました。この度、本として出版することをお知らせし、お世話になったお礼を改めて申し上げると、「関学職員として、この『学院探訪』に関われたことは私にとって数少ない誇りの一つです」と喜ばれました。

今村さんから原稿の依頼を受けた2009年に話を戻します。執筆に当たり、関西学院の長い歴史の中から何を取り上げたら良いのか、私は頭を悩ませました。そんな私を後押ししてくれたのは、その3年程前に竹本洋（ひろし）経済学部教授からいただいた言葉でした。「『関西学院事典』という立派な本が出ていますが、今の仕事を通じて、池田さんはその編集基準では採用されないような人物をたくさん発見されていると思います。今東光、サトウハチロー等々、関学をちらりとかすめた人から、世間的な成功者でなくても各分野で大事な仕事をした卒業者も数多くいると思います。また、教職員にも、恩師の中村さんはじめ、記憶にとどめるべき人がいます。独断と偏見と言われようとも、あくまでも池田さんの眼鏡に適った人たち―価値観に合致する人たち―を、その都度カード化し、その記録の束を積み上げて下さい。それらの人々が、またあらたな結びつきを始め、いつの日か、ユニークな『私選・関西学院事典』ができると思います。これは私の勝手なお願いですが、関学を通して日本と世界をみると同時に、日本・世界の視点から関学をみることで、昨今の本学の小人化、官僚化への警鐘ともなるでしょう」。私は、自分の感性に引っかかった出来事や人物を取り上げれば良いのだと、晴れやかな気持ちになりました。

その後も、私がつまずきそうになるのを事前に察知されたかのようなタイミングで、竹本先生はアドバイスをくださいました。「情報・資料の受け方、読み方は、誰でも苦労しているところかと思います。おそらく解決の正解はないと思っていますが、私は自分の感覚を信頼する（というよりも、その細い糸にすがっているといったほうが適切ですが）しかないと思っています」。「常識、定説、大勢、声の大きな意見、上司の指導的見解等々がどうあろうとも、これは『何か変だな』と自分の感覚にザラザラと触るものであれば、それを留保して、同意しないことにしています。その不同意を公言するか、胸に暖めるかは、状況と問題次第ですが」。「研究は『些細な疑問』を大切にし、それを暖め、指導教師が答えを出しても、腑に落ちなければ納得した気持ちにならないことです。どんな問題に対しても、答えを即座に用意する教師は警戒した方がいいと私は思います」。本書の底辺を流れる「神は細部に宿る」も、竹本先生から教えていただいた言葉でした。この言葉は、ウィリアム・ブレイクの「無垢の予兆」を思い起こさせます。「一

粒の砂に世界を　一輪の野の花にも天国を見、君の掌のうちに無限を一時（ひととき）のうちに永遠を握る」（松島正一編『対訳ブレイク詩集—イギリス詩人選（4）』、岩波書店、2004年6月16日）。この詩を私が学んだのは、大正時代に関西学院で教えていたラトビア人教師、イアン・オゾリンからでした。英文学を商科の必修科目にしたベーツ先生の深い思いが、竹本先生とオゾリンを通して心に沁みました。

もう一つ、今村さんから依頼を受けた時、私が心に決めたことがあります。それは、原稿を日本語と英語で書くことでした。「公にする原稿は、日本語だけでなく、英語でも書くこと。英語にできない原稿はどこかおかしいのだから、考え直さなければならない」というのが関西学院大学商学部でゼミの指導教授だった中村巳喜人先生の教えでした。先生の東京商大（現・一橋大学）時代の恩師、上田辰之助先生は、少なくとも6カ国語でどう表現するか検討した上で、日本語の原稿を書かれたそうです。「学院探訪」は短文なので、先生の教えを実践する良い機会だと思いました。

実際に取り組んでみると、英語の原稿を書きながら、先に書いた日本語原稿を修正することになりました。そうする内に、日本語より英語を先に書くようになってきました。関西学院に関する古い資料は英文が多いため、翻訳の手間と苦労を考えると、英語で書いた方が手っ取り早かったのです。また、日本語と英語では文の構造が違う上、読み手も異なります。したがって、それぞれの原稿は対訳にはなりませんでした。

さらに、本にまとめるに当たり平松先生が言われた「池田さんならではの経験」を書き加えるため、学院史編纂室での25年を振り返りました。そして、宣教師の子孫との交流やラトビア人教師を発掘したことから始まったラトビア共和国との交流を加えました（後者に関しては、本にするよう津金澤先生から何度も言われていました）。書き下ろし原稿は、竹本先生（関西学院大学名誉教授）、井上琢智（たくとし）先生（関西学院大学元学長）、辻学先生（広島大学大学院人間社会科学研究科教授）に目を通していただきました。未熟な原稿に対し、様々なコメントと共に励ましの言葉を頂戴しました。2022（令和4）年11月

19日、長崎大学で行われた第14回外国人居留地研究会全国大会に参加した時、長崎総合科学大学特任教授のブライアン・バークガフニ先生（Dr. Brian F. Burke-Gaffney）が基調講演でおっしゃった言葉も大きな励みになりました。「旧長崎居留地の歴史を明らかにする過程で最も重要な情報源のひとつは、海外に住む元居留民の子孫です」（基調講演「うつりかわる長崎居留地～居留民の子孫が見た交流の軌跡～」）。関西学院で教えていた宣教師の子孫との交流から多くのことを学んだ私にとって、何より心強いご指摘でした。

さらに振り返ってみると、こうした平松先生のご提案に私が応えることができたのは、2005（平成17）年から12年間にわたり、神学研究科後期課程のゼミ（実践神学）に私を特別に受け入れ、ご指導くださった神田健次名誉教授のおかげでした。

原稿で取り上げた国内外の関係者にはできる限り連絡を取って、このような形で資料の一部を翻訳し、紹介するお許しをいただきました。ただ、私の力不足のため、第7章「ロシア兵捕虜～日露戦争～」で紹介したポール・デマリーさん（Paul Holland Demaree）のご遺族とはまだ連絡が取れていません。

本書を学院史編纂室共同研究「宣教師研究」の成果として刊行するに当たっては、田中敦学院史編纂室長と高橋和三大学博物館事務長がご尽力くださいました。予算を気にせず、写真を効果的に入れるようアドバイスをくださったのも田中先生です。田中先生と高橋さんのおかげで、関西学院と関西学院大学から出版助成を得ることができました。また、関西学院大学出版会の田中直哉さんと戸坂美果さんにも大変お世話になりました。

最後に、第1章から第7章のどこにも分類できなかった「学院探訪」をご紹介したいと思います。これでちょうど「学院探訪60」となり、還暦を迎え（本当は65歳ですが）、新たな旅立ちの気分です。

2023年1月31日

関西学院西宮上ケ原キャンパス時計台にて

池　田　裕　子

ランバス大学訪問、2004年9月10日
ズッカー学長（President R. Fred Zuker, ランバス大学）
平松一夫学長
田淵結宗教総主事
池田裕子

パールリバー・チャーチにあるランバス一家の記念碑の前で、2004年9月11日
田淵結宗教総主事
池田裕子
平松一夫学長
山内一郎理事長
（ジョン・ルイス氏撮影）

ミルサプス大学での昼食会、2004年9月11日
ラズベリー牧師（Rev. Henderson Rasberry）
池田裕子
山内一郎理事長
サム・プライスさん（James Earl〈Sam〉Price）
平松一夫学長
ジェーン・コインさん（Jane Coign）
（ジョン・ルイス氏撮影）

予言的中

1917 年 2 月 28 日午前 9 時過ぎ、中学部生徒が 1 時間目の授業を終え、礼拝に向かっていた時のことです。唱歌担当の岡島マサ（吉岡美国前院長義妹）が校舎 3 階の倉庫からパチパチと音がするのに気付きました。不審に思い扉を開けると、中は火の海でした。急を聞いて駆け付けた教職員、学生・生徒は、一致団結して重要書類や校具を運び出しました。音楽室から大型オルガンを一人で担ぎ出した生徒や、延焼を食い止めるため、本校舎から付属校舎に続く廊下を破壊した猛者もいたそうです。

懸命の努力も空しく、4 年前に竣工したばかりの中学部校舎は短時間の内に焼け落ちてしまいました。当時、キャンパスがあった原田の森には水道設備がなく、市電の終点、上筒井駅の防火用水道口からホースを 135 本もつないだと伝えられています。

実は、かつてこの地は第三高等学校移転候補先の一つでした。同校は、1949 年、京都大学（1897 年、京都帝国大学として創立）に統合されましたが、その起源は 1869 年に大阪で開校された舎密局（せいみきょく）と洋学校まで遡ります。両校は合併し、1886 年に第三高等中学校（8 年後、第三高等学校と改称）となり、1889 年 8 月、京都に移転しました。この移転問題は大学設置構想と相まって、その 4 年前から具体化していましたが、最有力候補だった京都伏見案が頓挫した後、学校側が一番に推した移転先が兵庫県原田村だったのです。そこに関西学院が創立されたのは 1889 年 9 月のことでした。

関西学院高等商業学部同窓会の『会報』第 7 号（1927）はこう伝えています。「第三高等学校が是の地に新設される可きであつたに其当時の技師が断言して曰く、萬一是の土地に新設して火事でもある時は全校舎を焼く故に他に適当の地あらば良きとの事にて京都の吉田山下に持つて設立されたと聞く……」。

中学部校舎焼失、1917年2月28日
1913年3月に落成した中学部校舎は、原因不明の火災により焼失しました。

再建された中学部校舎と野球部員（創立35周年記念絵葉書）
再建された中学部校舎の落成式は1919年6月5日に行われました。大阪朝日新聞主催第6回全国中等学校野球大会決勝戦（鳴尾球場）で、関西学院中学部が慶應義塾普通部を17対0で破って優勝したのは、その翌年のことでした。

参考文献・引用文献

執筆にあたり、次の資料を参照した（各章には明記していない）。

『関西学院百年史』通史編Ⅰ、1997年5月20日
『関西学院百年史』通史編Ⅱ、1998年3月20日
『関西学院事典』増補改訂版、2014年9月28日
ジャン・W・クランメル編『来日メソジスト宣教師事典 1873-1993年』教文館、1996年2月25日
なお、関西学院広報室発行の広報誌は、286号（2015年2月）まで『K. G. TODAY 関西学院広報』、287号（2015年4月）以降『KG TODAY 関西学院広報』と誌名変遷している。

第1章　カナダ人宣教師 C. J. L. ベーツ

学院探訪1　ベーツ先生の原点

［初出］ 関西学院広報室『K. G. TODAY 関西学院広報』252号、2009年6月
西川玉之助「古い時代の関西学院」、『関西学院七十年史』1959年10月30日
C. J. L. Bates, “These Sixty Years in the Ministry,”『関西学院七十年史』1959年10月30日
池田裕子「カナダ訪問記—C. J. L. ベーツ第4代院長関係資料調査の旅—」、『関西学院史紀要』第6号、2000年4月20日
池田裕子「第1部　翻訳、1. 二つの回想録」、ルース M. グルーベル監修『ベーツ宣教師の挑戦と応戦』、学校法人関西学院、2019年5月26日
池田裕子「第1部　翻訳、4. 口述筆記」、ルース M. グルーベル監修『ベーツ宣教師の挑戦と応戦』、学校法人関西学院、2019年5月26日
Robert Baes, *Newcomers in a New Land*, private ed., 1988
The Canadian Encyclopedia, year 2000 ed., McClelland & Stewart, c1999
L’Orignal-Longueuil Through the Years, Patrimoine L’Orignal-Longueuil Heritage, 2011

学院探訪2　それぞれの義和団事件

［初出］ 関西学院広報室『K. G. TODAY 関西学院広報』280号、2014年2月
C. J. L. Bates, “These Sixty Years in the Ministry,”『関西学院七十年史』1959年10月30日
池田裕子「第1部　翻訳、1. 二つの回想録」、ルース M. グルーベル監修『ベーツ宣教師の挑戦と応戦』、学校法人関西学院、2019年5月26日
Memoirs of Dr. W. H. Park of Soochow, 1882-1927
Margarita Park Sherertz, “My Mother, an Appreciation,” Mother’s Day, 1929

学院探訪3　夏休み前の午餐会

［初出］ 関西学院広報室『K. G. TODAY 関西学院広報』259号、2010年8月
『関西学院高等商業学部二十年史』、1931年11月3日、11～12頁
池田裕子「第1部　翻訳、1. 二つの回想録」、ルース M. グルーベル監修『ベーツ宣教師の挑戦と応戦』、学校法人関西学院、2019年5月26日
Kwansei Gakuin College Department First Term Closing Exercises, July 6, 1912

学院探訪4　学生会のはじまり

［初出］ 関西学院広報室『K. G. TODAY 関西学院広報』270号、2012年6月
『四季外報』第2号、1918年5月
C. J. L. Bates, “The Students’ Union through twenty five years,”『関西学院学生会抄史』1937年7月20日
鈴木吉満「学生会二十五周年を祝して」、『関西学院学生会抄史』1937年7月20日
松澤兼人「役員選挙風景」、『関西学院学生会抄史』1937年7月20日

「第 5 部　学生会小史」、『関西学院七十年史』1959 年 10 月 30 日
学院探訪 5　原田の森に「あさが来た」
［初出］　関西学院広報室『KG TODAY 関西学院広報』293 号、2016 年 10 月
『商光』第 1 号、1915 年 2 月
『商光』第 3 号、1915 年 12 月
『関西学院高等商業学部二十年史』、1931 年 11 月 3 日、19-37 頁
『日本キリスト教歴史大事典』、教文館、1988 年
学院探訪 6　首相の紹介状
［初出］　関西学院広報室『K. G. TODAY 関西学院広報』268 号、2012 年 2 月
『永井柳太郎』編纂委員会『永井柳太郎』、勁草書房、1982 年 7 月 15 日
C. J. L. Bates, "Kwansei Gakuin," October 30, 1959（ベーツ院長歓迎礼拝講演原稿）
文部大臣法学博士一木喜徳郎から私立関西学院設立者吉岡美国宛て文書（文部省兵普一四〇号）
米田満「インタビュー 児玉國之進」、『関西学院通信クレセント』第 12 号、1982 年 6 月 14 日
学院探訪 7　お気の毒トリオがゆく
［初出］　関西学院広報室『KG TODAY 関西学院広報』287 号、2015 年 4 月
池田裕子「J. C. C. ニュートン第 3 代院長の足跡を訪ねて」、『関西学院史紀要』第 9 号、2003 年 3 月 24 日
Minutes of the Board of Directors of the Kwansei Gakuin, February 5, 6, and April 21, 1920
Letter of April 30, 1920, from C. J. L. Bates to Dr. James Endicott (The United Church of Canada Archives)
学院探訪 8　バラックからブリックへ
［初出］　「過去から未来への記憶～関西学院の変遷を辿る（1889-1940）～」、神戸市立小磯記念美術館特別展図録『関西学院の美術家～知られざる神戸モダニズム～』、2013 年
「編輯室より」、『商学会雑誌』第 1 巻第 1 号、1922 年 12 月 18 日
『関西学院高等商業学部二十年史』、1931 年 11 月 3 日
小寺敬一「感想」、『想丘』第 25 号、1931 年 12 月 9 日
青木倫太郎「校舎に就いて」、『想丘』第 25 号、1931 年 12 月 9 日
東晋太郎「秋雨の日より」、『想丘』第 25 号、1931 年 12 月 9 日
増谷裕久ほか「インタビュー 青木倫太郎」、『関西学院通信クレセント』第 13 号、1982 年 12 月 14 日
学院探訪 9　生と光と力の中心【原題：生と光と力の拠点】
［初出］　関西学院広報室『K. G. TODAY 関西学院広報』284 号、2014 年 9 月
C. J. L. Bates, "From My Office Window,"『関西学院学生会時報』第 2 号、1922 年 6 月
金治勉、福田静二『神戸市電が走った街　今昔　山手と浜手を結ぶ電車　定点対比』、JTB、2001 年 10 月 1 日
池田裕子「第 1 部　翻訳、2. 三つのメッセージ」、ルース M. グルーベル監修『ベーツ宣教師の挑戦と応戦』、学校法人関西学院、2019 年 5 月 26 日
学院探訪 10　神戸の幌馬車【原題：神戸の幌馬車 ～原田の森から上ケ原へ～】
［初出］　「過去から未来への記憶～関西学院の変遷を辿る（1889-1940）～」、神戸市立小磯記念美術館特別展図録『関西学院の美術家～知られざる神戸モダニズム～』、2013 年
「中学部移転・運搬計画書」1929 年
土橋四郎「自由主義の砦─わが文学部」、『関西学院同窓会会員名簿（同窓会小史）学院創立 90 周年記念版』、1979 年 10 月 25 日
小寺武四郎「原田の森から上ケ原へ」、『資料室便り』第 7 号、1990 年 3 月 31 日
Letter of June 29, 1929, from C. J. L. Bates to J. C. C. Newton (Duke University)
学院探訪 11　関西学院大学のミッション
【原題："Launch out into the deep."（関西学院大学のミッション）】
［初出］　関西学院広報室『K. G. TODAY 関西学院広報』260 号、2010 年 10 月

『関西学院新聞』大学昇格祝賀号、1932 年 12 月 20 日
『廣漢和辞典　索引』、大修館書店、1982 年
「ルカによる福音書」第 5 章、『聖書』新共同訳、日本聖書協会、1989 年
『羅和辞典』、研究社、2003 年
池田裕子「第 1 部　翻訳、2. 三つのメッセージ」、ルース M. グルーベル監修『ベーツ宣教師の挑戦と応戦』、学校法人関西学院、2019 年 5 月 26 日

学院探訪 12　創立五十周年記念式典

［初出］ 関西学院広報室『K. G. TODAY 関西学院広報』278 号、2013 年 10 月
スクラップブック「関西学院五十周年英文書牘」
Letter of June 30, 1939, from C. J. L. Bates
Letter of August 4, 1939, from Umphrey Lee, President, Southern Methodist University to President C. J. L. Bates
Letter of August 10, 1939, from Kenneth C. M. Sills to C. J. L. Bates
Letter of September 12, 1939, from O. C. Carmichael, Vanderbilt University to President C. J. L. Bates
Letter of September 15, 1939, from E. W. Wallace, Chancellor and President, Victoria University, Toronto, to Dr. Bates
Greetings to Kwansei Gakuin University from President G. Sproul, University of California, [1939]

学院探訪 13　誕生日に書いた辞表

［初出］ 関西学院広報室『KG TODAY 関西学院広報』295 号、2017 年 4 月
坂本遼「忘れえぬ恩師（四）ベーツさん　怒りを忘れた人　病妻の看病十数年」、『母校通信』第 13 号、関西学院同窓会、1954 年 10 月
池田裕子「ベーツ第 4 代院長の辞任について～ベーツ院長の手紙から明らかになったこと～」、『資料室便り』第 10 号、1999 年 12 月 3 日
小林信雄「『ベーツ日記』について」、『学院史編纂室便り』第 14 号、2001 年 11 月 15 日
池田裕子「ベーツ院長辞任の真相を探る―『ベーツ日記』を手がかりとして―」、『関西学院史紀要』第 10 号、2004 年 3 月 24 日
「関西学院創立 125 周年・絵画部弦月会創立 100 周年記念展にベーツ院長の水彩画を出品」、『学院史編纂室便り』第 39 号、2014 年 6 月 2 日
Bates Diaries, May 25, 1940; June 19, 1940
Letter of May 26, 1940, from C. J. L. Bates to Rev. Bishop Y. Abe

学院探訪 14　恩師と教え子

［初出］ 関西学院広報室『KG TODAY 関西学院広報』298 号、2018 年 2 月
C. J. L. Bates, "These Sixty Years in the Ministry,"『関西学院七十年史』、1959 年 10 月 30 日
池田裕子「ベーツ院長辞任の真相を探る―『ベーツ日記』を手がかりとして―」、『関西学院史紀要』第 10 号、2004 年 3 月 24 日
池田裕子「お宝拝見！③今も忘れぬ「霜おく髪」の教え -Purity, Confidence, Love-」、『学院史編纂室便り』第 34 号、2011 年 12 月 1 日
「アルマン・デメストラルさん（C. J. L. ベーツ第 4 代院長ご令孫）の来学」、『学院史編纂室便り』第 35 号、2012 年 6 月 8 日
辻本由美「高等商業学校と商経学部で学んで～齋藤昭氏に聴く～」、『関西学院史紀要』第 24 号、2018 年 3 月 15 日
池田裕子「第 1 部　翻訳、1. 二つの回想録」、ルース M. グルーベル監修『ベーツ宣教師の挑戦と応戦』、学校法人関西学院、2019 年 5 月 26 日
Bates Diaries, July 4, 7, 1940
Letter of July 31, 1940, from C. J. L. Bates to Shuzo Yasueda
Letter of December 15, 1940, from C. J. L. Bates to the graduates of Kwansei Gakuin

学院探訪 15　三十年来の旧友【原題：30 年来の旧友〜ベーツとマシュース〜】

［初出］ 関西学院広報室『K. G. TODAY 関西学院広報』261 号、2010 年 12 月

C. J. L. Bates, "Reminiscences of Kwansei Gakuin, Forty Years Ago and Since,"『関西学院六十年史』、1949 年 10 月 29 日

W. K. Matthews, "Notes on the First Fifty Years of the Kwansei Gakuin Library,"『関西学院六十年史』、1949 年 10 月 29 日

池田裕子「ベーツ院長辞任の真相を探る―『ベーツ日記』を手がかりとして―」、『関西学院史紀要』第 10 号、2004 年 3 月 24 日

今村太朗「人物から見た図書館史③―マシュース館長の図書館改革―」、関西学院大学図書館報『時計台』第 79 号、2009 年 4 月 1 日

「第 3 部　人物史」『関西学院大学図書館史 1889 年〜 2012 年』、関西学院大学図書館、2014 年 1 月 20 日

池田裕子「第 1 部　翻訳、1. 二つの回想録」、ルース M. グルーベル監修『ベーツ宣教師の挑戦と応戦』、学校法人関西学院、2019 年 5 月 26 日

Haden Diaries, Sept. 7, 1910 (Emory University)

Bates Diaries, Dec. 31, 1940

学院探訪 16　「人間宣言」とヴォーリズ

［初出］ 関西学院広報室『K. G. TODAY 関西学院広報』277 号、2013 年 8 月

上坂冬子「天皇を守ったアメリカ人」、『中央公論』1986 年 5 月号

奥村直彦『ヴォーリズ評伝：日本で隣人愛を実践したアメリカ人』、有限会社港の人、2005 年 8 月 1 日

池田裕子「ミズーリ州での調査〜パルモア、ウェンライト、ヴォーリズ〜」、『学院史編纂室便り』第 39 号、2014 年 6 月 2 日

Letter of March 24, 1947, from W. M. Vories to C. J. L. Bates (courtesy of Armand de Mestral)

学院探訪 17　テレビ出演

［初出］ 関西学院広報室『KG TODAY 関西学院広報』305 号、2019 年 10 月

『読売新聞』朝刊、テレビ欄、1959 年 11 月 2 日

C. J. L. ベーツ（加藤秀次郎訳）「再び日本を訪れて」、『母校通信』第 23 号、関西学院同窓会、1960 年 5 月

『朝日放送の 50 年―資料集』、朝日放送株式会社、2000 年 3 月

C. J. L. Bates, "My trip to Japan, October 20th to November 12th, 1959"

学院探訪 18　昭和天皇のご引見

［初出］ 関西学院広報室『KG TODAY 関西学院広報』301 号、2018 年 10 月

C. J. L. ベーツ（加藤秀次郎訳）「再び日本を訪れて」、『母校通信』第 23 号、関西学院同窓会、1960 年 5 月

東京書籍編『昭和天皇実録』第十二、2017 年 3 月 28 日

Bates Diaries, February 3, 1937

C. J. L. Bates, "My trip to Japan, October 20th to November 12th, 1959"

"Honor Toronto Churchman," *The Toronto Star*, November 28, 1959

Letter of February 19, 1960, from C. J. L. Bates to President Takashi Komiya

学院探訪 19　最後の祈り

［初出］ 関西学院広報室『KG TODAY 関西学院広報』304 号、2019 年 7 月

「ベーツ先生の追悼会での則末牧男先生の説教」

坂本遼「忘れえぬ恩師（四）ベーツさん　怒りを忘れた人　病妻の看病十数年」、『母校通信』第 13 号、関西学院同窓会、1954 年 10 月

池田裕子「ベーツ街道をゆく！」、『学院史編纂室便り』第 36 号、2012 年 11 月 1 日

池田裕子「ロリニャルから世界へ―カナダ東部におけるベーツ院長関係地訪問―」、『関西学院史紀

要』第 19 号、2013 年 3 月 25 日
池田裕子「教え子と教職員が語るベーツ先生」、『学院史編纂室便り』第 45 号、2017 年 5 月 1 日
Bates Diaries, July 30, 1941
Letter of September 1, 1954, from C. J. L. Bates to Lulu de Mestral
Montreal-Ottawa Conference Minutes, 1964
学院探訪 20　父と娘
［初出］ 関西学院広報室『K. G. TODAY 関西学院広報』264 号、2011 年 6 月
池田裕子「第 1 部　翻訳、4. 口述筆記」、ルース M. グルーベル監修『ベーツ宣教師の挑戦と応戦』、学校法人関西学院、2019 年 5 月 26 日
「アルマン・デメストラル氏への名誉博士学位授与」、『学院史編纂室便り』第 15 号、2002 年 5 月 20 日
Bates Diaries, March 20, 31, and June 19, 1937
Robert Bates, *Newcomers in a New Land*, private ed., 1988
学院探訪 21　“Mastery for Service”のルーツ
［初出］ 関西学院広報室『K. G. TODAY 関西学院広報』269 号、2012 年 4 月
城崎進「カナダの高等教育事情を視察して　多様な対応を展開するカナダの大学」、『関西学院通信クレセント』第 14 号、1983 年 6 月 14 日
池田裕子「カナダ訪問記―C. J. L. ベーツ第 4 代院長関係資料調査の旅―」、『関西学院史紀要』第 6 号、2000 年 4 月 20 日
池田裕子「ロリニャルから世界へ―カナダ東部におけるベーツ院長関係地訪問―」、『関西学院史紀要』第 19 号、2013 年 3 月 25 日
Macdonald College Annual, 1934
学院探訪 22　失われゆく母校の記憶
［初出］ 関西学院広報室『K. G. TODAY 関西学院広報』274 号、2013 年 2 月
「関西学院教師住宅実測調査図」、大阪芸術大学建築学科 建築歴史研究室、1991 年 10 月
「C. J. L. ベーツ第 4 代院長の子孫の来訪」、『学院史編纂室便り』第 30 号、2009 年 11 月 25 日
胸像の謎を追いかけて
木村禎橘「関西学院高等学部創設時代」、『関西学院六十年史』、1949 年 10 月 29 日
『関西学院大学商学部卒業アルバム』1962 年
『関西学院学報』第 17 号、1965 年 12 月
「ベーツ博士の胸像」『関西学院広報』第 4 号、1974 年 11 月 7 日
池田裕子「カナダ訪問記―C. J. L. ベーツ第 4 代院長関係資料調査の旅」、『関西学院史紀要』第 6 号、2000 年 4 月 20 日
池田裕子「ベーツ第 4 代院長最後の手紙～ベーツ元院長の手紙から明らかになったこと～」、『学院史編纂室便り』第 11 号、2000 年 6 月 1 日
「アルマン・デメストラル氏（ベーツ第 4 代院長尊孫）の表敬訪問」、『学院史編纂室便り』第 12 号、2000 年 12 月 1 日
池田裕子「『カナダ訪問記』その後」、『関西学院史紀要』第 7 号、2001 年 3 月 24 日
「アルマン・デメストラル氏の来学」、『学院史編纂室便り』第 14 号、2001 年 11 月 15 日
「C. J. L. ベーツ第 4 代院長来日百年記念植樹」、『学院史編纂室便り』第 16 号、2002 年 11 月 20 日
「C. J. L. ベーツ第 4 代院長ご曾孫来学」、『学院史編纂室便り』第 22 号、2005 年 12 月 1 日
「ベーツ院長胸像（ベーツチャペル）の台座修復」、『学院史編纂室便り』第 34 号、2011 年 12 月 1 日
池田裕子「お宝拝見！③今も忘れぬ「霜おく髪」の教え -Purity, Confidence, Love-」、『学院史編纂室便り』第 34 号、2011 年 12 月 1 日
「アルマン・デメストラルさん（C. J. L. ベーツ第 4 代院長ご令孫）の来学」、『学院史編纂室便り』第 35 号、2012 年 6 月 8 日

池田裕子「ロリニャルから世界へ―カナダ東部におけるベーツ院長関係地訪問―」、『関西学院史紀要』第 19 号、2013 年 3 月 25 日
「アルマン・デメストラルさん（C. J. L. ベーツ院長ご令孫）の来訪」、『学院史編纂室便り』第 37 号、2013 年 6 月 20 日
ニュース欄、『学院史編纂室便り』第 40 号、2014 年 12 月 10 日
「サラ・ペパル判事の来訪」、『学院史編纂室便り』第 44 号、2016 年 12 月 10 日
「スコット・ベーツさん（ベーツ第 4 代院長ご曾孫）の来訪」、『学院史編纂室便り』第 46 号、2017 年 12 月 1 日
「アルマン・デメストラルさん来訪」、『学院史編纂室便り』第 47 号、2018 年 5 月 1 日
池田裕子「ベーツ第 4 代院長・初代学長愛用の杖」、『学院史編纂室便り』第 56 号、2022 年 11 月 25 日
Letter of June 10, 1964, from Lulu Bates de Mestral to President Komiya, Kwansei Gakuin
Letter of May 21, 1964, from Woodsworth & Rutherford to President of Kwansei Gakuin University
Rev. Bernard Ennals, "The Contribution of Dr. C. J. L. Bates to Royal York Road United Church, Toronto," March 27, 1987
Email of March 27, 1999, from Armand de Mestral to Yuko Ikeda
Yuko Ikeda, A Report of My Visit to Canada, a trip concerning C. J. L. Bates, the fourth president of Kwansei Gakuin (1920-1940)," Kwansei Gakuin Archives website

マギル大学時代の下宿

池田裕子「ロリニャルから世界へ―カナダ東部におけるベーツ院長関係地訪問―」、『関西学院史紀要』第 19 号、2013 年 3 月 25 日
「第 42 回学院史研究会：関西学院創立 125 周年記念シンポジウム　W. R. ランバス宣教師の足跡を訪ねて―ブラジル、アメリカ、中国への旅から―」、『関西学院史紀要』第 21 号、2015 年 3 月 15 日
池田裕子「クレセントの予兆」、関西学院広報室『KG TODAY 関西学院広報』294 号、2017 年 2 月
P. V. N. Myers, *Ancient History for Colleges and High Schools, Part I The Eastern Nations and Greece*, Ginn & Co., 1891
Lovell's Montreal Directory 1893-94
1895 Rental List of Lorne Crescent
1915 Fire Insurance Plan
1984 Lorne Crescent house fire report
Email of February 28, 2013, from Yuko Ikeda to Armand & Charles de Mestral
Email of March 2, 2013, from Charles de Mestral to Yuko Ikeda
Email of December 21, 2013, from Charles de Mestral to Yuko Ikeda
Email of December 18, 2019, from Charles de Mestral to Yuko Ikeda
Email of January 17, 2020 from Charles de Mestral to Yuko Ikeda
Email of January 28, 2020, from Charles de Mestral to Yuko Ikeda
Email of January 31, 2020, from Charles de Mestral to Yuko Ikeda

資料 1　ベーツ院長略歴

「外人色の学校」（九）、『大阪朝日新聞』神戸附録版、1915 年 7 月 20 日
石野利香、池田裕子「簡易年表」、ルース M. グルーベル監修『ベーツ宣教師の挑戦と応戦』、学校法人関西学院、2019 年 5 月 26 日

資料 2　原田の森時代の関西学院（神戸の地図）

『関西学院拡張計画　神戸―関西学院―』〔1917 年？〕

資料 3　関西学院の姿（1939 年）

Fiftieth Anniversary, Kwansei Gakuin, 1939

第2章　アメリカ人宣教師 J. C. C. ニュートン

学院探訪 23　ジョンズ・ホプキンス大学のゼミ仲間

［初出］ 関西学院広報室『KG TODAY 関西学院広報』309号、2020年11月

和泉庫四郎「新渡戸稲造のアメリカ留学と農政学研究」、『鳥取大学農学部研究報告』第38巻、1985年

大櫃敬史「新渡戸稲造の米国留学時代における農学研究に関する実証的研究：ジョンズ・ホプキンズ大学所蔵文書の分析を中心として」、『北海道大学大学院教育学研究科紀要』第101号、2007年3月

中島正道、佐藤奨平、中島めぐみ「新渡戸稲造『武士道』の書誌事項をめぐる混乱について」、三田図書館・情報学会、2008年度研究大会、2008年9月27日

「"Old Kwansei"と"Old Nassau"の関係についての仮説発表」『学院史編纂室便り』第33号、2011年6月10日

Johns Hopkins University Circular, v. 4-5, 1885-86 (HATHI TRUST Digital Library)

Margaret M. Cook, "Dr. and Mrs. J. C. C. Newton," *Fiftieth Anniversary Year Book of the Japan Mission of the Methodist Episcopal Church, South, and Minutes of the fiftieth Annual Meeting*, 1936

学院探訪 24　忘れられた墓標

［初出］ 関西学院広報室『K. G. TODAY 関西学院広報』265号、2011年8月

Letter of July 16, 1888, from J. C. C. Newton to Lettie Newton (Duke University)

Letter of September 17, 1888, from W. R. Lambuth to J. C. C. Newton (Duke University)

Letter of November 10, 1988, from John W. Krummel to Ichiro Yamauchi

学院探訪 25　二人のニュートン

［初出］ 関西学院広報室『KG TODAY 関西学院広報』308号、2020年7月

「アトレー初代普通学部長ご子孫からの問い合わせ」、『学院史編纂室便り』第52号、2020年10月15日

Minutes of the Annual Meeting of the Japan Mission of the Methodist Episcopal Church, South, Third Session, August 1889

Minutes of the Fourth Annual Meeting of the Japan Mission of the Methodist Episcopal Church, South, September 1890

Minutes of the Fifth Annual Meeting of the Japan Mission of the Methodist Episcopal Church, South, August 1891

Minutes of the Fifty-Second Session of the Memphis Conference of the Methodist Episcopal Church, South, 1891

Minutes of the Third Session of the Japan Mission Annual Conference of the Methodist Episcopal Church, South, August 1894

"Hon Newton W. Utley," *Memorial Record of Western Kentucky*, Lewis Pub., 1904

学院探訪 26　生みの親より育ての親

［初出］ 関西学院広報室『K. G. TODAY 関西学院広報』257号、2010年4月

北野大吉「ニウトン先生を送る」、『学生会時報』第7号、1923年5月15日

大杉信夫「学院生活の断片」、『関西学院学生会抄史』、1937年7月20日

岩間松太郎「運動が嫌いなら国へ帰れ」、『母校通信』第5号、関西学院同窓会、1950年10月

『学院を語る－関西学院教育と学院精神－』、宗教活動委員会、1965年1月

関西学院広報委員会編『大学とは何か』、関西学院を考えるシリーズ第1集、学校法人関西学院、1975年8月1日

和田伝五郎「あの日、あの時」、『関西学院同窓会会員名簿（同窓会小史）学院創立90周年記念版』1979年10月25日

池田裕子「J. C. C. ニュートン第3代院長の足跡を訪ねて」、『関西学院史紀要』第9号、2003年3月24日

池田裕子「第 3 代院長ニュートン先生を偲ぶ」、『学院史編纂室便り』第 17 号、2003 年 5 月 10 日
学院探訪 27　原田の森の小さな学校
［初出］ 関西学院広報室『K. G. TODAY 関西学院広報』282 号、2014 年 6 月
H. W. Outerbridge, "Kwansei Gakuin Memories,"『教会と神学』神学研究特集第 9 号、1959 年 12 月 15 日
関西学院広報委員会編『大学とは何か』関西学院を考えるシリーズ第 1 集、学校法人関西学院、1975 年 8 月 1 日
米田満『児玉国之進先生卒寿記念　関西学院とともに』、関西学院大学体育会 OB 倶楽部、1986 年 6 月 10 日
「村上博輔日記抄十」、『関西学院史紀要』第 17 号、2011 年 3 月 25 日
Rev. Yoshioka, D. D., "Rev. J. C. C. Newton, A.M., D.D.: An Appreciation," *Christian Advocate*, June 3, 1921
学院探訪 28　クレセントの秘密
［初出］ 関西学院広報室『K. G. TODAY 関西学院広報』276 号、2013 年 6 月
「座談会六十周年を語る」、『母校通信』第 3 号、1949 年
矢川澄子編『稲垣足穂：白鳩の記』、国書刊行会、1993 年
『三日月雑話　高橋信彦遺稿集』、2002 年
池田裕子「J. C. C. ニュートン第 3 代院長の足跡を訪ねて」、『関西学院史紀要』第 9 号、2003 年 3 月 24 日
池田裕子「関西学院の校章クレセントにまつわる話～そのルーツとニュートン院長との関係～」、『学院史編纂室便り』第 25 号、2007 年 6 月 18 日
Ron Videau, "The Crescent," *The Continental Soldier*, Vol. 19 No. 1, April 2006
曾孫を探して
大石繁治「ニュートン先生の墓に詣づるの記」『日本メソヂスト新聞』第 2143 号、1933 年 2 月 10 日
『関西学院年次報告』1950 年度
「J. C. C. ニュートン第 3 代院長の子孫訪問」、『学院史編纂室便り』第 16 号、2002 年 11 月 20 日
「J. C. C. ニュートン第 3 代院長の子孫来学」、『学院史編纂室便り』第 17 号、2003 年 5 月 10 日
池田裕子「J. C. C. ニュートン第 3 代院長の足跡を訪ねて」、『関西学院史紀要』第 9 号、2003 年 3 月 24 日
池田裕子「第 3 代院長ニュートン先生を偲ぶ」、『学院史編纂室便り』第 17 号、2003 年 5 月 10 日
池田裕子「関西学院の校章クレセントにまつわる話～そのルーツとニュートン院長との関係～」、『学院史編纂室便り』第 25 号、2007 年 6 月 18 日
池田裕子「関西学院創立初期の宣教師関係資料―北米での調査・資料収集からその活用まで―」、全国大学史資料協議会『創立期大学史資料の特色―2007 年度全国研究会の記録　於：成蹊学園―』研究叢書第 9 号、2008 年 10 月 9 日
「ニュートン院長の遺品到着」、『学院史編纂室便り』第 39 号、2014 年 6 月 2 日
池田裕子「J. C. C. ニュートン第 3 代院長ご子孫、アリシアさんを迎えて」、『学院史編纂室便り』第 44 号、2016 年 12 月 10 日
「訃報：マリオン・カミングさん（ニュートン第 3 代院長ご曾孫）」、『学院史編纂室便り』第 56 号、2022 年 11 月 25 日
Letter of March 5, 1957, from Ruth Newton Underwood to Yukichi Nakamura
Letter of March 28, 1957, from Yukichi Nakamura to Mrs. E. Marvin Underwood
Email of May 1, 2002, from Horace G. Underwood to Yuko Ikeda
Email of March 19, 2008, from Emory Underwood to Yuko Ikeda
Card of August 22, 2012, from Marion Cumming to Yuko Ikeda
Email of February 27, 2014, from Alicia Underwood to Yuko Ikeda
Email of January 2, 2015, from Emory Underwood to Yuko Ikeda

Email of September 11, 2022, from Angie Underwood to Yuko Ikeda
Email of September 11, 2022, from Sylvia Bews-Wright to Yuko Ikeda

Column 1　ニュートン院長の帰国

『学生会時報』第7号、1923年5月15日
ルース・ニウトン・アンダーウッド「亡き父の思ひ出」、『教界時報』第2093号、1932年2月19日
米田満「インタビュー児玉國之進」、『関西学院通信クレセント』第12号、1982年6月14日
池田裕子「J. C. C. ニュートン第3代院長の足跡を訪ねて」、『関西学院史紀要』第9号、2003年3月24日
池田裕子「第3代院長ニュートン先生を偲ぶ」、『学院史編纂室便り』第17号、2003年5月10日
Ruth Newton Underwood, "In Fond Remembrance," *The Missionary Voice*, February 1932

第3章　関西学院創立者 W. R. ランバスとランバス・ファミリー

学院探訪 29　ミズーリ州の W. B. パルモア

［初出］関西学院広報室『K. G. TODAY 関西学院広報』281号、2014年4月
中村金次編『南美宣教五十年史』、1936年11月1日
池田裕子「ミズーリ州での調査～パルモア、ウェンライト、ヴォーリズ～」、『学院史編纂室便り』第39号、2014年6月2日
ニュース欄、『学院史編纂室便り』第40号、2014年12月10日
Marcus L. Gray, Ward M. Baker, *Centennial Volume of Missouri Methodism*, Burd & Fletcher, 1907
"Rev. Dr. Palmore Dead," *The New York Times*, July 6, 1914
"First Church," Clippings from the collection of Central Methodist University Archives

学院探訪 30　私立大阪商業学校と W. R. ランバス

［初出］関西学院広報室『KG TODAY 関西学院広報』291号、2016年4月
『朝日新聞』1887年8月30日、31日、広告欄
W. R. Lambuth, "Seven Doors," *The New Orleans Christian Advocate*, No. 1622, Sept. 1, 1887

学院探訪 31　1889年のランバス一家【原題：120年前のランバス一家】

［初出］関西学院広報室『K. G. TODAY 関西学院広報』253号、2009年8月
池田裕子「J. W. ランバス夫妻中国伝道出発150年、W. R. ランバス生誕150年に寄せて（その2）～弟ロバート・ウィリアム・ランバスの生涯～」、『学院史編纂室便り』第19号、2004年5月28日
Nettie Craig Lambuth Lewis, "Mostly about Myself," 1936

学院探訪 32　関西学院を有名にした小説

［初出］関西学院広報室『KG TODAY 関西学院広報』300号、2018年7月
徳富蘆花（健次郎）『思出の記』、民友社、1901年5月（国立国会図書館デジタルコレクション）
鈴木愿太「故ランバス監督」、『教界時報』第1573号、1921年
『河北新報』1945年8月7日
木村蓬伍「吉岡美国先生の俤」、吉岡美清編『父の俤』、〔1958年〕
亀徳一男「おもいだすまま」、『関西学院同窓会会員名簿（同窓会小史）学院創立90周年記念版』1979年10月25日
サトウハチロー『サトウハチロー：落第坊主』、日本図書センター、1999年2月25日
「サトウハチロー年譜」、長田暁二ほか著『サトウハチローのこころ』、佼成出版社、2001年10月1日
池田裕子「南メソヂスト監督教会日本伝道の初穂、鈴木愿太の生涯―宣教師ランバス一家との関わりを中心に―」、『関西学院史紀要』第12号、2006年3月25日
池田裕子「ランバス先生とベーツ先生の日本語」、『学院史編纂室便り』第29号、2009年5月25日
池田裕子「お宝拝見！　②ランバス一家の通訳鈴木愿太とその家族」、『学院史編纂室便り』第32号、2010年12月15日

学院探訪 33　ランバス一家とアメリカ文学

［初出］ 関西学院広報室『KG TODAY 関西学院広報』303 号、2019 年 4 月

Bravic Imbs, The Professor's Wife, L. Macveagh, the Diai Press, 1928

Nettie Craig Lambuth Lewis, "Mostly about myself," 1936

Jean Lewis, *Jane and the Mandarin's Secret*, 1970

David Lambuth and others, *The Golden Book on Writing*, Penguin Books, 1980 (Reprinted)

"Jean Lewis: An extraordinary life," *Photo Marketing*, November 2004

学院探訪 34　百年の矛盾【原題：百年の矛盾〜ランバスの葬送〜】

［初出］ 関西学院広報室『KG TODAY 関西学院広報』310 号、2021 年 3 月

図録『関西学院の 100 年』、1989 年 11 月 1 日

ウィリアム W. ピンソン著、半田一吉訳『ウォルター・ラッセル・ランバス―PROPHET AND PIONEER―』、学校法人関西学院、2004 年 11 月 10 日

池田裕子「創立者 W. R. ランバス終焉の地を訪ねて〜軽井沢・横浜・原田の森・神戸〜」、『学院史編纂室便り』第 54 号、2021 年 10 月 15 日

The Japan Times, September 21, 1909

William W. Pinson, *Walter Russell Lambuth, Prophet and Pioneer*, Cokesbury Press, 1924

学院探訪 35　遺骨の行方

［初出］ 関西学院広報室『K. G. TODAY 関西学院広報』283 号、2014 年 8 月

「雑報」、関西学院『関西文壇』第 2 号、1907 年 7 月 25 日

「故ランバス監督告別式式次第」、1921 年 10 月 3 日

吉岡美国「ランバス先生のことども」、『新星』第 5 号、1937 年 10 月 30 日

「村上博輔日記抄四」、『関西学院史紀要』第 10 号、2004 年 3 月 24 日

"The Funeral of Bishop Lambuth," *The Missionary Voice*, January 1922

Memories of Dr. W. H. Park of Soochow 1882-1927

"Reconnecting with Friends in China by Sherry Messersmith," *Tales from Riderwood*, Winter 2012

学院探訪 36　墓地で見つけた十字架

［初出］ 関西学院広報室『K. G. TODAY 関西学院広報』256 号、2010 年 2 月

谷口利一『使徒たちよ眠れ：神戸外国人墓地物語』、神戸新聞出版センター（のじぎく文庫）、1986 年 11 月 1 日

「神戸市立外国人墓地が国の名勝に」、『学院史編纂室便り』第 24 号、2006 年 12 月 12 日

司馬遼太郎『街道をゆく 21〈新装版〉神戸・横浜散歩、芸備の道』、朝日新聞出版、2009 年 1 月 30 日

「ランバス・ファミリーの子孫ディヴィッドさんの来日」、『学院史編纂室便り』第 43 号、2016 年 6 月 1 日

池田裕子「J. W. ランバス墓前礼拝〜玄孫ディヴィッド・シェレルツさんを迎えて〜」、『学院史編纂室便り』第 43 号、2016 年 6 月 1 日

池田裕子「J. W. ランバス没後 130 年」、『学院史編纂室便り』第 56 号、2022 年 11 月 25 日

ランバス・ファミリーの子孫との交流

小林信雄「学院史資料の収集について（2）―海外関係―」、『資料室便り』第 3 号、1986 年 9 月 30 日

池田裕子「デューク大学所蔵パーク・ランバス・シェレルツ家コレクション（1827-1977 年）」、『学院史編纂室便り』第 16 号、2002 年 11 月 20 日

池田裕子「J. W. ランバス夫妻中国伝道出発 150 年、W. R. ランバス生誕 150 年に寄せて〜故郷パールリバーとランバス・デー〜」、『学院史編纂室便り』第 18 号、2003 年 11 月 28 日

池田裕子「J. W. ランバス夫妻中国伝道出発 150 年、W. R. ランバス生誕 150 年に寄せて（その 2）〜弟ロバート・ウィリアム・ランバスの生涯〜」、『学院史編纂室便り』第 19 号、2004 年 5 月 28 日

池田裕子「アメリカ（ランバス大学、パールリバー・チャーチ他）訪問」、『学院史編纂室便り』第20号、2004年12月8日
池田裕子「ランバス・ファミリー子孫の来学」、『学院史編纂室便り』第20号、2004年12月8日
大学図書館報『時計台』第75号、2005年4月1日
「ウォルター・R・ランバス生誕150周年記念行事、その後」、『学院史編纂室便り』第21号、2005年5月20日
「訃報：オリーブ・ランハムさん（W. R. ランバスの妹の孫）」、『学院史編纂室便り』第26号、2007年12月14日
「訃報：ジーン・ルイスさん（W. R. ランバスの弟の孫）」、『学院史編纂室便り』第30号、2009年11月25日
「訃報：シェリー・メッサースミスさん」、『学院史編纂室便り』第37号、2013年6月20日
池田裕子「グルーベル院長に贈られた十字架とランバス・ホーム～ランバス・ファミリーの故郷からの情報～」、『学院史編纂室便り』第39号、2014年6月2日
Letter of June 13, 1978, from James S. Wilder, Jr., President of Lambuth College, to Mr. George R. Armistead, (George R. Armistead, a great-grandson of John Russell Lambuth, Jackson, Mississippi, A Collection of Material on the Lambuth Family and Related Subjects Compiled for Dr. and Mrs. William D. Bray, Kwansei Gakuin, Nishinomiya, Japan, 47-1)
"Bishop's Descendant visit Campus" (copy), (ditto, 47-3)
"Rehab through photograph, local honored for work," Town & Village, October 21, 1993
Handbook of United Methodist-Related Schools, Colleges, Universities & Theological Schools, General Board of Higher Education and Ministry, The United Methodist Church, 2000
Tennessee Encyclopedia (http://tnency.utk.tennessee.edu/entries/lambuth-university/)

Column 2　パールリバー・チャーチのランバス・デイ

池田裕子「J. W. ランバス夫妻中国伝道出発160年、W. R. ランバス生誕150年に寄せて～故郷パールリバーとランバスデー～」、『学院史編纂室便り』第18号、2003年11月28日
池田裕子「アメリカ（ランバス大学、パールリバー・チャーチ他）訪問」、『学院史編纂室便り』第20号、2004年12月8日
「ハリケーンがランバス家の故郷ミシシッピー州を直撃」、『学院史編纂室便り』第22号、2005年12月1日
「パールリバー・チャーチでランバス・デイ開催」、『学院史編纂室便り』第26号、2007年12月14日
「ランバス・デイの開催～パールリバー・チャーチより～」、『学院史編纂室便り』第36号、2012年11月1日
池田裕子「アメリカ南部訪問～W. R. ランバスに見守られて～」、『学院史編纂室便り』第38号、2013年12月2日
「巻頭座談会　創立者ランバス博士の志を大切に受け継ぐ心優しき人たちに触れて」、『母校通信』第133号、関西学院同窓会、2014年3月
「*New World Outlook* 誌への記事掲載」、『学院史編纂室便り』第39号、2014年6月2日
池田裕子「グルーベル院長に贈られた十字架とランバス・ホーム～ランバス・ファミリーの故郷からの情報～」、『学院史編纂室便り』第39号、2014年6月2日
「第42回学院史研究会：関西学院創立125周年記念シンポジウム　W. R. ランバス宣教師の足跡を訪ねて―ブラジル・アメリカ・中国への旅から―」、『関西学院史紀要』第21号、2015年3月15日
「ランバス・デイとランバス・ファミリーからの情報」、『学院史編纂室便り』第42号、2015年12月10日
Ruth M. Grubel, "Discovering the 'Ties that Bind,'" *New World Outlook*, New Series Vol. 74 No.4, March/April 2014

資料4　ランバス家の記念碑

"Lambuth Monument at Pearl River Methodist Church" (George R. Armistead, a great-grandson of John Russell Lambuth, Jackson, Mississippi, A Collection of Material on the Lambuth Family and Related Subjects Compiled for Dr. and Mrs. William D. Bray, Kwansei Gakuin, Nishinomiya, Japan, 39-1, 39-2)

第4章　ラトビア人教師イアン・オゾリン

学院探訪37　二足の草鞋

［初出］ 関西学院広報室『K. G. TODAY 関西学院広報』272号、2012年10月

『関西学院学報』第1号、1921年7月25日

神戸市灘区まちづくり推進課『灘区の歴史』、1993年4月1日

池田裕子「関西学院のラトヴィア人教師イアン・オゾリンをめぐって」、『学院史編纂室便り』第26号、2007年12月14日

シルヴィヤ・クリジェヴィツァ著、田中研治訳「ヤーニス・オァゾァリンシュ—日本（神戸、1920～21）でラトヴィアの外交官と領事を務めた人物」、『関西学院史紀要』第17号、2011年3月25日

池田裕子「関西学院のラトヴィア人教師イアン・オゾリンとその教え子—曽根保と由木康」、『関西学院史紀要』第17号、2011年3月25日

学院探訪38　新しい世界を築く特別招待【原題：特別招待—ラトビア建国100年—】

［初出］ 関西学院広報室『KG TODAY 関西学院広報』299号、2018年4月

「6. 神戸駐在」JACAR（アジア歴史資料センター）Ref. B16081059900、在本邦各国領事任免雑件（露国ノ部）第四巻／露国之部　第四巻（6-1-8-3_4_004）（外務省外交史料館）

イアン・オゾリン著、栗秋草笛訳「イアン・ポーロックとラトビア文学」、『関西文学』第3号、1921年5月20日

シルヴィヤ・クリジェヴィツァ著、田中研治訳「ヤーニス・オァゾァリンシュ—日本（神戸、1920～21年）でラトヴィアの外交官と領事を務めた人物」、『関西学院史紀要』第17号、2011年3月25日

Ian A. Ozolin, "Twelve Lectures on the Meaning and Value of Life," Kwansei Gakuin College, Kobe, 1919

Ian A. Ozolin, "The Truth about the German in the Baltic States," *The Japan Advertiser*, May 19, 1920

Ian A. Ozolin, "The Conservation of Latvia," *The Japan Weekly Chronicle*, Jan. 20, 1921

学院探訪39　ヘーデンの日記

［初出］ 関西学院広報室『KG TODAY 関西学院広報』289号、2015年10月

Haden Diaries, Oct. 21, 1896; Sept. 7, 1910; Dec. 14, 1919 (Emory University)

T. H. Haden, *Japan, Progress and Outlook,* 1905

学院探訪40　クリスマスツリーの飾りつけ

［初出］ 関西学院広報室『K. G. TODAY 関西学院広報』255号、2009年12月

『関学ジャーナル』第34号、関西学院大学、1980年12月4日

『関学ジャーナル』第133号、関西学院大学、1994年12月9日

『リーガ　四季折々の姿』リーガ市対外交渉局、2008年

池田裕子「関西学院のラトヴィア人教師イアン・オゾリンを巡って（2）—駐日ラトヴィア共和国大使館訪問—」、『学院史編纂室便り』第27号、2008年6月6日

生きていた絆

「学生会名簿」、『商光』第10号、1921年7月1日

イアン・オゾリン著、曽根保訳『琥珀の國：ラトヴィヤ國の過去と現在』、川瀬日進堂、1921年

『文学部回顧』関西学院文学会、1931年1月1日

「ヒルバーン、クラッグストン両宣教師を迎える」、『神学部報』第1号、1956年7月25日

曽根保（口述）『ある英語教師の記録』、曽根翼、1982年

福田和美『日光鱒釣紳士物語』、山と渓谷社、1999年
鈴木徹『バルト三国史』、東海大学出版会、2000年5月20日
小森宏美、橋本伸也『バルト諸国の歴史と現在』ユーラシア・ブックレットNo. 37、東洋書店、2002年10月
志摩園子『物語バルト三国の歴史：エストニア・ラトヴィア・リトアニア』、中央公論新社、2004年7月
黒沢歩『木漏れ日のラトヴィア』、新評論、2004年11月8日
黒沢歩『ラトヴィアの蒼い風』、新評論、2007年1月31日
原翔『バルト三国歴史紀行Ⅱ　ラトヴィア』彩流社、2007年5月31日
池田裕子「関西学院のラトヴィア人教師イアン・オゾリンをめぐって」、『学院史編纂室便り』第26号、2007年12月14日
池田裕子「関西学院のラトヴィア人教師イアン・オゾリンを巡って（2）―駐日ラトヴィア共和国大使館訪問―」、『学院史編纂室便り』第27号、2008年6月6日
池田裕子「ヴァイヴァルス大使を関西学院にお迎えして」、『Latvija日本ラトビア音楽協会ニュース』第14号、2008年12月5日
「ラトヴィア共和国のヴァイヴァルス駐日大使が関西学院を訪問」、『学院史編纂室便り』第28号、2008年12月16日
池田裕子「関西学院のラトヴィア人教師イアン・オゾリンを巡って（3）～ヴァイヴァルス初代駐日大使の関西学院訪問～」、『学院史編纂室便り』第28号、2008年12月16日
「ラトビア大使館員オレグスさんが日本語スピーチコンテストで審査員特別賞」、『学院史編纂室便り』第29号、2009年5月25日
「ラトビア大学との協定締結」、『学院史編纂室便り』第30号、2009年11月25日
池田裕子「ラトビア人教師イアン・オゾリンが残したもの」、『関西日本ラトビア協会ニュース』第2号、2009年12月
池田裕子「ラトビア人飛行家ヘルベルトス・ツクルスの日本訪問―前編―」、『関西日本ラトビア協会ニュース』第3号、2010年7月
池田裕子「ラトビア人飛行家ヘルベルトス・ツクルスの日本訪問―後編―」、『関西日本ラトビア協会ニュース』第4号、2010年12月
シルヴィヤ・クリジェヴィツァ著、田中研治訳「ヤーニス・オァゾァリンシュ―日本（神戸、1920～21）でラトヴィアの外交官と領事を務めた人物」、『関西学院史紀要』第17号、2011年3月25日
池田裕子「関西学院のラトヴィア人教師イアン・オゾリンとその教え子―曽根保と由木康」、『関西学院史紀要』第17号、2011年3月25日
池田裕子「学長のラトビア大使館、クロアチア大使館訪問に同行して」、『学院史編纂室便り』第33号、2011年6月10日
池田裕子「関西学院大学学長のラトビア大使館訪問」、『関西日本ラトビア協会ニュース』第5号、2011年8月
「ラトビア共和国ヴァイヴァルス駐日大使の来訪」、『学院史編纂室便り』第34号、2011年12月1日
池田裕子「日本・ラトビア国交樹立90年、国交回復20年記念植樹裏話―門外不出（？）のラトビア・オークの輸入―」、『学院史編纂室便り』第34号、2011年12月1日
池田裕子「ヴァイヴァルス大使を関西学院にお迎えした2日間」、『関西日本ラトビア協会ニュース』第6号、2012年1月
池田裕子「大使館で行われたオレグスさんの壮行会」、『関西日本ラトビア協会ニュース』第6号、2012年1月
「ラトビア国会議長の来日」、『学院史編纂室便り』第35号、2012年6月8日
池田裕子「京都迎賓館の夜―ラトビア国会議長を迎えて―」、『学院史編纂室便り』第35号、2012

年6月8日
「D. A. クラグストン教授のご子息が次期駐日カナダ大使に」、『学院史編纂室便り』第36号、2012年11月1日
池田裕子「霧の中の残光～奥日光のハンス・ハンター忌～」、NPO法人神戸外国人居留地研究会年報『居留地の窓から』第8号、2013年4月20日
池田裕子「美し過ぎるラトビア国会議長の来日」、『関西日本ラトビア協会ニュース』第7号、2013年5月
「ラトビアからの苗木定植」、『学院史編纂室便り』第37号、2013年6月20日
池田裕子「ペンケ大使のブルーの瞳に魅せられて」、日本ラトビア音楽協会ウェブサイト、2014年10月18日
ニュース欄、『学院史編纂室便り』第40号、2014年12月10日
斉藤孝『戦間期国際政治史』、岩波現代文庫／学術325、岩波書店、2015年5月15日
「サンドラ・カルニエテ元ラトビア外相の来訪」、『学院史編纂室便り』第41号、2015年6月15日
「リガ女声合唱団演奏会に関西学院グリークラブが友情出演」、『学院史編纂室便り』第43号、2016年6月1日
『国際避暑地中禅寺湖畔の記録』英国大使館別荘記念講演一般公開記念誌、栃木県環境森林部自然環境課、2016年6月
「マッケンジー・クラグストン特別任期制教授による公開授業『日本と私』」、『学院史編纂室便り』第44号、2016年12月10日
「トレイヤ＝マシー駐日ラトビア大使の表敬訪問」、『学院史編纂室便り』第47号、2018年5月1日
池田裕子「畑道也第14代院長を偲んで」、『学院史編纂室便り』第47号、2018年5月1日
「ラトビア製低反射ガラスを使った展示ケースの寄贈」、『学院史編纂室便り』第48号、2018年11月30日
池田裕子「ラトビア共和国建国100年を記念して～『ラトビア、融合の建築』展と英語サロン～」、『学院史編纂室便り』第48号、2018年11月30日
「関西領事団150周年記念ガラディナーの開催」、『学院史編纂室便り』第49号、2019年5月20日
「駐日ラトビア共和国大使による関西学院大学特別講演会“Latvia's Century”の開催」、『学院史編纂室便り』第51号、2020年5月1日
「駐日ラトビア共和国大使館によるイアン・オゾリンの紹介」、『学院史編纂室便り』第54号、2021年10月15日
「『ラトビアと日本：100年の友好関係、人物と遺品』展の開催」、『学院史編纂室便り』第56号、2022年11月25日
今西貴夫さんから池田裕子宛てメール、2022年12月16日
Email of December 10, 2012, from Mackenzie Clugston to Yuko Ikeda
Email of June 16, 2016, from David Sherertz to Yuko Ikeda
Kansai Consular Corps, *Kansai Consular Corps 150th Anniversary*, [2019]

資料5　教え子が語るオゾリン

『関西学院高等学部商科卒業アルバム』1920年
「教授短評」『関西学院高等学部商科卒業アルバム』1922年
岩橋武夫『動き行く墓場』、警醒者書店、1925年12月5日
『文学部回顧』関西学院文学会、1931年1月1日
『関西学院高等商業学部二十年史』、1931年11月3日
『母校通信』第5号、関西学院同窓会、1950年10月
「関学の歴史研究会」（座談会）、1968年
由木康『出会いから出会いへ―ある牧師の自画像―』、教文館、1976年
曽根保（口述）『ある英語教師の記録』、曽根翼、1982年7月22日

向山義彦「ブラウニング研究者　曽根保の自伝」、梅光女学院大学『英米文学研究』34 号、1998 年
福西潤「1921 年卒業生 活動報告：思い出」、『関西学院大学英語研究部（ESS）100 年史』、1998 年 8 月 20 日
「村上博輔日記抄十」、『関西学院史紀要』第 17 号、2011 年 3 月 25 日
「村上博輔日記抄十一」、『関西学院史紀要』第 18 号、2012 年 3 月 25 日
「村上博輔日記抄十二」、『関西学院史紀要』第 19 号、2013 年 3 月 25 日

資料 6　宣教師が語るオゾリン

『関西学院高等学部商科卒業アルバム』1919 年
『文学部回顧』、関西学院文学会、1931 年 1 月 1 日
T. H. Haden Diaries, Sept. 15, 1918; Nov. 23, 1919: Dec. 14, 1919 (Emory University)

資料 7　記事が語るオゾリン

「学生界」、『読売新聞』、1919 年 2 月 1 日
『関西学院同窓会報』第 2 号、1919 年 8 月 10 日
『関西学院学報』第 1 号、1921 年 7 月 25 日
The New York Times, Oct. 6, 1959

Column 3　*A Century of Latvian Diplomacy*

A century of Latvian diplomacy: the first hundred years of Latvia's diplomacy and its foreign service (1919-2019) as reflected in essays by diplomats, Zvaigzne ABC, 2021

第 5 章　アメリカ合衆国

学院探訪 41　アメリカ合衆国大統領と関西学院

［初出］関西学院広報室『K. G. TODAY 関西学院広報』251 号、2009 年 4 月
折島整「先生を偲びて」、吉岡美清編『父の俤』、〔1958 年〕
草間秀三郎訳『ウッドロー・ウィルソン伝』、南窓社、1977 年 6 月 15 日
『（関西学院）年次報告』1981 年度
『関西学院通信クレセント』第 10 号（第 5 巻第 2 号）、1981 年 12 月 14 日
天野健次「神戸居留地と在留外国人」、『歴史と神戸』22 巻 2 号、1983 年 4 月 1 日
池田裕子「J. C. C. ニュートン第 3 代院長の足跡を訪ねて」、『関西学院史紀要』第 9 号、2003 年 3 月 24 日
池田裕子「第 3 代院長ニュートン先生を偲ぶ」、『学院史編纂室便り』第 17 号、2003 年 5 月 10 日
ウィリアム・W・ピンソン著、半田一吉訳『ウォルター・ラッセル・ランバス―PROPHET AND PIONEER―』、学校法人関西学院、2004 年 11 月 10 日
William W. Pinson, *Walter Russell Lambuth, Prophet and Pioneer,* Cokesbury Press, 1924
Email of March 20, 2009, from Nancy M. Sears to Yuko Ikeda
Email of March 21, 2009, from Nancy M. Sears to Yuko Ikeda
Email of May 25, 2009, from Nancy M. Sears to Yuko Ikeda

学院探訪 42　人知れぬ苦労

［初出］関西学院広報室『K. G. TODAY 関西学院広報』285 号、2014 年 12 月
Letter of Feb. 11, 1872, from W. R. Lambuth to Mr. & Mrs. J. W. Lambuth
Margarita Park Sherertz, "My Mother, An Appreciation," Mother's Day, 1929
Paul Holland Demaree, *The Missionary Kid,* private ed., 1977

学院探訪 43　吉岡美国の留学【原題：吉岡美国の留学〜ヴァンダビルト大学〜】

［初出］関西学院広報室『K. G. TODAY 関西学院広報』275 号、2013 年 4 月
木下隆男「関西学院と『尹致昊日記』」、『関西学院史紀要』第 7 号、2001 年 3 月 24 日
木下隆男訳『尹致昊日記（2）1890-1892』（東洋文庫 911）、平凡社、2022 年 12 月 14 日
井上琢智、高橋正、比留井弘司「関西学院の人びと　九 . 政尾藤吉」、『関西学院史紀要』第 11 号、2005 年 3 月 25 日

井上琢智「吉岡美国と敬神愛人（2）」、『関西学院史紀要』第7号、2001年3月24日
The Comet, Greek Letter Fraternities of Vanderbilt University, 1892
Charles Jones Soong Reference collection, 1882-1995, Duke University

学院探訪44　「公明正大」とヴァンダビルト大学

［初出］ 関西学院広報室『KG TODAY 関西学院広報』306号、2020年2月
『開校四十年記念関西学院史』、関西学院史編纂委員会、1929年9月28日、115-116頁
西川玉之助「古い時代の関西学院」、『関西学院六十年史』1949年10月
「学院風景今昔」、『母校通信』第3号、関西学院同窓会、1949年
Honor Quotes, Undergraduate Honor Council, Vanderbilt University (http://studentorgs.vanderbilt.edu/HonorCouncil)

学院探訪45　松山から来た転校生

［初出］ 関西学院広報室『KG TODAY 関西学院広報』296号、2017年7月
『あゆみ』、「三日月の影」分冊第1号、1951年8月16日
野口道一「学院運動部変遷略史」、『母校通信』第18号、関西学院同窓会、1957年5月
『関西学院庭球部70年史』、関西学院庭球部70年史編集委員会、1984年1月20日
米田満『関西学院スポーツ史話～神戸・原田の森篇～』、関西学院大学体育会、2003年6月20日

学院探訪46　アイゼンブルグ少年のレプタ

［初出］ 関西学院広報室『K. G. TODAY 関西学院広報』262号、2011年2月
村上謙介『ウェンライト博士伝』、教文館、1940年7月25日
西尾康三「アイゼンブルグ少年の家訪問記」、『母校通信』第35号、関西学院同窓会、1966年4月
神崎高明「*The Maya Arashi* を読む―原田の森のカレッジペーパー―」、『関西学院史紀要』第11号、2005年3月25日

学院探訪47　「日本一の英語」と「文学部の宝」

［初出］ 関西学院広報室『K. G. TODAY 関西学院広報』286号、2015年2月
『文学部回顧』、関西学院文学会、1931年1月1日
矢内正一「吉岡先生の思い出」、吉岡美清編『父の俤』、〔1958年〕
井上愛策「故吉岡院長と原田の森の懐想」、吉岡美清編『父の俤』、〔1958年〕

学院探訪48　国際感覚

［初出］ 関西学院広報室『K. G. TODAY 関西学院広報』273号、2012年12月
『四季外報』第2号、1918年5月
畑歓三「吾等の大臣永井拓相を語る」、『関西学院高等商業学部同窓会会報』第14号、1933年7月13日
The New York Times, August 5, 1918

Column 4　南メソヂスト監督教会と西川玉之助

「南美宣教50年記念祝賀行事プログラム（各種）」、1936年
『関西学院六十年史』、1949年10月29日
沢村亮一「新札と伊藤公」、『たつみ』（辰巳会会報）第3号、1965年5月1日
「賀陽宮邦寿殿下を迎えて　故西川玉之助翁の偉業を讃える」、『たつみ』（辰巳会会報）第39号、1983年8月1日
国立中央博物館〔ソウル〕（https://www.museum.go.kr/site/jpn/home）
池田裕子「ミズーリ州での調査～パルモア、ウェンライト、ヴォーリズ～」、『学院史編纂室便り』第39号、2014年6月2日
池田裕子「7号館のベルシェ先生ご一家と9号館のブレイ先生ご一家」、『学院史編纂室便り』第53号、2021年4月20日

Column 5　南メソヂスト監督教会と西川玉之助

池田裕子「ミズーリ州での調査～パルモア、ウェンライト、ヴォーリズ～」、『学院史編纂室便り』第39号、2014年6月2日

池田裕子「7号館のベルシェ先生ご一家と9号館のブレイ先生ご一家」、『学院史編纂室便り』第53号、2021年4月20日

第6章　カナダ

学院探訪49　関西学院とカナダ

［初出］ 関西学院広報室『K. G. TODAY 関西学院広報』258号、2010年6月

『関西学院新聞』第47号、1929年12月20日

ヒュー・L・キンリーサイド著、岩崎力訳『東京の空にカナダの旗を：回想・日加関係事始』、サイマル出版会、1984年1月1日

河辺満甕「恩師ベーツ先生の事」、『建学の精神考』第1集、1993年3月31日

The Canadian Encyclopedia, year 2000 ed., McClelland & Stewart, c1999

学院探訪50　マッケンジーとガントレット

［初出］ 関西学院広報室『KG TODAY 関西学院広報』307号、2020年4月

『日本メソヂスト教会年会記録』1890年

橋本哲哉『近代石川県地域の研究』、金沢大学経済学部、1986年3月

松縄善三郎「カナダ・メソジスト教会の金沢伝道とD. R. マッケンジーについて」、『日本プロテスタント史研究会報告』第26号、1988年？月

松縄善三郎「カナダ・メソジスト教会の金沢伝道とD. R. マッケンジーについて（承前）」、『日本プロテスタント史研究会報告』第27号、1988年4月

後藤田遊子「D. R. マッケンジーと金沢英学院」、『北陸学院短期大学紀要』第30号、1998年12月

山田耕筰『はるかなり青春のしらべ』、エムディーシー株式会社、2003年2月1日

P. G. Price "Rev. D. R. McKenzie, B. A., D. D., Secretary-Treasurer of the Japan Mission of the United Church of Canada (The United Church of Canada Archives)

Gwen R. P. Norman, *One Hundred Years in Japan, 1873-1973,* Part I: 1873-1923

学院探訪51　「財務長官」と呼ばれた男

［初出］ 関西学院広報室『KG TODAY 関西学院広報』302号、2019年2月

「院内日誌」『関西学報』第16号、1913年7月

『日本メソヂスト教会第六回東部年会記録』1913年

松縄善三郎「四高初の英語教師―D. マッケンジーについて」、『北陸中日新聞』1987年11月16日

松縄善三郎「カナダ・メソジスト教会の金沢伝道と . R. マッケンジーについて（承前）」、『日本プロテスタント史研究会報告』第27号、1988年4月

「D. R. マッケンジーの曾孫がカナダ研究客員教授に」、『学院史編纂室便り』第41号、2015年6月15日

「D. R. マッケンジーの娘の着物の寄贈」、『学院史編纂室便り』第49号、2019年5月20日

水戸考道「A. ポール・ウィリアムズ　トロント大学名誉教授との出会い」、『学院史編纂室便り』第49号、2019年5月20日

P. G. Price "Rev. D. R. McKenzie, B. A., D. D., Secretary-Treasurer of the Japan Mission of the United Church of Canada," 1930

C. J. L. Bates, "D. R. McKenzie An Appreciation," 1933?

学院探訪52　「炎のランナー」を支えた友情

［初出］ 関西学院広報室『KG TODAY 関西学院広報』297号、2017年10月

河辺満甕、河辺順『千里山の声』、河辺敬三、聖燈社、1971年3月31日

長尾文雄「『白木桜』の移植」、『関西学院広報』第131号、1989年10月31日

David McCasland, *Eric Liddell: Pure Gold*, Our Daily Bread Pub., September 30, 2003

学院探訪53　クリスマスキャロル

［初出］ 関西学院広報室『K. G. TODAY 関西学院広報』267号、2011年12月

『関西学院広報』第55号、1981年1月30日

杉原俊一「想い出の一枚　心の故郷　関西学院外国人住宅」、『なかつ』第23巻第3号、1997年3月20日
赤松正昭さんから池田裕子宛てメール、2011年10月14日
Frolence Metcalf, *Why Japan in 1912? My missionary parents, Melvin & Olivia Whiting*, private ed., 1989
Email of December 5, 2009, from David Woodsworth to Yuko Ikeda

学院探訪 54　東京オリンピックとカナダ親善演奏旅行

［初出］ 関西学院広報室『K. G. TODAY 関西学院広報』279号、2013年12月
『関西学院新聞』第432号、1961年11月3日
『関学スポーツ』第10号、1963年1月15日
『関学スポーツ』第16号、1964年10月14日
『母校通信』第32号、関西学院同窓会、1964年10月
『関西学院学報』第15号、1964年12月20日
関西学院大学応援団総部『弦月』第8号、1965年4月
『TSUBASA 関西学院大学応援団総部吹奏楽部創部50周年記念誌』2004年12月
"East, West Gather At Tiny Rural Churchyard," *The Recorder and Times*, October 7, 1964

学院探訪 55　吉田松陰の脇差し

［初出］ 関西学院広報室『KG TODAY 関西学院広報』288号、2015年7月
『母校通信』第17号、関西学院同窓会、1956年10月
在カナダ菊池大使から外務大臣宛て書簡、第1318号、1985年10月11日
ハル・松方・ライシャワー著、広中和歌子訳『絹と武士』、文芸春秋、1987年10月1日
外務省機能強化対策室、加来至誠から関西学院国際センター藤田允宛て書簡、1988年1月22日
「伝　吉田松陰脇差」返還式におけるラルフ・E・アウターブリッヂ博士（Dr. Ralph E. Outerbridge）挨拶のテキスト全文
「博文公寄贈の『松陰の刀』古里・萩市へ返還」、『中国新聞』1988年5月18日、第2社会面
「松陰の脇差し　129年ぶり萩へ」、『山口新聞』1988年5月25日
「『松陰の脇差』萩市に寄贈」、『読売新聞』山口版、1988年5月25日
「松陰の刀萩に里帰り」、『朝日新聞』1988年6月9日
R. E. Outerbridge, *The Sword and The Samurai*, R. E. Outerbrige Estate, 1989

原田の森〜カナダ人宣教師の子どもの記憶〜

池田裕子「カナダ訪問記─C. J. L. ベーツ第4代院長関係資料調査の旅─」、『関西学院史紀要』第6号、2000年4月20日
「ウッズウォース初代法文学部長令孫の来学」、『学院史編纂室便り』第14号、2001年11月15日
池田裕子「第3代院長ニュートン先生を偲ぶ」、『学院史編纂室便り』第17号、2003年5月10日
「都立青山霊園案内」、（財）東京都公園協会、2007年8月
「青山霊園外人墓地案内　歩いてみよう緑と歴史の散歩道」、東京都建設局
「訃報：ディヴィッド・ウッズウォースさん」、『学院史編纂室便り』第32号、2010年12月15日
池田裕子「籐椅子の里帰り〜ウッズウォース先生から石本雅男先生を経て旧院長室へ〜」、『学院史編纂室便り』第42号、2015年12月10日
Email of April 16, 2005, from David Woodsworth to Yuko Ikeda
Email of June 23, 2010, from Mary Wagner to Yuko Ikeda
Email of August 15, 2010, from Patrick Woodsworth to Yuko Ikeda

上ケ原〜カナダ人宣教師の子どもの記憶〜

池田裕子「アメリカ西海岸に3人の女性を訪ねて〜フローレンスさん、バスカム夫人、ブレイ夫人〜」『学院史編纂室便り』第24号、2006年12月12日
「訃報：フランシス・ブレイさん」、『学院史編纂室便り』第37号、2013年6月20日
Florence Estella (Whiting) Metcalf, *Why Japan in 1912? My missionary parents, Melvin & Olivia Whiting*, private ed., 1989

Florence Estella (Whiting) Metcalf, *A Peek at Japan,* Metco Pub., 1992.
Florence Estella (Whiting) Metcalf, *Scientia Clavis Successus, Knowledge is the key to successful service,* private ed., 1998
Florence Estella (Whiting) Metcalf, Hashioki, Japanese chopstick rests, private ed., 2003
Florence Estella (Whiting) Metcalf, *A Centennial of Memories, 1912-2012, "Dad, Mom, and Me,"* private ed., 2012
Column 6　ベーツ院長の写真アルバム
池田裕子「カナダ訪問記―C. J. L. ベーツ第 4 代院長関係資料調査の旅―」、『関西学院史紀要』第 6 号、2000 年 4 月 20 日
「E. W. ジェームスが愛した塩屋」、『月刊神戸っ子』636 号、2014 年 9 月

第 7 章　戦争
学院探訪 56　ロシア人捕虜の子セネカ
［初出］　関西学院広報室『K. G. TODAY 関西学院広報』254 号、2009 年 10 月
松尾忠博「松山捕虜収容所関係年表（抄）」、松山大学編『マツヤマの記憶―日露戦争 100 年とロシア兵捕虜』、成文社、2004 年 3 月 1 日
池田裕子「20 世紀初頭の宣教師デマリー父子の船旅（松山～神戸）―*The Missionary Kid* より―」、『学院史編纂室便り』第 21 号、関西学院学院史編纂室、2005 年 5 月 20 日
「日露戦争と関西学院―戦捷記念碑をめぐって―」、『学院史編纂室便り』第 22 号、2005 年 12 月 1 日
Paul Holland Demarry, *The Missionary Kid*, private ed., 1977
Email of October 7, 2009, from Ralph Barlow to Frances Bray
学院探訪 57　グリークラブの名曲「ウ・ボイ」
［初出］　関西学院広報室『KG TODAY 関西学院広報』292 号、2016 年 7 月
『関西学院高等商業学部二十年史』、1931 年 11 月 3 日、81 ～ 82 頁
山中源也『関西学院グリークラブ八十年史』、関西学院グリークラブ部史発行委員会、1981 年 1 月 25 日
宮原明「ウボイにまつわる物語」、『文芸春秋』第 78 巻第 2 号、2000 年 2 月特別号、88 ～ 90 頁
関西学院広報室『K. G. TODAY 関西学院広報』249 号、2008 年 11 月 30 日、34 頁
「クロアチア共和国ドラゴ・シュタンブク大使の帰任」、『学院史編纂室便り』第 32 号、2010 年 12 月 15 日
赤松正昭「新月会有志によるハンガリー・クロアチア・『U Boj』ツアー」、『学院史編纂室便り』第 40 号、2014 年 12 月 10 日
「グリークラブ創立 120 周年、『ウ・ボイ』伝承 100 周年記念式典と記念フェスティバルの開催」、『学院史編纂室便り』第 50 号、2019 年 10 月 25 日
学院探訪 58　天皇機関説事件と中島重教授
［初出］　関西学院広報室『K. G. TODAY 関西学院広報』266 号、2011 年 10 月
土橋四郎「自由主義の砦―わが文学部」、『関西学院同窓会会員名簿（同窓会小史)』、1979 年 10 月 25 日
『神戸新聞』2006 年 12 月 20 日
Bates Diaries, Oct. 13, 1935
学院探訪 59　敗戦間近の卒業証書【原題：敗戦間近の卒業式～失われた卒業証書～】
［初出］　関西学院広報室『KG TODAY 関西学院広報』271 号、2012 年 8 月
池田忠詮「戦争と関西学院中学部」、『関西学院史紀要』第 13 号、2007 年 3 月 26 日
ロシア兵捕虜～日露戦争～
松尾忠博編「松山捕虜収容所関係年表（抄）」、松山大学編『マツヤマの記憶：日露戦争 100 年とロシア兵捕虜』、成文社、2004 年 3 月 1 日

池田裕子「20 世紀初頭の宣教師デマリー父子の船旅（松山～神戸）―*The Missionary Kid* より―」、『学院史編纂室便り』第 21 号、2005 年 5 月 20 日
菅田顕「『ロシア兵墓地』を清掃する木曜会」、『愛媛文教月報』第 524 号、2021 年 2 月 1 日
Paul Holland Demaree, *The Missionary Kid*, private ed., 1977
Letter of February 14, 2005, from Gania Demaree Trotter to Yuko Ikeda
アメリカ兵捕虜～太平洋戦争～
中村巳喜人「キリスト教徒の戦争体験記」、『過ぎ越しを生きぬいて―キリスト者の戦争体験記―』カトリック大阪大司教区生涯養成委員会、2003 年 8 月 15 日
『読売新聞』、2005 年 4 月 18 日朝刊、19 日朝刊
『神戸新聞』、2011 年 8 月 9 日朝刊
「戦後 74 年あの空を忘れない」、『広報東庄』640 号、千葉県東庄町総務課、2019 年 8 月
Email of June 4, 2010, from Robert Goldsworthy to Nori Nagasawa
Robert F. Goldsworthy, *Our Last Mission*, Fideli Pub. Inc., 2011
奉安庫が残る旧院長室
神原浩「落第を目前にメキシコへ逃避した三人男」、『高等商業学部同窓会会報』第 20 号、1935 年 9 月
文部省専門学務局長から関西学院大学長宛て文書、発専 123 号、1936 年 8 月 26 日
文部次官から官公私立大学高等専門学校長、地方長官宛て文書、発？ 250 号、1946 年 6 月 29 日
関西学院長から文部次官宛て文書、1946 年 7 月 15 日
『関西学院大学商学部卒業アルバム』、1962 年
金井紀子「関西学院の美術家―神原浩と北村今三―」、『関西学院史紀要』第 6 号、2000 年 4 月 20 日
「旧院長室の公開」、『学院史編纂室便り』第 37 号、2013 年 6 月 20 日
池田裕子「西宮上ケ原キャンパスの旧院長室」、『学院史編纂室便り』第 41 号、2015 年 6 月 15 日
「H. F. ウッズウォース法文学部長愛用の籐椅子と石本雅男初代法文学部長が書いた油彩画の寄贈」、『学院史編纂室便り』第 42 号、2015 年 12 月 10 日
「旧院長室展示の椅子の修理と奉安庫の紹介」、『学院史編纂室便り』第 42 号、2015 年 12 月 10 日
池田裕子「籐椅子の里帰り～ウッズウォース先生から石本雅男先生を経て旧院長室へ～」、『学院史編纂室便り』第 42 号、2015 年 12 月 10 日
池田裕子「教え子と教職員が語るベーツ先生」、『学院史編纂室便り』第 45 号、2017 年 5 月 1 日
Minutes of the Executive Committee Meeting, Kwansei Gakuin, Oct. 9, 1936
Bates Diaries, Sept. 16, 1936; Feb. 3, 1937

あとがき
学院探訪 60　予言的中【原題：予言的中～中学部校舎焼失～】
［初出］ 関西学院広報室『KG TODAY 関西学院広報』290 号、2016 年 2 月
中島紙魚生「学院の仁川に移るに際して」、『高等商業学部会報』第 7 号、1927 年 9 月、42 ～ 45 頁
『開校四十年記念　関西学院史』、1929 年 9 月 28 日、116 ～ 117 頁
田中智子「第三高等中学校設置問題再考―府県と官立学校―」、『京都大学大学文書館研究紀要』第 3 号、2005 年 3 月 25 日
T. H. Haden Diaries, Feb. 28, 1917

時計台と枝垂れ桜
関西学院会館のレストラン「ポプラ」で、毎月第二月曜日に開催されていた双五会（1947〈昭和 22〉年旧制中学部卒業）のランチの集まりに何度か呼んでいただきました。その会のお世話をされていた渡邉泰彦さんは名カメラマンで、キャンパスの美しい四季や双五会の記念写真を撮影されています。
2013 年、渡邉泰彦氏撮影。

著者略歴

池田裕子（いけだ ゆうこ）

1958 年生まれ。1980 年関西学院大学商学部卒業。
関西学院大学 学院史編纂室専任主管（2023 年 3 月まで）、学院史編纂室共同研究「宣教師研究」研究員（2023 年 3 月まで）。関西日本ラトビア協会常務理事。
著書に、『ベーツ宣教師の挑戦と応戦』（関西学院大学出版会、2019 年、共編著）、『総合研究カナダ』（関西学院大学出版会、2020 年、共著）、*Voices from the Past to the Future: Recollecting the History of Kwansei Gakuin, 1889-1940* (Museum Planning Office, Kwansei Gakuin University, 2014)。

関西学院のエスプリを追って
カナダ、アメリカ、ラトビアへ

2023 年 5 月 28 日初版第一刷発行

著　者　池田裕子

発行者　田村和彦
発行所　関西学院大学出版会
所在地　〒 662-0891
　　　　兵庫県西宮市上ケ原一番町 1-155
電　話　0798-53-7002

印　刷　株式会社クイックス

Printed in Japan by Kwansei Gakuin University Press
ISBN 978-4-86283-359-4

描かれた時計台
私の退職を記念し、25 年間私の職場だった時計台（学院史編纂室は 1 階にあります）を高等部の東浦哲也教諭（日本美術家連盟会員、キリスト教美術協会会員）が水彩で描いてくださいました。